UTB

UTB **2982**

Eine Arbeitsgemeinschaft der Verlage

Böhlau Verlag Köln · Weimar · Wien
Verlag Barbara Budrich Opladen · Farmington Hills
facultas.wuv Wien
Wilhelm Fink München
A. Francke Verlag Tübingen und Basel
Haupt Verlag Bern · Stuttgart · Wien
Julius Klinkhardt Verlagsbuchhandlung Bad Heilbrunn
Lucius & Lucius Verlagsgesellschaft Stuttgart
Mohr Siebeck Tübingen
C. F. Müller Verlag Heidelberg
Orell Füssli Verlag Zürich
Verlag Recht und Wirtschaft Frankfurt am Main
Ernst Reinhardt Verlag München · Basel
Ferdinand Schöningh Paderborn · München · Wien · Zürich
Eugen Ulmer Verlag Stuttgart
UVK Verlagsgesellschaft Konstanz
Vandenhoeck & Ruprecht Göttingen
vdf Hochschulverlag AG an der ETH Zürich

Literaturwissenschaft elementar

herausgegeben von Norbert Otto Eke

Bodo Plachta

Literaturbetrieb

Wilhelm Fink

Titelbild:
Szene auf der Frankfurter Buchmesse

Bibliografische Information der Deutschen Nationalbibliothek

Die Deutsche Nationalbibliothek verzeichnet diese Publikation in der Deutschen Nationalbibliografie; detaillierte bibliografische Daten sind im Internet über http://dnb.d-nb.de abrufbar.

Gedruckt auf umweltfreundlichem, chlorfrei gebleichtem
und alterungsbeständigem Papier ∞ ISO 9706

(Wilhelm Fink GmbH & Co. Verlags-KG, Jühenplatz 1, D-33098 Paderborn)
Internet: www.fink.de

ISBN 978-3-7705-4326-7

Printed in Germany.
Herstellung: Ferdinand Schöningh, Paderborn
Einbandgestaltung: Atelier Reichert, Stuttgart

UTB-Bestellnummer: 978-3-8252-2982-5

Inhalt

Vorbemerkung

Fragt man Studierende der Literaturwissenschaft, der Germanistik, Romanistik oder Anglistik nach ihrem Berufswunsch, antworten viele, sie würden nach dem erfolgreichen Abschluss ihres Studiums – sofern sie nicht Lehrer werden wollen – gern bei einem Verlag, in einer Zeitungsredaktion oder bei einer Kultur bzw. Literatur vermittelnden Institution arbeiten. Der Beruf des Lektors übt noch stets eine magische Wirkung aus, obwohl immer mehr Verlage aus Kostengründen auf die Dienste eines Lektors verzichten. Die Tätigkeit des freien Literaturkritikers hat ebenfalls große Attraktivität, doch auch dieses ‚Berufsfeld' ist ein schwieriges Terrain. Die Ausbildung an der Universität bereitet kaum oder allenfalls ansatzweise auf solche Berufswünsche vor, sieht man einmal von Studiengängen ab, die sich seit einigen Jahren schwerpunktmäßig der Vermittlung von Literatur im öffentlichen Raum oder dem Kulturmanagement widmen. Fragen des Literaturbetriebs spielen – wenn überhaupt – im allgemeinen Teil eines literaturwissenschaftlichen Studiums häufig nur eine untergeordnete Rolle, obwohl der Begriff ‚Literaturbetrieb' innerhalb und außerhalb der Hochschulen beinahe schon inflationär verwendet wird. Allerdings nicht selten auch mit abwertender Konnotation, indem suggeriert wird, bei ihm gehe es nur um die wirtschaftliche Vermarktung von Büchern, um Marketing oder das Erschaffen von Autoren-Images. Doch der Literaturbetrieb konstituiert sich nicht allein aufgrund von wirtschaftlichen Gegebenheiten, er setzt sich vielmehr aus einer Vielzahl von hoch interessanten, eng miteinander verknüpften Teilaspekten zusammen, die letztlich auch vermitteln, warum wir einen Literaturbetrieb benötigen und wie unsere Gesellschaft mit Literatur, ihren Produzenten und den Vermittlungsinstitutionen umgeht. Dass solche Kontexte natürlich auch Auswirkungen auf die Literatur selbst haben, liegt auf der Hand. Das vorliegende Buch will in diesen umfangreichen und häufig diffusen Komplex von Institutionen und Handlungsweisen einführen und eine ordnende und informierende Grundlage schaffen, die der Orientierung dient, und von der aus weitere, tiefer gehende Studien möglich, ja sogar erwünscht sind. Ein solches Vorhaben muss zwangsläufig Akzente setzen bzw. sich beschränken. So werden die Bereiche Theater und Schule, traditionell zwei eigenständige Institutionen der öffentlichen Literaturvermittlung, ausgespart. Der Verfasser eines Buchs über den

Literaturbetrieb war sich von Anfang an der Tatsache bewusst, dass es einen einheitlichen perspektivischen Zugriff auf den Literaturbetrieb nicht geben kann, allenfalls Annäherungen. Man kann nämlich keineswegs allen am Literaturbetrieb Beteiligten mit ihren spezifischen Interessen, Aktionsradien und Perspektiven gerecht werden; diese Vielfalt macht ja den Literaturbetrieb gerade so spannend. Es war dennoch immer Ziel des Verfassers, möglichst viele exemplarische Aspekte des Literaturbetriebs anzusprechen, sie zumindest in groben Zügen vorzustellen und zu erläutern. Soweit möglich und sinnvoll wurden die einzelnen Phänomene auch im Licht ihrer historischen Kontexte und Entwicklungen betrachtet, um damit den Literaturbetrieb als etwas zu beschreiben, das sich kontinuierlich ausdifferenziert hat, weiterhin in permanenter Bewegung und dynamischer Veränderung begriffen, allerdings auch von kontroversen Debatten geprägt ist. Das Heranziehen literarischer Beispiele, die Aspekte des Literaturbetriebs reflektieren oder kritisieren, will die Darstellung einerseits anschaulicher machen und andererseits illustrieren, dass der Literaturbetrieb kein System ist, das unabhängig und ohne Rückbezug auf literarische Texte existiert. Ein Problem war es, den Literaturbetrieb nicht nur der Bundesrepublik Deutschland, sondern auch Österreichs und der Schweiz in Augenschein zu nehmen. Verstärkt wurde dieses Problem dadurch, dass seit der Vereinigung der beiden deutschen Staaten der in vieler Hinsicht anders strukturierte Literaturbetrieb der DDR zu existieren aufgehört hat. Aus pragmatischen Gründen geht diese Darstellung deshalb vom Literaturbetrieb der Bundesrepublik Deutschland aus. Die Situation in der ehemaligen DDR wird nur kurz skizziert. Parallelen zum Literaturbetrieb in Österreich und der Schweiz werden punktuell dort gezogen, wo es sinnvoll erschien, dies selbstverständlich in dem Bewusstsein, für diese beiden Länder hier keinesfalls eine repräsentative Darstellung ihres jeweils eigenen Literaturbetriebs leisten zu können. Bei den Hinweisen auf die Forschungsliteratur und Internetsites wurde angestrebt, möglichst aktuell zu sein, zumindest sollten aber die einschlägigen Titel und Adressen genannt werden; ein Anspruch auf bibliographische Vollständigkeit kann allerdings nicht erhoben werden.

Modul 1: Was ist Literaturbetrieb?

In diesem Modul werden definitorische und methodische Grundlagen gelegt, mit deren Hilfe die Konturen des Phänomens Literaturbetrieb und dessen Analyse umrissen werden können. Dabei wird der Begriff Literaturbetrieb kritisch hinterfragt und auf seine Tragfähigkeit hin überprüft. Es wird weiterhin erörtert, mit welchen Intentionen und Perspektiven sich die Literaturwissenschaft dem Phänomen Literaturbetrieb zuwendet. Ein Blick auf die historische Entwicklung, der mit der Frage verbunden ist, seit wann wir eigentlich von einem Literaturbetrieb sprechen können und worin die Besonderheiten im deutschsprachigen Raum liegen, rundet diesen ersten einführenden Zugriff ab.

Begriffliche und methodische Annäherungen 1.

Konkurrierende Begriffe

Der Literaturbetrieb ist ein diffuses Phänomen. Das beginnt schon mit dem Begriff selbst. Versucht man sich einen Überblick über die Bedeutung des Begriffs Literaturbetrieb zu verschaffen, erhält man ein eher verwirrendes und kontroverses Ergebnis. *Den* Begriff Literaturbetrieb gibt es eigentlich nicht, er konkurriert vielmehr mit einem Ensemble von Begriffen wie ‚Literarisches Leben', ‚Literaturszene' ‚Literaturmarkt' oder ganz allgemein ‚Literatur'. Auch die einschlägigen literaturwissenschaftlichen Lexika verfahren hier uneinheitlich, sofern sie überhaupt ein entsprechendes Lemma vorgesehen haben. Ebenso uneindeutig ist der Befund im Fall von bibliographischen Nachschlagewerken. Wenn sie einen entsprechenden Abschnitt bilden, dann firmiert er unter der Überschrift ‚Literarisches Leben'.[1] Daher ist es nicht überraschend, dass der Begriff Literaturbetrieb nicht selten eher negativ mit etwas in Verbindung gebracht wird,[2] das mit dem ‚hehren' Gegenstand der Literatur nichts zu tun hat. Im Literaturbetrieb gehe es – so das gängige Vorurteil – in erster Linie um das Zurschaustellen von Autoreneitelkeiten oder schlichtweg um Strategien von Verlagen, möglichst viele Bücher zu verkaufen. Dies mag sicherlich zutreffen, wenn man sich vergegenwärtigt, dass Autorinnen und Autoren heute fast selbstverständlich auf den Sofas von Talkshows Platz nehmen, Homestories produzieren, ja sogar als Mo-

Ist der Betrieb wichtiger als die Literatur?

Abb. 1: Benjamin von Stuckrad-Barre während einer Lesung.

del auf dem Laufsteg sich und aktuelle Mode präsentieren und in der Öffentlichkeit mit den gleichen Posen auftreten, wie ihre Kolleginnen und Kollegen vom Film, Fernsehen oder aus der Musikbranche. Autorenlesungen sind inzwischen Großereignisse, Events.

Benjamin von Stuckrad-Barre (*1975) hat mit *livealbum* (1999) einen satirischen Bericht über eine Lesereise geschrieben, aus dem anschaulich hervorgeht, wie sich die Rolle des Autors in der Öffentlichkeit verändert hat und er sich den Gegebenheiten heutiger Medienkultur auch noch im hintersten Winkel der Provinz anzupassen versucht, indem er sich als Autor zum ‚Anfassen' präsentiert:

Zitat

– Guten Abend, sprach ich in das museale Mikrophon hinein. Und – ein Wunder, daß sie nicht salutierend aufsprangen – und im Chor scholl es zurück: Guten Aaaabend!
Mit einem Finger mußte ich die ganze Zeit auf den Mikrophonknopf drücken, mit der anderen Hand das Buch aufhalten, denn noch stellten sich die Seiten auf, wenn man es aufgeklappt auf den Tisch legte. Am Ende meiner Lesereise würde das bestimmt nicht mehr so sein. Da wäre dann der Lack ab, der Leim auch, und das Papier gewellt, weil soviel Champagner draufgeflossen war. Rascheln, Husten, Lachen, Ratlosigkeit. Andere begannen ihre Welttournee in einem überfüllten Stadion in San Diego, ich in der Kinderbuchecke einer Samtgemeinden-Bibliothek in Bad Irgendwas. Etwas war schiefgelaufen, Koordinationsmängel, keine Ahnung. Ich wünschte meine in solch ausweglosen Situationen ganz bestimmt patent reagierende Agentin herbei. Sie würde mit einem einzigen Anruf aus Holland einen Bus Rentner herbeikommandieren, die den Saal vollmachten, also mit sich. Ich wollte ein Applausband! Und Bonbons für gute Stimmung. Ich wünschte, Jostein Gaarder zu sein, nur einen Abend lang, und solche Situationen zu lieben und für meine Arbeit zu benötigen, auf jeden Fall, das stand fest, mochte ich nicht mehr dort sitzen.[3]

Der Autor, der in dieser Passage über die Frustrationen seines Schriftstelleralltags berichtet, ist (war?) sicherlich ein ‚enfant terrible' der deutschen Gegenwartsliteratur, das sich in der Öffentlichkeit gern als Popstar inszeniert und das Publikum auch an seinem exzessiven Leben mit allen Höhen und Tiefen teilhaben lässt. Er ist damit auch ein Beispiel dafür, in welchem Maße sich der Literaturbetrieb in unserer Wahrnehmung verändert hat, wobei das gleißende Scheinwerferlicht, in dem sich das komplexe literarische Geschehen heute abspielt, nicht mehr wegzudenken ist. Die Buchmessen in Frankfurt und Leipzig haben sich zu Publikumsmagneten entwickelt. Literaturfestivals haben Konjunktur, und auch das Fernsehen überträgt live den öffentlichen Wettkampf um einen angesehenen Literaturpreis. Buchhandlungen präsentieren Neuerscheinungen in besonderen Displays, die sich an den aktuellen Bestseller- bzw. Bestenlisten orientieren, und im Fernsehen erzielen Büchermagazine hohe Einschaltquoten. Literatur ist nur noch vordergründig eine private Angelegenheit zwischen Autor und Leser. Doch eigentlich war Literatur schon immer ein öffentliches Ereignis, das vielfältige Reaktionen auslöste, die von der Zustimmung über die kontroverse Debatte bis zum Skandal reichen konnten, aber auch die Unterhaltung nicht aus dem Blick verlor. Die Öffentlichkeit hat zu diesen Entwicklungen erheblich beigetragen, indem sie die am Literaturbetrieb Beteiligten förderte, feierte oder verfolgte und verdammte, aber auch regelmäßig den gesamten Betrieb in Frage stellte. Daher sind der Eindruck und das daraus resultierende Unbehagen nicht ganz unberechtigt, wenn immer wieder desillusioniert festgestellt wird, der Betrieb sei wichtiger geworden als die Literatur. Solche Entwicklungen haben naturgemäß Auswirkungen auf das Verständnis des Phänomens Literaturbetrieb.

Forumcharakter

Heinz Ludwig Arnold hat 1971 eine – wie ihm damals schien – „zu allgemeine Definition" von Literaturbetrieb versucht und in dem Phänomen ein „Forum" gesehen,

Definition

> auf dem Geschriebenes (auch Gesprochenes oder Gefilmtes, also nicht lediglich Literatur im traditionellen Sinne) auf vielfältige Weise umgesetzt, abgesetzt, diskutiert, kritisiert, dargestellt, angepriesen, geplant, gemacht, gedruckt, vermittelt wird und auf dem Literaturproduzenten auf ebensolche vielfältigen Weisen agieren.[4]

Literatur wird damit als etwas Gesellschaftliches wahrgenommen, das zu definieren nicht unproblematisch erscheint, weil die „Standorte“ der Betrachter innerhalb oder außerhalb dieses Literaturbetriebs jeweils andere Perspektiven zur Folge haben und daher „Bilder, die man vom Literaturbetrieb zu zeichnen unternimmt“, zwangsläufig zu „Vexierbildern“ werden müssen.[5] Wenn Arnold eingesteht, dass „Literaturbetrieb weniger mit Literatur als mit Marktbetrieb zu tun hat“,[6] dann orientiert er sich an einer Vorstellung von Literatur als einem im weitesten Sinne sozialen Phänomen, das als Produkt kultureller, sprachlicher, sozialer, politischer und ökonomischer Verhältnisse verstanden wird. Die auf solchen Vorstellungen aufbauende sozialgeschichtliche Annäherung an Literatur interessierte sich seit den 1970er Jahren natürlich besonders für die Instanzen der Vermittlung von Literatur sowie für die literarische Kommunikation überhaupt, wie sie uns u. a. im Literaturbetrieb und seinen Institutionen, vorzugsweise in den Phänomenen Buchmarkt, Verlagswesen, Bibliothek, Zeitschriften, Zensur, Autor-Leser-Verhältnis, allgemein gesprochen also im Komplex Produktion, Rezeption und Distribution, begegnen. Daraus ergibt sich, dass Literatur in allen ihren Erscheinungsweisen von sozialen und wirtschaftlichen Faktoren abhängig ist und diese Faktoren die entsprechenden Kontexte als Voraussetzung für den Kulturbereich und sein Funktionieren überhaupt erst schaffen. Der Literaturbetrieb ist also die Summe dieser vielfältigen Faktoren und konstituiert die facettenreiche Plattform, auf der sich Autoren bewegen und ihre Texte publizieren, die aber auch die Bühne für Verlage, Literaturkritiker und natürlich Leser ist. Ralf Schnell versteht unter Literaturbetrieb daher Folgendes:

Literaturbetrieb als Teil der Sozialgeschichte der Literatur

Definition

Es ist ein Begriff, der, neutral gesprochen, den Bereich der Herstellung, der Verbreitung und der Aufnahme von Literatur umfaßt. In diesem Begriff kommt die vielfach spontane, ungeordnete, widerspruchsvolle und bisweilen auch hektische literarische Produktionsweise zum Ausdruck: die komplizierte Koordination, die das Büchermachen erfordert, ebenso wie die Betriebsamkeit von Buchmarkt, Buchmessen und Autorenlesungen; die konkurrierenden Formen verlegerischer Selbstrepräsentation wie die Eitelkeiten der Literaturkritik; der Ausstellungscharakter, der den Bücherjournalen in Funk und Fernsehen häufig eigen ist, wie die Starrollen, die prominenten Autoren im Zeitalter der Massenmedien gelegentlich übertragen werden. Der Literatur-

> betrieb, verstanden als die Summe der Erscheinungsformen literarischen Lebens in der Bundesrepublik, ist, mit anderen Worten, der vielfältige und vielschichtige Markt, auf dem sich Autor und Werk zu bewegen und zu bewähren haben.[7]

Literaturbetrieb / Literarisches Leben

Ob dagegen die „metaphorische Bezeichnung" Literarisches Leben als Umschreibung für „die produktive Vielfalt der für das Entstehen, Verbreiten und Lesen von Werken (vorrangig: der Belletristik) erforderlichen kommunikativen Handlungen" und die in ihrem Dienst stehenden Institutionen angemessener ist, wie Otto Lorenz meint, kann offen bleiben, denn letztlich zielen beide konkurrierende Begriffe – Literaturbetrieb / Literarisches Leben – auf das gleiche Phänomen, wenn auch mit anderer Akzentsetzung. Lorenz sieht den Terminus Literaturbetrieb stärker auf die „Funktionen und Insider-Aktivitäten des Buchmarkts" ausgerichtet, während der Begriff Literarisches Leben dem „komplexen Verlaufscharakter solcher Prozesse wie Veröffentlichung (incl. steuernder Klappentexte etc.), Werbung, Autorenlesung [...], Rezension und Diskussion (im privaten Kreis oder in den Medien), Schriftstellertagung oder Preisverleihung" nachgeht.[8] Eva D. Becker und Manfred Dehn spitzen den Begriff Literarisches Leben insofern zu, als sie für ihr Begriffsverständnis das literarische Werk – das „Produkt" – bewusst „ausschließen und sich auf die sozialen Bedingungen und Wirkungen von Literatur beschränken";[9] sie blenden damit die Rückbindung der Kontexte auf die Produktion von Literatur aus. In der Praxis ist allerdings festzustellen, dass sich beide Begriffe und ihre jeweilige inhaltliche Füllung überlappen. Gemeinsam ist ihnen die Vorstellung von einem Modell, in dem Akteure und Instanzen systematisch interagieren und damit einen Prozess in Gang setzen, die Literarizität eines Textes in der Öffentlichkeit herauszustellen, vereinfacht gesagt: Institutionen können Literatur machen.

Literarisches Feld

Dies entspricht dem Verständnis, das der französische (Kultur-)Soziologe Pierre Bourdieu (1931-2002) mit dem Begriff „literarisches Feld" geprägt hat. Literatur konstituiert und entwickelt sich demnach in einem „System von Kraftlinien, Macht- und Einflussbeziehungen [...], ähnlich einem Magnetfeld, das mehr ist als die bloße Summe individueller Interaktionen der Beteiligten."[10] 1970 hatte Bourdieu in seinem Buch *Zur Soziologie der symbolischen Formen* dieses Konzept noch allgemein definiert: „Die Objektivierung der künstlerischen Intention, die man (im Sinne des Öffentlich-Werdens) als ‚Veröffentlichung' bezeichnen könnte, vollzieht sich innerhalb eines unendlichen Netzes spezifischer gesellschaftlicher Verflechtungen, Verflechtungen zwischen Autor und Verleger, Herausgeber und Kritiker, Verflechtungen der Autoren untereinander etc."[11] Dieses „Netz" wird von Bourdieu in seinem Buch *Die Regeln der Kunst. Genese und Struktur des literarischen Feldes* (frz. *Les règles de l'art. Genèse et structure du champ littéraire*, 1992) nun programmatisch als „literarisches Feld" bezeichnet. Dieses „literarische Feld" ist neben einem wissenschaftlichen, wirtschaftlichen, politischen und kulturellen Feld in einem historischen Prozess der Ausdifferenzierung entstanden. Im „literarischen Feld" operieren eine Anzahl von Institutionen, z. B. Verlage, Buchhandel, Literaturkritik, Bibliotheken oder Organisationen der Literaturförderung. Jede Institution folgt einem jeweils eigenen System von Werten und Normen und gemeinsam mit Autoren und Lesern bilden sie das „literarische Feld". Mit den Begriffen „Habitus" und „Kapital" versucht Bourdieu die Mechanismen und Strategien der literarischen Produktion, aber auch der gesellschaftlichen Bedingungen bzw. Entstehungsvoraussetzungen zu analysieren. Mit „Habitus" umschreibt er eine Reihe von sozialen und mentalen Dispositionen und Handlungsmustern, die in einem Sozialisierungsprozess erworben bzw. gelernt wurden, und sowohl die Produktion von Texten als auch die Handlungen im „literarischen Feld" strukturieren. Antriebsmotor für all diese Aktivitäten im „literarischen Feld" ist der Kampf um Einfluss und Macht. Diese ‚Macht' ist z. B. im Bemühen erkennbar, das Monopol für die Definition, was Literatur oder ein Autor ist, zu erlangen. Bourdieu umschreibt ‚Macht' auch mit dem Begriff „Kapital", unter das er die Vielfalt gesellschaftlicher Ressourcen subsumiert, und zwar – auf der „ökonomischen" Seite – Geld, Aktien, Besitz sowie – auf einer „symbolischen" Seite – Schulbildung, Beziehungen, Reputation, Ehre, Preise oder Sprachkompetenz. Um „Kapital", also Einfluss und Macht, im „literarischen Feld" zu erwirtschaften, agieren die Akteure in komplexen Beziehungen, die wiederum vom Besitz der jeweiligen Kapitalsorte beeinflusst werden. Der Kampf um Einfluss und Macht findet sowohl unter den Akteuren als auch innerhalb der Institutionen statt. Gesellschaftliche und literarische Praxis sind immer ein Resultat aus „Feld", „Habitus" und „Kapital". Um diese Praxis richtig einschätzen zu können, sollten die Bedingungen und Kräfte von Produktion und Rezeption literarischen Schaffens untersucht werden. Bourdieus Theoriekonzept und dessen einzelne terminologische Bausteine bieten vielfältige Möglichkeiten, um die komplexen Phänomene des „literarischen Feldes" innerhalb

Habitus, Kapital

der sozialen und politischen Machtstrukturen einer Gesellschaft zu beschreiben und zu systematisieren. Möglich wird damit auch ein Beschreibungsmodell für die Funktionsweisen des Literaturbetriebs.

Historische, praktische und kulturanalytische Annäherungen 2.

Die Herausgeber des *BuchMarktBuches* nennen drei Perspektiven, und zwar eine historische, eine praktische und eine kulturanalytische, mit denen man sich dem Phänomen Literaturbetrieb (in ihrem Buch allerdings fokussiert auf den Aspekt Literatur und Markt) sinnvollerweise annähern könne,[12] und an denen sich auch die vorliegende Einführung orientiert hat. 1. Die historische Perspektive beschreibt das Verhältnis von Literatur und Literaturbetrieb vor dem Hintergrund seiner historischen Entstehungs- und Distributionskontexte. Die Herausbildung eines Buchmarkts und einer Verlagslandschaft, die Entwicklung von Lesekompetenz sowie die institutionellen und medialen Strukturen für die Vermittlung von Literatur in der Öffentlichkeit lassen aus historischer Perspektive trotz aller Unterschiede durchaus Parallelen zu heutigen Verhältnissen erkennen. 2. Die praktische Perspektive wendet sich dem Kennenlernen von Schnittstellen zwischen Literatur und Literaturbetrieb zu, wobei es wichtig ist, die Spezifika zwischen Literatur und Markt, also im Sinne von Bourdieu zwischen „ökonomischem" und „symbolischen Kapital" zu verdeutlichen. Dabei wird nachvollziehbar, dass Literatur und Literaturbetrieb jeweils eigenständige Systeme mit individuellen Mechanismen sind. Eine solche, die Differenzen betonende Perspektive stellt aber auch Abhängigkeiten heraus und zeigt, dass Literatur einer Vermittlung durch Institutionen bedarf. 3. Die kulturanalytische Perspektive betrachtet die Strukturen und Elemente des Literaturbetriebs im größeren kulturellen Kontext, und zwar in einem übergeordneten Normen- und Wertesystem sowie den unterschiedlichen Diskursen, in denen sich Literatur, ihre Produzenten, Distributoren und Rezipienten positionieren. Die daraus resultierenden vielfältigen Wechselwirkungen, die ihren Niederschlag auch in Schreibweisen und im Selbstverständnis von Autoren finden, sind Gegenstand der Analyse.

Historische Perspektive

Praktische Perspektive

Kulturanalytische Perspektive

Literaturbetrieb in der Forschung

In den letzten Jahrzehnten hat es eine Vielzahl von Untersuchungen gegeben, die sich Aspekten des Literaturbetriebs (Buchmarkt, Lesesozialisation, literarische Medien, Zensur, Literaturkritik u. a.) aus historischer oder kulturwissenschaftlicher Perspektive zugewandt haben. Sozialgeschichtlich orientierte Literaturgeschichten (z. B. *Deutsche Literatur. Eine Sozialgeschichte*; *Hansers Sozialgeschichte der deutschen Literatur*) enthalten Abschnitte, in denen jeweils der Literaturbetrieb einer Epoche beschrieben wird. Dabei sind auch unterschiedliche methodische Konzepte angewandt worden, die neben sozialgeschichtlichen Aspekten auch empirische, systemtheoretische und diskursanalytische Fragestellungen beinhalten.[13] Monographische Studien, die alle Aspekte des Literaturbetriebs übergreifend bündeln, fehlen jedoch.

3. Historische Entwicklung des Literaturbetriebs

Versucht man den Blick explizit auf die historische Entwicklung des Literaturbetriebs zu richten, dann stellt man schnell fest, dass es eine umfassende Geschichte des Literaturbetriebs nicht gibt. Vielmehr hat jede literaturhistorische Epoche einen Literaturbetrieb mit jeweils eigenen Ausformungen und Schwerpunkten entwickelt. Bereits in der Antike entfaltete sich Literatur in einem Spannungsfeld zwischen Verfasser bzw. Vortragendem und Publikum. Auch die Art und Weise, wie mit dem Publikum kommuniziert wurde, war von Bedeutung, obwohl die antiken Literaturtheoretiker, z. B. Aristoteles (384-322 v. Chr.), diese Bedeutung von Situation und Kontext zunächst nur für die Rhetorik gelten ließen. Doch die Kategorien Autor, Publikum und das Medium, in dem literarisch kommuniziert wurde, konstituierten in der Antike etwas, das durchaus als Literaturbetrieb bezeichnet werden kann und sich im Mittelalter fortentwickelte. Die soziale Stellung und Bildung sowohl von Autor als auch Publikum waren dabei ebenso wichtig wie das Selbstverständnis von Autoren, ihr Verhältnis zu Kollegen und ihr Umgang mit literarischen Vorbildern, die Entwicklung literarischer Kanones und die Kontexte, in denen sich das literarische Leben insgesamt entfaltete. Die antiken und mittelalterlichen Literaturgesellschaften enthielten damit schon wesentliche Aspekte, die sich im Verlauf der Literaturgeschichte weiter ausdifferenzieren sollten. Historische Umbrüche, die große Auswirkungen auf den Literaturbetrieb hatten, sind im 15. Jahrhundert mit der Erfindung des Buchdrucks und im 18. Jahrhundert mit der Herausbildung einer bürgerlichen Öffentlichkeit zu konstatieren. Heinz Ludwig Arnold nennt daher vier Eckpunkte, die den Rahmen einer Geschichte des Literaturbetriebs abstecken:

Historische Wurzeln in der Antike

Historische Eckpunkte

Zitat

1. [die] Möglichkeit der vervielfältigten Verbreitung von Literatur nach Erfindung des Buchdrucks im 15. Jahrhundert;
2. [die] Einführung des Deutschen als Literatursprache im 17. Jahrhundert;
3. [die] Emanzipation der Schriftsteller von der höfischen Gesellschaft, die sich mit der Aufklärung des 18. Jahrhunderts vollzieht, und damit d[ie] Entstehung eines literarischen Marktes, über den Literatur, wenigstens potentiell, für jeden erreichbar wird;
4. [der] Abbau des Analphabetentums im 18. und endgültig im 19. Jahrhundert als Voraussetzung einer verbreiteten Rezeption von Literatur durch die Leser.[14]

Deutsche Besonderheiten

Bei der historischen Beschreibung des Literaturbetriebs sind Besonderheiten zu berücksichtigen, die sich aus der Geschichte Deutschlands ergeben. Der schwierige Weg der Konstituierung eines deutschen Nationalstaats und das Fehlen eines kulturellen Zentrums hatten Auswirkungen auf die Herausbildung eines einheitlichen (nationalen) Literaturbetriebs, wie er etwa in Frankreich oder England schon seit langem existierte. Der Literaturbetrieb war in Deutschland immer eine Angelegenheit von Regionen oder Städten, die sich in kulturellen Belangen gern von einander abgrenzten. Der deutsche Literaturbetrieb ist daher wesentlich vom Prinzip des Föderalismus geprägt (s. Modul 6, S. 149 f.). Zwar waren mit Berlin oder Wien zu Beginn des 20. Jahrhunderts zwei kulturelle Metropolen entstanden, die auch den Literaturbetrieb prägten, doch das nationalsozialistische Kulturdiktat und die Zersplitterung der deutschen Literaturlandschaft in zwei unterschiedliche Systeme nach 1945 unterbrachen diese Entwicklung.

Literaturbetrieb und Totalitarismus

Insbesondere die Erfahrungen der ‚Gleichschaltung' der kulturellen Institutionen durch den Nationalsozialismus, aber auch die ideologische Bindung des Literaturbetriebs der DDR waren dafür verantwortlich, dass der Literaturbetrieb in der Bundesrepublik Deutschland jede Zentralisierung zu vermeiden versuchte. Ein Blick auf den Literaturbetrieb der DDR soll diese Differenz zwischen dem Literaturbetrieb in einem demokratischen und einem totalitären Staat exemplarisch deutlich machen.[15] Nach dem Ende des Zweiten Weltkriegs (1945) waren sich die alliierten Besatzungsmächte in dem Ziel einig, den Nationalsozialismus und seine Folgen dauerhaft zu zerstören. Dieser politische Konsens zerbrach Mitte 1947 aufgrund ideologischer Kontroversen über die einzuschlagenden Wege. Die westlichen und östlichen Besatzungszonen entwickelten sich auseinander. Die Gründung der Bundesrepublik Deutschland (23. Mai 1949) und die der DDR (7. Oktober 1949) markierten und zementierten schließlich die politische Spaltung Deutschlands. In der sowjetisch besetzten Zone (SBZ) wurde eine konsequente Politik zum Aufbau des Sozialismus unter Führung der Sozialistischen Einheitspartei Deutschlands (SED) durchgesetzt. Insbesondere die Kulturpolitik stand im Dienst der Errichtung einer „antifaschistisch-demokratischen Erneuerung" und rechtfertigte damit auch rigide strukturelle Eingriffe in den Bereich von Presse, Verlagsleben, Kunst und Literatur.[16] Aber das Ziel, in der DDR eine „Literaturgesellschaft" aufzubauen,[17] wie sie dem Lyriker und Kulturminister Johannes R. Becher (1891-1958) als Ausdruck einer neuen sozialistischen Gesellschaft vorschwebte, blieb eine Illusion. Es stellte sich sehr schnell heraus, dass es vielmehr um eine Vergesellschaftung von Literatur auf allen Ebenen ging, die die Produktion, Distribution und Rezeption einschloss, und der Literaturbetrieb zu einem „Staatsmonopol" wurde.[18] „Literatur und Bildende Künste sind der Politik untergeordnet", hatte schon 1951 Ministerpräsident Otto Grotewohl (1894-1964) definiert und ergänzte als Reaktion auf die Forderung nach „völliger Freiheit" von Kunst: „Was sich in der Politik als richtig erweist, ist es auch unbedingt in der Kunst".[19] Verlage wurden beschlagnahmt und enteignet. Zeitungs- und Verlagslizenzen wurden nicht an Einzelpersonen vergeben, sondern an Parteien und gesellschaftliche Gruppen, die als wichtig für den Aufbau des Sozialismus betrachtet wurden. Insgesamt ist zu konstatieren, dass der Literaturbetrieb der DDR an politische Vorgaben, ideologische Grundannahmen, ästhetische Doktrinen gebunden war. Deren Interpretation war Angelegenheit von Staat und Partei, Bürokratie und Administration, Politikern und Funktionären. Diese Vorgaben wurden strikt durchgesetzt bzw. ihre Einhaltung kontrolliert, so dass Verdächtigungen, Bespitzelungen, Einschüchterungen, Bestrafungen, Verbote und Ausbürgerungen wesentliche Merkmale des gesamten Kulturbetriebs in der DDR waren. Dieses autoritäre System konnte nur deshalb jahrzehntelang so gut funktionieren, weil eine Reihe von Institutionen geschaffen wurden, die diese Vorgaben um- und durchsetzten. 1951 wurde auf der Grundlage der „Verordnung über die Entwicklung fortschrittlicher Literatur" das „Amt für Literatur und Verlagswesen" gegründet, zu dessen Aufgaben die „Begutachtung der geplanten Werke und Beratung der Verleger", die „Lizenzerteilung für Buchverlage und Zeitschriften" und die entsprechende Zuweisung von Papierkontingenten gehörten. Im

„Antifaschistisch-demokratische Erneuerung" in der DDR

„Literaturgesellschaft" DDR

Organisation des DDR-Literaturbetriebs

selben Jahr begann auch die „Staatliche Kommission für Kunstangelegenheiten“ mit ihrer Kontrolle der Kunstinstitutionen und künstlerischen Ausbildungsstätten. 1954 folgte die Gründung des Ministeriums für Kultur, das sich mit der „Hauptverwaltung Verlage und Buchhandel“ eine Behörde schuf, deren Aufgabe – so ein entsprechendes Statut von 1977 – es war, „eine einheitlich politisch-ideologische Arbeit des gesamten Verlagswesens [...] bei gleichzeitiger Entfaltung einer zielstrebigen vielseitigen Literaturpropaganda“ zu gewährleisten.[20] 1965 wurde dieser Behörde das „Büro für Urheberrechte“ nachgeordnet, dessen Hauptaufgabe die Kontrolle sämtlicher für eine Veröffentlichung außerhalb der DDR vorgesehener Schriften war. Diese Behörde hatte auch darüber zu wachen, dass kein Buch zuerst in der Bundesrepublik und danach erst in der DDR erschien. Autoren, die diese Auflage ignorierten oder bewusst umgingen, liefen Gefahr, etwa des Delikts der „Devisenhinterziehung“ beschuldigt zu werden.

Brecht: *Das Amt für Literatur*

Die Konsequenzen aus dieser administrativen Verwaltung von Kultur und Literatur und den daraus resultierenden ideologischen und ästhetischen Zwängen unterzieht Bertolt Brecht (1898-1956) in dem Gedicht *Das Amt für Literatur* (1953) einer kritisch-ironischen Prüfung:

Abb. 2: Brecht und Helene Weigel bei der Parade zum 1. Mai 1954 in Ost-Berlin.

Zitat

Das Amt für Literatur

Das Amt für Literatur mißt bekanntlich den Verlagen
Der Republik das Papier zu, soundso viele Zentner
Des seltenen Materials für willkommene Werke.
Willkommen
Sind Werke mit Ideen
Die dem Amt für Literatur aus den Zeitungen bekannt sind.
Diese Gepflogenheit
Müßte bei der Art unserer Zeitungen

Zu großen Ersparnissen an Papier führen, wenn
Das Amt für Literatur für eine Idee unserer Zeitungen
Immer nur ein Buch zuließe. Leider
Läßt es so ziemlich alle Bücher in Druck gehen, die eine Idee
Der Zeitungen verarzten.
So daß
Für die Werke manchen Meisters
Dann das Papier fehlt.[21]

Schriftstellerverband

Für jeden Autor in der DDR war eine Mitgliedschaft im „Schriftstellerverband" verpflichtend, um überhaupt schriftstellerisch oder publizistisch tätig sein zu können. Ziel dieser Mitgliedschaft waren ebenfalls Kontrolle und Disziplinierung, wie die zahlreichen Ausschlüsse missliebiger oder oppositioneller Autoren aus dieser Organisation belegen. Der „Schriftstellerverband" fungierte auch als Scharnier zwischen SED und Autoren und nahm über die Vergabe von Stipendien oder Druckempfehlungen unmittelbar Einfluss auf das Entstehen und die Verbreitung literarischer Texte bzw. die Förderung von Autoren. Eine andere Institution der Literaturförderung war das „Literaturinstitut Johannes R. Becher" in Leipzig (gegründet 1955). Mit diesem Institut versuchte man eine zentrale Schreibschule zu realisieren, in der Autoren die praktische Umsetzung der kulturpolitischen Vorstellungen der SED ‚lernen' sollten. Zahlreiche bekannte DDR-Autoren waren Absolventen des Leipziger Literaturinstituts, was auch etwas darüber aussagt, dass in diesem Institut zumindest in liberalen Phasen eine Atmosphäre herrschte, die ein weitgehend freies literarisches Arbeiten ermöglichte. Das Ensemble der unterschiedlichsten Kontrollapparate, die den Literaturbetrieb der DDR lenkte und überwachte, lässt eine Reihe positiver Entwicklungen in Vergessenheit geraten. Insbesondere im Bereich der schulischen wie außerschulischen Leseförderung und im öffentlichen Bibliothekswesen sind Erfolge zu konstatieren (ein Viertel der erwachsenen Bevölkerung der DDR war Bibliotheksbenutzer). Dass deshalb immer wieder vom „Leseland" DDR gesprochen wurde, hängt außerdem mit dem Interesse weiter Bevölkerungsgruppen an Lektüre zusammen, wobei man jedoch auch hier sehr differenzieren muss, weil Lektüre nicht gleich Lektüre ist. Unterhaltungsliteratur gehörte ebenso zur Lektüre wie die kritische Belletristik oder Bücher, die dem Prinzip des „sozialistischen Realismus" verpflichtet waren.

Literaturinstitut Johannes R. Becher

„Leseland" DDR

Eingriffe in den Literaturbetrieb

Eingriffe in die literarische Kommunikation häuften sich im Umfeld ideologischer Debatten und Kampagnen, so etwa im Zusammenhang mit den „Formalismus"- und „Erbe"-Debatten (1951) oder den Bitterfelder Kulturkonferenzen (1959/64), in deren Verlauf nicht nur Hanns Eislers (1898-1962) Oper *Johann Faustus* (1952) unterdrückt wurde, sondern auch der Philosoph Ernst Bloch (1885-1977) seinen Lehrstuhl an der Universität Leipzig verlor (1957) oder Peter Huchel (1903-1981) als Chefredakteur der Zeitschrift *Sinn und Form* (1962) suspendiert wurde. Repressionen nahmen nach dem Arbeiteraufstand vom 17. Juni 1953, nach dem Bau der Berliner Mauer (13. August 1961) und nach dem Einmarsch der Truppen des Warschauer Pakts in die ČSSR („Prager Frühling", August 1968) zu. Liberalisierungstendenzen, insbesondere nach dem Wechsel an der politischen Spitze der DDR (Erich Honecker [1912-1994] löste Walter Ulbricht [1893-1973] als Erster Sekretär des Zentralkomitees des SED ab) und dem VIII. Parteitag der SED (1971), ermöglichten in begrenztem Maße künstlerische Freiräume. In dieser Zeit konnten auch solche Autoren publizieren, die vorher mit einem Veröffentlichungsverbot belegt waren. Honecker formulierte 1971 als Leitlinie: „Wenn man von den festen Positionen des Sozialismus ausgeht, kann es meines Erachtens auf dem Gebiet der Kunst und Literatur keine Tabus geben".[22] Eine entscheidende Zäsur markierte jedoch die Ausbürgerung Wolf Biermanns (*1936) nach einem Konzert in Köln im November 1976. Diese Zwangsmaßnahme gegen den Liedermacher, der jahrelang unter Stasi-Bespitzelung, Sanktionen und Auftrittsverboten zu leiden hatte, führte zu einer Solidarisierung von Künstlern und Intellektuellen. Es folgten Austritte bzw. Ausschlüsse aus dem „Schriftstellerverband" oder der SED, und es kam zu Ausreisen bzw. Ausbürgerungen zahlreicher Künstler und Schriftsteller. Andere Autoren standen unter Hausarrest, wurden zeitweise inhaftiert oder erhielten ein Westreiseverbot, wieder andere wurden zu Geldstrafen verurteilt, und eine große Anzahl von Büchern konnte bald nur noch in der Bundesrepublik und nicht mehr in der DDR erscheinen, was wiederum zu neuen Problemen führte. Hinzu kamen die Ausgrenzung der Oppositionellen und deren Beschimpfung als Abweichler und Renegaten. In welchem Maße die Überwachung durch das Ministerium für Staatssicherheit Raum griff, zeigen u. a. die Dokumente, die Reiner Kunze (*1933) aus seiner Stasi-Akte veröffentlicht hat. Der „operative Vorgang" trug den Decknamen „Lyrik" und verdächtigte den Autor der „staatsgefährdenden Hetze".[23] Eine gewisse politische Entkrampfung der Situation in den Jahren 1986/87 konn-

Ausbürgerung Biermanns

Stasi-Überwachung

te das verlorene Vertrauen in Staat und sozialistische Gesellschaft nicht mehr zurückgewinnen.

Zusammenfassung

Dieses Modul versuchte einführende Grundlagen für eine Beschäftigung mit dem Phänomen Literaturbetrieb zu schaffen. Definitorische Annäherungen wurden mit methodischen, insbesondere sozialgeschichtlichen Perspektiven verknüpft, wozu auch die Bedeutung des Literaturbetriebs innerhalb des „literarischen Felds" gehörte. Ein Blick auf die Geschichte des Literaturbetriebs ließ wichtige historische Umbrüche offensichtlich werden, machte aber auch deutlich, dass aufgrund der traditionell föderalen Struktur Deutschlands die Entwicklung eines einheitlichen Literaturbetriebs im Vergleich mit anderen Ländern nicht möglich war und man vielfach eigene (regional orientierte) Wege ging. Wie der Literaturbetrieb in einem totalitären Staat funktioniert, wurde am Beispiel der DDR und ihrer „Literaturgesellschaft" skizziert.

Literatur

- Literaturbetrieb in Deutschland. Hg. v. Heinz Ludwig Arnold. Stuttgart, München, Hannover: Edition Text + Kritik 1971.
- Literaturbetrieb in der Bundesrepublik Deutschland. Ein kritisches Handbuch. Hg. v. Heinz Ludwig Arnold. 2., völlig veränderte Aufl. München: Edition Text + Kritik 1981.
- Literarisches Leben in der Bundesrepublik Deutschland. Für die Sekundarstufe hg. v. Heinz Ludwig Arnold und Manfred Lauffs. Stuttgart: Reclam 1988 (Arbeitstexte für den Unterricht).
- Emmerich, Wolfgang: Kleine Literaturgeschichte der DDR. Erweiterte Neuausgabe. 2. Aufl. Berlin: Aufbau 2005.
- Fantham, Elaine: Literarisches Leben im antiken Rom. Sozialgeschichte der römischen Literatur von Cicero bis Apuleius. Aus dem Englischen v. Theodor Heinze. Stuttgart, Weimar: Metzler 1998.
- Jurt, Joseph: Das literarische Feld. Das Konzept Pierre Bourdieus in Theorie und Praxis. Darmstadt: Wissenschaftliche Buchgesellschaft 1995.
- Das BuchMarktBuch. Der Literaturbetrieb in Grundbegriffen. Hg. v. Erhard Schütz zusammen mit Silke Bittkow, David Oels, Stephan Porombka und Thomas Wegmann. Reinbek bei Hamburg: Rowohlt 2005 (rowohlts enzyklopädie).

Fragen

1. Welche Aspekte nennt Ralf Schnell in seiner Definition von Literaturbetrieb?
2. Was ist in groben Zügen unter dem „literarischen Feld“ zu verstehen?
3. Welche vier Eckpunkte der historischen Entwicklung des Literaturbetriebs nennt Heinz Ludwig Arnold?
4. Wodurch zeichnet sich der Literaturbetrieb der DDR aus?

Modul 2: Autor, Autorschaft und Autorbild

Dieses Modul wendet sich dem Autor als wichtigstem Akteur im Literaturbetrieb zu. Begriffliche Definitionen stehen ebenso im Mittelpunkt wie Fragen nach dem Selbstverständnis des Autors und dem Wandel des Autorbildes im Verlauf der Literaturgeschichte. Dazu gehört auch der Komplex des Urheberrechts und dessen Bedeutung für die wirtschaftliche Versorgung und soziale Stellung von Autoren. Am Beispiel von Autorengruppen, Literaturfehden und berufsständischen Schriftstellerorganisationen werden Auftreten und Wirkung des Autors im Literaturbetrieb weiter erläutert.

1. Autor und Autorschaft

Autor als zentrale Größe des Literaturbetriebs

Eine zentrale Größe der Literatur und damit auch des Literaturbetriebs ist der Autor. Ohne Autoren ist ein Literaturbetrieb kaum denkbar; heutzutage kann man manchmal sogar den Eindruck gewinnen, der Autor sei wichtiger als sein Werk, wobei diese Situation sicherlich von zahlreichen Autoren gern in Kauf genommen, ja sogar stimuliert wird. Aber Selbstinszenierungen und Selbststilisierungen sind keine Erfindungen des modernen Medienzeitalters. Heutzutage interessiert nicht, ob sich ein Autor, sondern wie er sich inszeniert oder sich inszenieren lässt.[1]

Abb. 3: 20 DM-Geldnote mit Porträt Annette von Droste-Hülshoffs.

Jeder Buchumschlag, ja sogar Briefmarken, Geldscheine oder -münzen zeigen Autorenporträts, öffentliche Institutionen tragen Autorennamen (Universitäten, Bibliotheken), und der Name des Autors ist meistens die erste Kategorie, die bei einer Recherche in Lexikon, Bibliographie oder Handbuch zum Ergebnis führt. Das war jedoch nicht immer so. Viele Jahrhunderte lang spielte der Autor als Urheber von Texten kaum eine Rolle.

auctor / Autor

Das Wort Autor und sein Ursprung im lateinischen Substantiv *auctor* und im Verb *augere* („wachsen machen", „vermehren") zeigen, dass zunächst nur der Förderer, Anstifter und Gewährsmann bezeichnet wurde. Allerdings verwendete man in der Antike das Wort *auctor* auch in der Bedeutung ‚Urheber' und ‚Schöpfer' eines Schriftwerkes. In diesem Bedeutungszusammenhang spielte der Aspekt der Vorbildlichkeit des Autors (vgl. den Bezug zu „auctoritas") eine Rolle, wobei sich die Norm setzende Funktion auf vorbildliche sprachliche, stilistische und rhetorische Ausdrucksqualitäten bezog. Diese Qualitäten waren wiederum an Autornamen gebunden, wodurch diese „auctores" zu Vorbildern für die „imitatio" („Nachahmung") werden konnten.[2] Dennoch hatte der enge Zusammenhang zwischen Autor und Werk noch nicht die Bedeutung, wie wir sie ihm heutzutage beimessen. In der Vorrede zu seiner Bibelübertragung stellte sich der Weißenburger Mönch Otfried (ca. 800-875) – der erste namentlich bekannte deutschsprachige Autor – lediglich als Vermittler des Wortes Gottes vor und sah seine Aufgabe in dessen volkssprachlicher Verbreitung. Otfried betrachtete sich nicht als Urheber, vielmehr als jemand, der verantwortungsvoll überliefert und entsprechende Gewähr für die richtige Überlieferung bietet. Dieses Verständnis von Autorschaft prägte über Jahrhunderte hinweg sowohl für den weltlichen als auch den geistlichen Bereich den Begriff des Autors. Die Autorschaft legitimierte sich nicht durch Originalität, die Suche nach Neuem oder die Darstellung von Persönlichem, sondern durch Weitergabe von Wissensbeständen und kulturellen Traditionen. Dichten meinte noch nicht den kreativen Akt sondern das Kommunizieren tradierten Materials für das Publikum einer höfischen Gesellschaft. Die Taten der Helden waren wichtig, nicht die Autoren, die diese besangen oder beschrieben. Viele mittelalterliche Texte (z. B. das *Nibelungenlied*) sind daher nur anonym überliefert, von anderen Verfassern kennen wir nur den (Vor-) Namen, ohne genaueres über sie in Erfahrung bringen zu können.

Autor als Vermittler

Abb. 4: Porträt Gottfrieds von Straßburg in der *Manessischen Liederhandschrift*. Das aufgeschlagene Buch verweist auf seine Bildung und Autorschaft.

Wenn sich ein Autor in seinen Texten – z. B. Hartmann von Aue (etwa 1165–um 1210) oder Gottfried von Straßburg (um 1210) – vorstellt, dann erfahren wir kaum etwas über seine Biographie, sondern meistens etwas über seine Bildung, Kompetenz, Herkunft und evtl. etwas über seine soziale Stellung. Bis ins 18. Jahrhundert hinein – trotz zahlreicher Veränderungen im Verständnis von Autorschaft in der Frühen Neuzeit – gehörte es zum Standard, dass ein Autor sein Schreiben durch Vorbilder, Traditionen und Regeln legitimierte, indem er ausdrücklich auf sie verwies. Innovation spielte kaum eine Rolle, der Autor setzte auf rhetorische Kunstfertigkeit und universelle Bildung und ordnete sich damit in die große Tradition einer Autorengemeinschaft und ihrer (auch moralischen) Vorbildfunktion ein.

Autor und Publikum im mittelalterlichen Literaturbetrieb

Die geringe Sichtbarkeit des Autors im antiken und mittelalterlichen Literaturbetrieb hängt natürlich mit der spezifischen (handschriftlichen) Überlieferung literarischer Texte und mit dem eher kleinen Publikum zusammen, das diese Texte rezipieren konnte, weil es über die notwendigen Bildungsvoraussetzungen (Lesen) verfügte. Viele literarische Texte sind häufig nur als Unikat, also in einer einzigen Abschrift, auf uns gekommen, denn die Anfertigung einer Handschrift war aufwendig und teuer. Solche Handschriften wurden nicht vom Autor des Texts in Auftrag gegeben, sondern durchweg von einem Mäzen, der damit repräsentative Absichten verfolgte (s. Modul 6, S. 155 f.). Bei solchen spezifischen Formen der Textverbreitung ist es einsichtig, dass der Autor eher eine ‚dienende' Rolle spielte. Mittelalterliche Autoren wurden zwar für ihre Dienste entlohnt und konnten durchaus eine gewisse Popularität erlangen, doch insgesamt tat sich zwischen den Produzenten und Rezipienten von Literatur eine große soziale Kluft auf. Einen (kritisch-warnenden) Einblick in das mittelalterliche höfische Leben mitsamt seinen vielfältigen Unterhaltungs- und Repräsentationsaktivitäten – hier am Hof des Landgrafen Hermann von Thüringen (gest. 1217) – gewährt Walther von der Vogelweide (um 1168-1228):

Zitat

Wer empfindliche Ohren hat,
so mein Rat, der mache um den Thüringer Hof einen Bogen,
denn kommt er dorthin, fürwahr!, der wird irre.
Ich habe solange am höfischen Treiben teilgenommen, bis ich nun nicht mehr kann.
Eine Gruppe zieht ab, eine andere kommt an, Tag und Nacht.
Es grenzt schon an ein Wunder, daß da noch jemand hören kann.
Der Landgraf ist so gestellt, daß er mit stolzen Kerlen seine Habe verprasst.[3]

Wandel der Autorschaft im 15. Jahrhundert

Die Position des Autors im Literaturbetrieb änderte sich mit der Erfindung des Buchdrucks (um 1450). Das handschriftlich überlieferte literarische Werk war – wie gesagt – an überschaubare Publiken (Adel, Klerus, Gelehrte, gebildete Bürger) gebunden. Mit den neuen Vervielfältigungsmöglichkeiten durch den Buchdruck entstand ein Markt, der den Autor unabhängiger von persönlichen Aufträgen machte und damit insgesamt seine Individualisierung und Sichtbarkeit im Literaturbetrieb begünstigte. Verleger begannen die Arbeit eines Autors zu honorieren und das öffentliche Interesse am Autor und seinem Produkt manifestierte sich auch in Praktiken, Inhalte zu zensieren und die Verbreitung von Büchern zu kontrollieren. Die Professionalisierung des Autors und die Individualisierung seines Schreibens fanden einen ersten Höhepunkt im 18. Jahrhundert. In dieser Zeit bildete sich nicht nur das neue Bild vom Autor als Genie heraus, sondern es entstand auch ein Dichtungsideal, das sich der Vermehrung von Aufklärung und Bildung verschrieben hatte. Zwar war das Geschäft des Schreibens für viele Autoren noch eine Beschäftigung neben ihrem Brotberuf als Pfarrer, Beamter, Gelehrter oder Lehrer, aber das 18. Jahrhundert lässt durchaus Ansätze erkennen, dass Autoren sich als ‚freie' Schriftsteller begriffen und sich dementsprechend gegenüber einem stetig wachsenden Publikum und auf einem neue Möglichkeiten bietenden Markt positionierten. Im *Allgemeinen Oeconomischen Lexicon* von Georg Heinrich Zincke (1692-1768) heißt es symptomatisch über die neue Funktion des Buches und über sein wirtschaftliches Potenzial:

‚Freier' Schriftsteller

Zitat

Buch, ist ein [...] höchst nützliches und bequemes Werckzeug, die Wahrheit dem andern auf eine bequeme Weise zum Lesen und Erkennen vorzulegen. An dieser Waare arbeiten viele Leute, ehe sie zu Stande kommt, und zu einem eigentlichen Buche in diesem Verstande wird. Der Gelehrte und der Schriftsteller, der Pappiermacher, der Schriftgiesser, Setzer und Buchdrucker, der Corrector, der Verleger, der Buchbinder, bisweilen auch der Goldschlager und Gürtler cs. Von dieser Manufactur ernehren sich also viel Leute.[4]

Zwar wird dem Buch die Funktion der Verbreitung von Wahrheit zuerkannt, doch der Autor ist nur ein Teil einer großen „Manufactur", die die Herstellung von Büchern ermöglicht. Gerade diese Teilhabe an der Herstellung und Verbreitung von Büchern veränderte die Stellung des Autors in der Öffentlichkeit zu einem Repräsentanten einer sich emanzipierenden bürgerlichen Gesellschaft, zu deren Entwicklung er erheblich beitrug. Diese Stellung in Gesellschaft und Literaturbetrieb führte dazu, dass das Recht des Autors an seinem Werk als ‚geistiges Eigentum' juristisch anerkannt und gesetzlich garantiert wurde (s. u. Abschnitt 6).

Autor in der modernen Literaturgesellschaft

Neue technologische Entwicklungen schufen die Grundlage dafür, dass Bücher im 19. Jahrhundert zu einem Massenprodukt wurden. Parallel dazu entstand eine moderne Literaturgesellschaft, deren Bedürfnisse und Wünsche nicht nur den Buchmarkt sondern auch Rolle und Funktion des Autors tangierten. Schreiben hieß inzwischen, einem Broterwerb nachgehen. Es lag im ureigensten Interesse des Autors, die vielfältigen, sich bietenden Publikationsmöglichkeiten – mit welchen Mitteln auch immer – auf einem jetzt stärker wirtschaftlich orientierten Buchmarkt zu nutzen. Zusätzlich fand er sein wirtschaftliches Auskommen als Zeitschriftenherausgeber oder -redakteur, als Theaterdramaturg, ja sogar als Literaturwissenschaftler und übte damit wichtige Funktionen im öffentlichen Kulturbetrieb aus. Die Konkurrenz untereinander machte das Schreiben und Veröffentlichen allerdings nicht einfacher. Diese Konkurrenzsituation wurde dennoch zu einer notwendigen Voraussetzung für das Funktionieren eines Literaturbetriebs, der von der Publikumsnachfrage geprägt war und immer deutlicher die Beziehung zwischen Autor, Publikum und Literaturbetrieb zum Vorschein brachte. Parallel zu dieser Entwicklung änderte sich die rechtliche Situation des Autors grundlegend. Kannte das 18. Jahrhundert nur Rechte des Verlegers an einem Buch, wurden nun die Buchrechte an den Autor und seine Erben gebunden. Die Buchproduktion wurde weiter industrialisiert und dadurch leistungsfähiger (Schnellpressen, Letterngießmaschinen, Entwicklung des Holzpapiers). Der Buchmarkt entwickelte immer effizientere Produktions- und Distributionsstrategien, so dass Radius, Vielfalt und Intensität literarischer Kommunikation erheblich erweitert und verstärkt wurden. Bücher konnten immer preiswerter hergestellt werden und trafen nach einer neuerlichen Welle der Alphabetisierung auf neue, sozial völlig anders strukturierte Leserschichten. Die Buchproduktion weitete sich entsprechend der steigenden Nachfrage aus, wodurch sich auch die literarischen Medien zusehends zu Trägern politischer Meinungsbildung entwickeln konnten. Zeitungen und Zeitschriften übernahmen in diesem Prozess eine wichtige Funktion. Literatur wurde auch zu einem Sammelbecken intellektueller Opposition und zu einem Instrument politischer Veränderung, das den Nebeneffekt hatte, dass der Autor zusehends zum Ziel von politischer Disziplinierung, Zensur und polizeilicher Verfolgung wurde. Die weitere mediale Entwicklung sicherte dem Autor im 20. Jahrhundert ein nochmals erweitertes Publikum. Er ist nun nicht mehr nur Buchproduzent, sondern beliefert auch Rundfunk und Fernsehen. Auf diese Prozesse haben viele Autoren insofern reagiert, als sie auch zu professionellen und spezialisierten Fachschriftstellern (Verfasser von Rundfunkfeatures, Hörspielen, Drehbüchern für Fernsehserien usw.) geworden sind, um der Nachfrage auf dem Literaturmarkt zu entsprechen. Mit dieser Entwicklung ging allerdings eine krisenhafte Erfahrung von Autorschaft einher, die sich nicht mehr auf verbindliche Definitionen und ‚Berufsbilder' stützen konnte.

Autor in der Mediengesellschaft

Autor heute 2.

Autorenreport

1972 erschien unter dem Titel *Autorenreport* eine Untersuchung der Hamburger Soziologen Karla Fohrbeck und Andreas J. Wiesand zur sozialen Situation der Schriftsteller in der Bundesrepublik Deutschland. Die beiden Verfasser leiteten ihre Untersuchung mit einem Kapitel zur Frage ein „Was heißt hier Autor?" und reihten sich ein in einen „Streit um eine qualitativ ‚richtige' Autorendefinition".[5] Die Verfasser des *Autorenreports* hatten bei ihrer Erhebung eine lange Liste unterschiedlichster Selbsteinschätzungen deutscher Autoren ermittelt, die von „Dichter" über „Autor" und „Schriftsteller" bis zu „Literat" und „Publizist" reichten und kamen zu dem Schluss, dass „traditionelle bzw. auch alltagssprachliche Zuordnungen oder Begriffe den Personenkreis, der freie Autorentätigkeit ausübt, nicht angemessen charakterisieren".[6] Fohrbeck und Wiesand griffen daher folgerichtig auf den Begriff des „Autors" zurück, um dessen Funktion als allgemeinen ‚Wortproduzenten' herauszustellen und seine Tätigkeit als weites Berufsfeld aufzufassen, das nicht an bestimmte Medien gekoppelt ist, sondern gerade die zahlreichen Medienumbrüche als signifikant für die Konturierung des Autorbegriffs nutzt.[7] Daraus leitet der *Autorenreport* die folgende Einschätzung ab:

Zitat

Im Prozeß der Vermarktung der „geistigen Ware" treten neben die mehr oder weniger originären Leistungen der Autoren diejenigen anderer am Herstellungsprozeß beteiligter Personen oder Gruppen, z. B. anderer freier Mitarbeiter (in den Bereichen Bild, Ton, Darstellung bzw. Realisation), aber auch der angestellten Autoren (Redakteure, Lektoren). Die Funktionsteilung, wie sie vor allem bei den Medien Fernsehen, Film, Publikumszeitschriften und selbst beim Hörfunk für die Produktion erforderlich ist, verlangt daher vom Autor medienbezogene Verhaltensweisen. Die Marktorientiertheit der Produktion bedeutet aber auch, daß Programmkonzeptionen und Interessen von Auftraggebern teils durch den Autor schon antizipiert werden, teils durch die inhaltliche Festlegung des Auftrages den ursprünglichen Mittler an der Urheberschaft beteiligen.[8]

Auflösung des Autorenbegriffs

Hannes Schwenger hat daraufhin die Frage gestellt, ob wir aufgrund solcher Entwicklungen „vor der Auflösung des Autorenbegriffs durch Vergesellschaftung der Literaturproduktion stehen?"[9] Daher war es durchaus folgerichtig, dass die autonome Urheberschaft durch die Soziologie, Psychologie und Diskurstheorie prinzipiell in Frage gestellt und dem Autor nur noch die Funktion eines Mittlers innerhalb fließender Diskurse zugestanden wurde. Seine schöpferischen Kapazitäten als schreibendes Subjekt wurden ebenso unerheblich wie die Rückbindung des Autors an eine konkrete Biographie und deren Spiegelung im literarischen Text. Innerhalb und außerhalb der Literaturwissenschaft wurde das Konzept des Autors problematisch. Diese Zweifel am Autor als einer Instanz, die entscheidend etwas zum Verstehen von Texten beizutragen hat, bündelte Roland Barthes (1915-1980) 1968 in einem Aufsatz mit dem programmatischen Titel *Der Tod des Au-*

Barthes: *Der Tod des Autors*

tors (frz. *La mort de l'auteur*). Dieser Aufsatztitel wurde zum Schlagwort einer Debatte, in der die künstlerische Autonomie des Autors aufgekündigt und seine Funktion als Kompilator bzw. Schreiber neu gefasst wurde. Der Leser dagegen wurde zum eigentlichen Produzenten des Texts erklärt:

Zitat

Ein Text ist aus vielfältigen Schriften zusammengesetzt, die verschiedenen Kulturen entstammen und miteinander in Dialog treten, sich parodieren, einander in Frage stellen. Es gibt aber einen Ort, an dem diese Vielfalt zusammentrifft, und dieser Ort ist nicht der Autor (wie man bislang gesagt hat), sondern der Leser. Der Leser ist der Raum, in dem sich alle Zitate, aus denen sich eine Schrift zusammensetzt, einschreiben, ohne dass ein einziges verloren ginge. Die Einheit eines Textes liegt nicht in seinem Ursprung, sondern in seinem Zielpunkt – wobei dieser Zielpunkt nicht mehr länger als eine Person verstanden werden kann. [...] Die Geburt des Lesers ist zu bezahlen mit dem Tod des *Autors*.[10]

Foucault: *Was ist ein Autor?*

1969 hatte der französische Philosoph Michel Foucault (1926-1984) in einem Aufsatz mit dem Titel *Qu'est-ce qu'un auteur?* (dt. 1974: *Was ist ein Autor?*) die These aufgestellt, dass sowohl der Autor als auch das Werk höchst unsichere Kategorien seien, sofern sie Geschlossenheit und Homogenität suggerieren. Dieser Aufsatz wurde als Begründung für den endgültigen „Tod des Autors" ausgesprochen wirksam. Obwohl Foucault die Antwort auf die von ihm gestellte Frage schuldig blieb, bezweifelte er prinzipiell traditionelle Vorstellungen vom Autor als demjenigen, der sich mit einer Botschaft an den Leser wendet und diesem somit ein Mehr an Wissen voraus hat. Daraus ergibt sich folgende Konsequenz:

Zitat

Der Autor – oder das, was ich als Funktion Autor zu beschreiben versuchte – ist wohl nur eine der möglichen Spezifikationen der Funktion Stoff. Mögliche oder nötige Spezifikation? Betrachtet man die Wandlungen, zu denen es im Laufe der Geschichte gekommen ist, so muß die Funktion Autor keineswegs konstant in ihrer Form, in ihrer Komplexität oder gar in ihrem Vorhandensein bleiben – ganz im Gegenteil. Man kann sich eine Kultur vorstellen, in der Diskurse verbreitet oder rezipiert würden, ohne daß die Funktion

Autor jemals erschiene. Ganz gleich, welchen Status, welche Form und welchen Wert ein Diskurs hätte und welche Behandlung man ihm angedeihen ließe, alle würden sich in der Namenlosigkeit des Gemurmels entrollen. Folgende so lange wiedergekäute Fragen würde man nicht mehr hören: „Wer hat eigentlich gesprochen? ist das auch er und kein anderer? Mit welcher Authentizität oder welcher Originalität? Und was hat er vom Tiefsten seiner selbst in seiner Rede ausgedrückt?“ Dafür wird man andere hören: „Welche Existenzberechtigung hat dieser Diskurs? Von woher kommt er? Wie kann er sich verbreiten, wer kann ihn sich aneignen? Wie sind die Stellen für mögliche Stoffe verteilt?“ Und hinter all diesen Fragen würde man kaum mehr als das gleichgültige Geräusch hören: „Wen kümmert's, wer spricht?“[11]

Rückkehr des Autors

Die radikale Vorstellung vom „Tod des Autors“ hat sich allerdings nicht durchgesetzt. Mehr denn je gilt der Autor heute als wichtige Größe, die das „literarische Feld“ ordnet. Insofern sind Textlektüren maßgeblich von einer Auffassung über den Autor bestimmt, und es ist zulässig, sich bei der Interpretation literarischer Texte auf den Autor zu beziehen.[12] Von der literaturwissenschaftlichen Debatte über den Autor einmal abgesehen: Von der Bühne des Literaturbetriebs war der Autor sowieso nie verschwunden. Davon zeugen u. a. Autorengruppen, die Auftreten und Bild des Autors in der Öffentlichkeit maßgeblich geprägt haben.

3. Autorengruppen

Profil einer Autorengruppe

Meistersinger

Im deutschen Sprachraum gab es im Spätmittelalter mit den Meistersingern erste erkennbare Zusammenschlüsse von Autoren, die bis in das 17. Jahrhundert hinein aktiv waren, eine ungeheure Anzahl an Texten und Sangweisen produzierten und ein gesellschaftliches Handeln praktizierten, das dem „gemeinen nutz“ dienen wollte, aber durchweg vom mittelalterlichen Denken einer gottgewollten Ordnung geprägt waren. Die Meistersinger entsprachen damit nur partiell dem Profil einer modernen Autorengruppe. Von einem solchen Zusammenschluss wird erwartet, dass durch das gemeinsame Auftreten im Literaturbetrieb literarische und/oder kulturelle Ziele programmatisch und mit emanzipatorischem Gestus verfolgt werden.[13] In der mittelalterlichen Vorlesekultur, in der Rezitatoren oder Sänger von Ort zu Ort zogen und als Konkurrenten um die Gunst eines Herrn oder Mäzens nicht selten auch im Wettstreit gegeneinander antraten, sind feste Autorengruppen daher eher unvorstellbar. Erst im Laufe des 15. Jahrhunderts, als bürgerliche Kreise sich zu Kulturträgern entwickelten, kam es in Süddeutschland zu Zusammenschlüssen von fahrenden Sängern, wobei Handwerksmeister entsprechende Impulse gaben und durch Singschulen und Meistersingerbünde ihr gewachsenes soziales Prestige in der Öffentlichkeit zur Schau stellten. Die Meistersinger stellten sich dabei in die Tradition der Minnesänger, obwohl sie die ständisch-feudale Form des Minnesangs insofern ablehnten, als sie diese in eine schulmäßig gepflegte Form der Sangeskunst mit neuem didaktischen und moralischen Zuschnitt überführten. Die Distanz zur Literaturpraxis der adligen Oberschicht ist in allen Singschulen deutlich erkennbar, was sich besonders an der sozialen Herkunft der Sänger – mehrheitlich Handwerker und Gewerbetreibende – ablesen lässt. Die bekanntesten Singschulen gab es in Augsburg, Mainz, Nürnberg und Straßburg. Sie waren streng nach dem Vorbild von Zünften, Gilden oder Bruderschaften organisiert und trafen sich einmal im Monat, meistens am Sonntagnachmittag zum gemeinschaftlichen Gesang. Diese Treffen dienten dazu, die Mitglieder mit den Regeln („Tabulaturen") bekannt zu machen, an die sie sich beim Verfassen eigener Texte und Melodien unbedingt halten mussten, denn der Meistersang galt als lehr- und lernbare Kunstübung nach festen Regeln. Populär geworden sind die Singschulen durch ihre Wettsingen, aus denen derjenige als Sieger hervorging, dessen Lied die geringsten Verstöße gegen die Regeln aufwies. Die konkurrierenden Sänger mussten jeweils auf dem „Singstuhl" Platz nehmen, während eine hinter einem Vorhang sitzende Jury (die „Merker") die ‚Fehler' registrierte. Der Sieger dieses Wettsingens erhielt oftmals einen Kranz aus Seidenblumen oder eine Kette mit dem Bildnis des biblischen Sängerkönigs David.

Sprachgesellschaften

Im 17. Jahrhundert, einer Epoche, die von politischen und religiösen Auseinandersetzungen sowie dem Dreißigjährigen Krieg dominiert und geprägt war, entstand eine Vielzahl von Sprachgesellschaften, die sich zwar in ihren einzelnen Zielsetzungen unterschieden, doch insgesamt mit ihrem Bemühen um eine einheitliche deutsche Sprache und Kultur eine Sehnsucht nach dem Ende der territorialen, konfessionellen, politischen und sozialen Zersplitterung Deutschlands demonstrierten. Sämtliche Sprachgesellschaften – unter ihnen *Die Fruchtbringende Gesellschaft*, *Die Deutschgesinnte Genossenschaft*, *Die Pegnitzschäfer*, *Der Elbschwanorden*, um nur die bekanntesten aufzulisten – waren von den auf-

Abb. 5: Sitzung der *Fruchtbringenden Gesellschaft* (Stich von Peter Isselburg).

strebenden gelehrten Eliten geprägt. Sieht man sich die mitgliederstarken Listen dieser Gesellschaften an, dann findet man auf ihnen die komplette ‚Prominenz' der deutschen Literatur (u. a. Anton Ulrich von Braunschweig-Lüneburg [1633-1714], Siegmund von Birken [1626-1681], Andreas Gryphius [1616-1664], Georg Philipp Harsdörffer [1607-1658], Friedrich von Logau [1604-1655], Johann Michael Moscherosch [1601-1669], Martin Opitz [1597-1639], Caspar Stieler [1632-1707], Johann Rist [1607-1667], Philipp von Zesen [1619-1689]) vertreten. Die Ritualisierung der Zusammenkünfte ist auch daran erkennbar, dass sich die Teilnehmer wohlklingende Namen gaben.

Auf einem Stich von Peter Isselburg (um 1580-1630/31), der eine Sitzung der *Fruchtbringenden Gesellschaft* zeigt (s. Abb. 5), werden die Mitglieder mit ihren Namen bezeichnet (von rechts nach links): der „Nährende", der „Schmackhafte", der „Durchdringende", der „Gerade", der „Langsame", der „Austrucknende", der „Helfende", der „Vielgekrönte", der „Nutzbare", der „Unansehnliche", der „Gemäste", der „Wohlbekommende". Bei der Verfolgung ihrer Ziele setzten die Sprachgesellschaften auf die reformfreudigen Kräfte unter den absolutistisch regierenden Landesherren; nicht selten ging die Gründung einer Sprachgesellschaft auf die Initiative eines Landesherrn zurück. Vorbilder für diese Gesellschaften waren die 1548 in Frankreich gegründete *Pléiade* und die 1582 in Florenz ins Leben gerufene *Accademia della Crusca,* die bereits in ihrem Namen programmatisch ihre Zielsetzung verkündete, nämlich den Weizen von der Kleie („crusca") zu scheiden. Beiden Vorbildern ging es um die Standardisierung bzw. Reinerhaltung der Sprache durch die Formulierung entsprechender Richtlinien und die Herausgabe von Wörterbüchern, Grammatiken und Rhetoriksammlungen. Die Standardisierung des von Martin Luther (1483-1546) mit seiner Bibelübersetzung geschaffenen und inzwischen weit verbreiteten Deutschen hin zu einer Hochsprache stand daher ganz oben auf der Tagesordnung der deutschen Sprachgesellschaften. Der volkstümlichen Literatur, wie sie sich im Meistersang verbreitet hatte, wurde eine ‚höhere', an der antiken und der romanischen Literatur orientierte Dichtungsform als Vorbild entgegengesetzt. Literatur sollte sich durch rhetorische Eleganz auszeichnen und vorbildhafte Themen aufgreifen. Die Aktivitäten der Sprachgesellschaften wurden durch die historischen Umstände stark eingeschränkt; Kriegsereignisse erschwerten das Reisen und bei vielen Zusammenkünften waren immer nur wenige Mitglieder anwesend, so dass gemeinschaftsstiftende Aktivitäten meistens über Absichtserklärungen nicht hinauskamen. Aber unter den Mitgliedern wurden eifrig Briefe gewechselt, wodurch ein kulturelles und literarisches Netzwerk mit großem Radius entstand.

Grass: *Das Treffen in Telgte*

In seiner Erzählung *Das Treffen in Telgte* (1979) versucht Günter Grass (*1927) die imaginäre Zusammenkunft einer barocken Dichtergesellschaft zu rekonstruieren, wobei er unterschwellig auch eine Parallele zu den Tagungen der „Gruppe 47" zieht. Die Prominenz der deutschen Literatur trifft sich in Grass' Erzählung 1647 im letzten Jahr des Dreißigjährigen Kriegs, um aus eigenen Texten vorzulesen, über die politische Zukunft des verwüsteten Landes zu diskutieren und ein Manifest gegen den Krieg zu verabschieden. Dabei stehen den Dichtern nicht nur immer wieder ihre unterschiedlichen Meinungen im Wege, sondern auch persönliche Eitelkeiten und Eifersüchteleien. Dennoch gibt es zahlreiche Parallelen zu Tagungen der barocken Vorbilder, wie z. B. an einer mit Ironie und Witz erzählten Episode über die Sprachpflege ersichtlich wird:

Zitat

Dann las Harsdörffer aus dem grad ausgedruckten ersten Teil seines „Poetischen Trichters" etliche Anweisungen, wie man seinen Schnellkurs für zukünftige Dichter am klügsten durchlaufe – „Schlüßlich müssen die sechs Stunden nicht eben auf einen Tag nacheinander genommen..." – um dann mit kurzem, vom Manuskript gelesenen Lob: Es könne „die teutsche Sprache" mehr als jede Fremdsprache Laut und Geräusch jeglicher Kreatur nachahmen, denn sie „... swiere wie die Schwalbe, kracke wie der Rab, silcke wie der Sperling, lisple und wisple mit den Bächen..." allgemein zu gefallen.

Zwar hätten wir nie miteinander einig werden können, „teutsch" oder „deutsch" zu schreiben, aber jedes Lob des „Deutschen" und „Teutschen" gab uns Auftrieb. Jedem fiel neues Naturgeräusch als Beweis deutscher Wortkunst ein. Bald war man (zum Ärger Buchners) bei Schottels gereihten Sprachfunden, lobte sein „Schneemilchweiß" und andere Findlinge. Wir sahen uns einig beim Sprachverbessern und Eindeutschen. Selbst Zesens Vorschlag, für Nonnenkloster „Jungfernzwinger" zu setzten, fand Zustimmung.[14]

Der epochale Umbruch der Literatur im 18. Jahrhundert und die damit einhergehende Veränderung des Autorbildes spiegelten sich auch in Autorengruppen wieder. Aus gelehrten, meistens akademisch ausgerichteten Gruppen (z. B. die 1727 von Johann Christoph Gottsched [1700-1766] in Leipzig gegründete *Deutsche Gesellschaft*), die das Reformpotenzial der Aufklärung ausschöpften, entstanden in der zweiten Jahrhunderthälfte Freundeskreise, die eine Teilhabe am literarischen, politischen, sozialen und kulturellen Leben einforderten. Eines der bekanntesten Beispiele für diese Entwicklung ist die zwischen 1772 und 1776 agierende, unter der Bezeichnung *Göttinger Hain* firmierende Dichtergruppe, die sich die Verwirklichung von Idealen wie Freundschaft, Naturverehrung, Leben auf dem Lande, patriotische Gesinnung und gegenseitige Kritik zum Ziel setzte. Die Gründung des Bundes, dem neben Heinrich Christian Boie (1744-1806) u. a. Ernst Theodor Johann Brückner (1756-1805), Karl Friedrich Cramer (1752-1807), Ludwig Christoph Heinrich Hölty (1748-1776), die Brüder Christian (1748-1821) und Friedrich Leopold (1750-1819) Stolberg sowie Johann Heinrich Voß (1751-1826) angehörten, dokumentiert ein Brief von Voß an Brückner (20. 9. 1772), er sagt aber auch etwas über die stilisierten und später ritualisierten Umgangsformen dieser Gruppe aus:

Göttinger Hain

Zitat

Ach den 12. Sept., mein lieber Freund, da hätten sie hier sein sollen. [...] Der Abend war außerordentlich heiter, und der Mond voll. Wir überließen uns ganz den Empfindungen der schönen Natur. Wir aßen in einer Bauerhütte eine Milch, und begaben uns darauf ins freie Feld. Hier fanden wir einen kleinen Eichengrund, und sogleich fiel uns allen ein, den Bund der Freundschaft unter diesen heiligen Bäumen zu schwören. Wir umkränzten die Hüte mit Eichenlaub, legten sie unter den Baum, und faßten uns alle bey den Händen, und tanzten so um den eingeschloßenen Stamm herum; riefen den Mond und die Sterne zu Zeugen unsers Bundes an, und versprachen uns eine ewige Freundschaft. Dann verbündeten wir uns, die größte Aufrichtigkeit in unsern Urtheilen gegen einander zu beobachten, und zu diesem Endzwecke die schon gewöhnliche Versammlung noch genauer und feierlicher zu halten. Ich ward durchs Loos zum Ältesten erwählt. Jeder soll Gedichte auf diesen Abend machen, und ihn jährlich begehen.[15]

Die Zusammenkünfte wurden bald institutionalisiert, Protokolle hielten Ablauf und Diskussionsgegenstände sowie die auf diesen wöchentlichen Treffen vorgelesenen Gedichte fest. In ein *Bundesbuch* trugen die Mitglieder ihre Gedichte ein, wodurch ein Dokument entstanden ist, das zunächst die literarischen Ergebnisse des Bundes zusammenfasst. Ferner ist das *Bundesbuch* aber auch das lyrische Manifest einer Autorengruppe, die sich die Erneuerung der Dichtkunst auf ihre Fahnen geschrieben hatte und sich damit in bewusste Konkurrenz zu einer ihrer Ansicht nach rückständigen, die Prinzipien der Aufklärung und der Klassik hoch haltenden älteren Autorengeneration setzte. Diese Generation wurde durch den von den Hainbündlern heftig attackierten Christoph Martin Wieland (1753-1813) personifiziert. So schwärmerisch empfindsam sich der Göttinger Hainbund auch gab, sein Wirken, publizistisch weit verbreitet durch das neue Medium der populären *Musenalmanache*, enthielt am Vorabend der Französischen Revolution ein beträchtliches Potenzial an Freiheitssehnsucht, die jedoch zunächst noch utopischen Charakter hatte.

Der Göttinger Hain blieb für längere Zeit die letzte Dichtervereinigung mit festen Statuten, ritualisierten Zusammenkünften und explizitem Literaturprogramm. Auf ihn folgten durchweg weniger streng organisierte Kooperationen, die damit strukturell auf die Veränderungen im Literaturbetrieb, insbesondere auf die Stellung des Autors, reagierten, dadurch jedoch keinesfalls ohne Einfluss auf die jeweiligen aktuellen Literaturdebatten blieben. Nicht selten gruppierten sich diese Kooperationen um Zeitschriften oder andere publizistische Projekte, um dem jeweiligen Anliegen in der Öffentlichkeit Gehör zu verschaffen. Zu solchen Kooperationen ist zunächst einmal der ‚klassische' Dichterbund von Goethe (1749-1832) und Schiller (1759-1805) zu zählen, der zwischen 1795 und 1805 literaturgeschichtliche Berühmtheit erlangte, ein umfassendes Bildungskonzept zum Ergebnis hatte und dies auf allen literarischen Ebenen mit Nachdruck propagierte (vgl. u. a. Schillers Zeitschriftenprojekt *Die Horen*, zu dem Goe-

‚Klassischer' Dichterbund

the wichtige Texte beisteuerte, der Briefwechsel zwischen beiden Autoren sowie ihre Zusammenarbeit auf dem Theater). Auch die verschiedenen literarischen Zusammenschlüsse romantischer Autoren blieben ohne formalisierte Strukturen und hatten vielfach nur eine kurze Lebensdauer. Dennoch hatten die literarischen Freundeskreise, die sich um die Zeitschriften *Athenäum, Poetisches Journal* und *Europa* gruppierten, eine große Strahlkraft für die ästhetische und kulturtheoretische Diskussion. Dies trifft auch auf den Heidelberger Romantikerkreis um Achim von Arnim (1781-1831), Clemens Brentano (1778-1842), Joseph von Eichendorff (1788-1857) und Joseph Görres (1776-1848) ebenso wie auf die vielfältigen Kooperationen zu, in denen die Brüder Jacob (1785-1863) und Wilhelm (1786-1859) Grimm arbeiteten. Sicherlich sind der Bund zwischen Goethe und Schiller sowie die romantischen Zirkel als herausragende literarische Seismographen zu bezeichnen, die äußerst sensibel auf die politische Stimmung seit der Französischen Revolution reagierten und den Aufstieg Napoleons (1769-1821) sowie die nationale Begeisterung im Umfeld der Befreiungskriege aktiv oder kritisch begleiteten. Aber insbesondere die Romantikerkreise waren trotz aller Programmatik eher zwanglose Zusammenkünfte, die oftmals der Unverbindlichkeit der ästhetischen Teegesellschaften oder bürgerlichen Salons ähnelten, in denen der ‚gesellige' Aspekt von Literatur in den Vordergrund rückte. Dieser pragmatische Charakter sollte zahlreiche weitere Autorenvereinigungen des 19. Jahrhunderts kennzeichnen, obwohl damit keineswegs deren kulturelle und literarische Zielsetzungen und Wirkungen unterschätzt werden dürfen. Der 1827 in Berlin gegründete Verein „Tunnel über der Spree", der insbesondere durch die Mitgliedschaft von Theodor Fontane (1819-1898) literarische Bedeutung erlangte, oder in der zweiten Jahrhunderthälfte der Münchner Dichterkreis um Felix Dahn (1834-1912), Emanuel Geibel (1815-1884) und Paul Heyse (1830-1914) zeichneten sich durch ihren Konversationscharakter sowie durch einen Rückzug in die private Sphäre aus, um dadurch nicht zuletzt den vielfältigen obrigkeitlichen Beschränkungen der Öffentlichkeit auszuweichen, ohne eindeutig Position beziehen zu müssen. Autoren schlossen sich aber auch zusammen, um neue literarische Bewegungen durchzusetzen. Der Berliner Verein „Durch" um die Brüder Heinrich (1855-1906) und Julius (1859-1930) Hart sowie Gerhart Hauptmann (1862-1946) setzte sich für die Literaturrichtung des Naturalismus ein. Später wurde der „Sturm-Kreis" um Herwarth Walden (1878-1941) ein Sammelbecken für expressionistische Autoren. Ebenso programmatisch

Pragmatische Kooperationen

ausgerichtet war der Kreis um Stefan George (1868-1933), der eher als eine Dichterschule zu charakterisieren ist, die esoterischen, kultischen und kulturkonservativen Prinzipien verpflichtet und mit der Zeitschrift *Blätter für die Kunst* auch publizistisch wirksam war. Neben diesen nach außen sichtbaren Zusammenschlüssen existierte eine Vielzahl von Autorengruppen mit unterschiedlichsten Zielsetzungen, deren öffentliches Auftreten unspektakulär war, die jedoch interessante Einblicke in die jeweiligen historischen, kulturellen und literarischen Kontexte und von ihnen geprägte Autorenbilder geben können.

Kultischer Dichterkreis

Unsere heutigen Vorstellungen von einer Autorenvereinigung sind weitgehend von der „Gruppe 47" bestimmt, die nicht nur als prägend für die Literatur nach 1945 angesehen wird, sondern auch durch ihre formale Struktur zu einem Paradigma geworden ist. Gegründet wurde die „Gruppe 47" 1947 von Hans Werner Richter (1908-1993). Seine Initiative erfolgte nach der gescheiterten Zeitschrift *Der Ruf*, die Richter seit 1946 gemeinsam mit Alfred Andersch (1914-1980) herausgegeben hatte und die vermutlich nach sowjetischer Intervention von den amerikanischen Militärbehörden im April 1947 verboten wurde. Richter suchte daher nach einer neuen Form für das literarische Gespräch, das zudem einen aktiven Beitrag zur demokratischen Neugestaltung der deutschen Gesellschaft und zur Auseinandersetzung mit der Nazi-Diktatur leisten wollte. Im September 1947 fand die erste „Tagung" der „Gruppe 47" in Bannwaldsee bei Füssen statt. Hans Werner Richter beschreibt diese erste „Tagung" rückblickend, wobei die legendäre Kommunikationsstruktur der Gruppe bereits erkennbar ist:

Gruppe 47

Zitat

Ich hatte auf meinen handgeschriebenen Postkarten gebeten, noch nicht veröffentlichte Manuskripte mitzubringen. Fast alle sind dieser Aufforderung gefolgt. Da sie alle literarische Anfänger, Neulinge in der Kunst des Schreibens sind, gibt es auch keine Meisterwerke zu entdecken. Es sind Versuche, Anfänge, dilettantische oft, aber hin und wieder auch Talent, ja Begabung verratend. Anfang ist alles in dieser Zeit und in diesen Tagen. Worauf es ankommt, ist die Mitteilung, ist dem Anderen, Nächsten zu zeigen, was man denkt und was man kann, Ersatz für eine literarische Kommunikation, die noch nicht besteht.
So hocken wir im Kreis herum auf dem Fußboden in Ilse Schneider-Lengyels Wohnstube, manche mehr liegend als sitzend, hören zu,

angestrengt, konzentriert, und nur selten geben wir unsere Zustimmung oder unserm Missfallen durch Kopfnicken, Lachen oder irgendwelchen Gesten Ausdruck. Es gibt keine Zwischenrufe, keine Zwischenbemerkungen. Neben mir auf dem Stuhl nimmt der jeweils Vorlesende Platz. Es ist selbstverständlich, hat sich so ergeben. Nach der ersten Lesung – es ist Wolfdietrich Schnurre – sage ich: „Ja, bitte zur Kritik. Was habt Ihr dazu zu sagen?"[16]

Abb. 6: Tagung der „Gruppe 47" 1963 (v.l.n.r.: Wolfgang Hildesheimer, Christopher Holme, Erich Fried, Marcel Reich-Ranicki).

Auf das erste Treffen folgten in jährlichem Rhythmus bis 1967 31 Tagungen der „Gruppe 47" (1977 fand noch eine letzte Tagung statt, an deren Ende Richter mit dem Satz „Jetzt ist Schluß!" die „Gruppe 47" auflöste).[17] Zahlreiche, bis dahin unbekannte Autoren nahmen auf dem „elektrischen Stuhl" – wie der Platz neben Hans Werner Richter genannt wurde – Platz und lasen ihre Texte vor. Dies durfte nicht länger als 30 Minuten dauern und die vortragenden Autoren mussten sich danach ohne Möglichkeit zur Gegenrede Lob und Tadel der Anwesenden anhören, ein Verfahren, das später für den Ingeborg-Bachmann-Wettbewerb in Klagenfurt übernommen wurde (s. Modul 4, S. 112 f.). Für viele Autoren, u. a. für Günter Grass, Ingeborg Bachmann (1926-1973) oder Martin Walser (*1927), bedeuteten die Auftritte vor der „Gruppe 47" den literarischen Durchbruch. Seit 1950 wurde ein Literaturpreis vergeben, der solche Durchbrüche zusätzlich signalisierte. Durch den Forum- und Werkstattcharakter ihrer „Tagungen" und der bewussten Distanz gegenüber aktuellen ideologischen Positionen hatte die „Gruppe 47" schon Mitte der 1950er Jahre eine von den Medien viel beachtete Monopolstellung im Literaturbetrieb der Bundesrepublik eingenommen. Gleichzeitig ermöglichte die besondere Struktur der Gruppe, den unterschiedlichsten Autoren aktiv an den Tagungen teilzunehmen. Jost Hermand nennt drei Gründe, weshalb es Richter gelungen war, die „Gruppe 47" derart im Literaturbetrieb zu positionieren: „1. durch den literarischen Spürsinn Hans Werner Richters, 2. durch eine geschickte Vernetzung mit an sogenannter moderner Literatur interessierte[n] Verleger[n], Kritiker[n] und Rundfunkredakteure[n], und 3. durch eine der allgemeinen gesellschaftlichen Entwicklung angepaßte[n] Haltung, die im Zuge der ökonomischen Hybris der fünfziger Jahre auf jede ideologische Festlegung zu verzichten glaubte und lediglich eine den technischen Innovationen dieser Jahre entsprechende formalistisch-orientierte Literatur in den Vordergrund rückte, die sich weder rechts noch links engagierte, sondern sich als betont nachideologisch ausgab."[18] Dennoch ist die Geschichte der „Gruppe 47" eng mit der Geschichte des deutschen Wiederaufbaus verbunden. Dies ist letztlich auch am Zerfall der Gruppe im Herbst 1967, also kurz vor der Studentenrevolte von 1968, abzulesen, als deutlich wurde, dass die Konzentration auf den literarischen Text eine Politikferne zur Folge hatte, die die drängenden Fragen der Zeit (Beschäftigung mit Nazi-Diktatur und Holocaust, Vietnamkrieg, Dritte Welt) nicht explizit auf die Tagesordnung setzte und die damals politisch exponierten Autoren veranlasste, den Tagungen der Gruppe fernzubleiben. Hans Werner Richter hat immer wieder betont, die „Gruppe 47" sei „keine Gruppe. Sie nennt sich nur so".[19] Aber gerade solche Äußerungen wurden beargwöhnt und mündeten in Charakterisierungen, die von „demagogische[m] Clan" über „autoritären Autorenverband auf postalischer Grundlage" bis zu „geheime[r] Reichsschrifttumskammer" reichten.[20] Hans Magnus Enzensberger (*1929) antwortete auf derartige Polemiken mit dem Essay *Die Clique*, in dem er das Selbstverständnis der „Gruppe 47" umriss und das oft zitierte Wort von dem „Zentralcafé einer Literatur ohne Hauptstadt" prägte:

Zitat

Die Gruppe 47 hat, das weiß ich nur allzugut, keine Anstecknadel. Sie hat, traurig genug, keinen Ehrenpräsidenten, keinen geschäftsführenden Vorsitzenden, keinen Schriftführer und keinen Kassenwart. Sie hat keine Mitglieder. Sie hat kein Postscheckkonto. Sie steht nicht im Vereinsregister. Sie hat keinen Sitz und keine Satzungen. Kein Ausländer kann ermessen, was das bedeutet in einem Land, wo noch der professionelle Massenmord ohne Aktennotizen nicht betrieben werden kann und wo sogar der Anarchismus seine Anhänger mit Hilfe einer sauber geführten Mitgliederkartei „erfaßt". Es kann nur zweierlei bedeuten: die Gruppe 47 ist entweder eine Legende, oder – weit schlimmer! – sie ist eine Clique.[21]

Nachfolger

Gerade die herausgehobene Funktion der „Gruppe 47" im Literaturbetrieb hat eine Reihe von Nachfolgern gefunden, unter denen die Dortmunder „Gruppe 61", ein Zusammenschluss von Autoren, die sich der Literatur der Arbeitswelt verpflichtet fühlten, und die sprachkritisch experimentell orientierte „Wiener Gruppe" (Oswald Wiener [*1935], Konrad Bayer [1932-1964], H.C. Artmann [1921-2006], Gerhard Rühm [*1930] u. a.) oder das „Forum Stadtpark" in Graz (Alfred Kolleritsch [*1931], Wolfgang Bauer [*1941], Barbara Frischmuth [*1941], Peter Handke [*1942] u. a.) besondere Beachtung gefunden haben. Heute schließen sich insbesondere Nachwuchsautoren in Schreibwerkstätten oder Gruppen, die Literaturbüros oder Literaturhäusern angegliedert sind, zusammen, ohne dass sie dadurch als homogene Gruppe in der Öffentlichkeit in Erscheinung treten oder als solche wahrgenommen werden.

4. Literaturfehden

Im Verlauf der Literaturgeschichte haben sich regelmäßig und mit heftiger Intensität Auseinandersetzungen abgespielt, in denen sich Autoren oder Autorengruppen mit unterschiedlicher Motivation und Intention gegeneinander wandten. Literaturfehden fanden in der Öffentlichkeit stets große Resonanz, wie das bei Skandalen eigentlich immer der Fall ist. Aber es ist nicht allein das voyeuristische Interesse am Skandal, das Aufmerksamkeit erzielt, vielmehr haben solche Auseinandersetzungen eine Kontrollfunktion, indem sie Vorgänge – wenn auch häufig polemisch und verletzend – transparent machen. Literarische Skandale ent-

Bedeutung von Literaturfehden

hüllen u. a. persönliche Gegnerschaften, markieren poetologische Wendepunkte, versuchen neue gegen alte Auffassungen durchzusetzen oder verfolgen die Absicht, das literarische Territorium zu erobern, zu verteidigen oder zu vergrößern. Jeder literarische Skandal hat ein ambivalentes Ergebnis, denn meistens geht es weniger um ein reinigendes Gewitter als um eine knallharte Durchsetzung von Interessen. Einige exemplarische Fälle sollen im Folgenden vorgestellt werden.

Literaturexkurs im *Tristan* von Gottfried von Straßburg

Die Geschichte der deutschsprachigen Literaturfehden beginnt im Mittelalter mit dem Literaturexkurs Gottfrieds von Straßburg in seinem *Tristan*-Roman (V. 4555-4974).[22] Gottfried warf hier nicht nur einen kritischen Blick auf die zeitgenössische Literaturszene, sondern er verteilte auch Lob und Tadel. Insbesondere trieb ihn die Frage um, wie innerhalb der höfischen Gesellschaft und deren Prachtentfaltung dem literarischen Wort jenseits von allen rhetorischen Traditionen neue Kraft ‚eingehaucht' werden könnte. Die „cristallinen wortelin" (V. 4629) Hartmanns von Aue, in denen Wort und Sinn harmonisch aufeinander abgestimmt sind, gelten ihm dabei als Vorbild im Vergleich mit solchen Autoren, deren Schreibweise wie ein Hase anmutet, der auf der Wortheide wilde Sprünge macht (V. 4638 ff.). Man hat insbesondere hinter diesen kritischen Bemerkungen eine Fehde zwischen Gottfried und dem *Parzival*-Autor Wolfram von Eschenbach (um 1200) vermutet, obwohl Wolfram namentlich nicht genannt wird. Sicherlich lassen sich dafür viele Argumente finden, doch ob dieser prononcierten poetologischen Selbstdarstellung Gottfrieds eine persönliche Fehde mit Wolfram zugrunde liegt, bleibt letztlich unentscheidbar. Wichtig an diesem hoch komplexen und literarisch dichten Exkurs ist jedoch die Absicht des Autors, seine literarische Position in der Öffentlichkeit selbstbewusst vorzustellen und von anderen Konzepten abzugrenzen. Ähnlich motiviert war die Kritik Christian Wernickes (1661-1725) an der hochbarocken Literatur. Das Alte sollte ebenfalls durch das Neue ersetzt werden. Mit satirischen und literaturkritischen Epigrammen wandte er sich gegen den um sich greifenden manieristischen Stil zahlreicher Kollegen in der galanten Lyrik und gegen die seiner Meinung nach zu enge Orientierung der Literatur am höfischen Leben. Eine besondere Affinität scheint es zwischen Literaturfehde und Aufklärung zu geben, denn die meisten derartigen Auseinandersetzungen fanden im 18. Jahrhundert statt. Sicherlich war dafür das Aufklärungsdenken mit seinem strengen Rationalismus und der permanenten Suche nach Wahrheit verantwortlich. Lessing (1729-1781) hat dies folgendermaßen auf den Punkt gebracht:

Gegen Schwulst und höfische Abhängigkeit

Literaturfehde und Aufklärung

Zitat

Aber die Wahrheit, sagt man, gewinnet dabei [bei Kontroversen] so selten. – So selten? Es sei, daß noch durch keinen Streit die Wahrheit ausgemacht worden: so hat dennoch die Wahrheit bei jedem Streite gewonnen. Der Streit hat den Geist der Prüfung genähret, hat Vorurteil und Ansehen in einer beständigen Erschütterung erhalten; kurz, hat die geschminkte Unwahrheit verhindert, sich an der Stelle der Wahrheit festzusetzen.[23]

Gottsched gegen Bodmer und Breitinger

Fragmentenstreit

Goethe und Schillers Xenienkampf

Die zahlreichen Literaturfehden der Aufklärungsepoche haben aber auch etwas von einem Regulativ oder einem Instrument zur Selbstkontrolle und -vergewisserung innerhalb des aufgeklärten Diskurses, obwohl solche Auseinandersetzungen zwangsläufig starke Polarisierungen zur Folge hatten. Dies trifft auch auf die berühmten Streitfälle der Epoche zu, und zwar auf die Auseinandersetzung zwischen Johann Christoph Gottsched (und Anhängern) auf der einen und Johann Jakob Bodmer (1698-1783) und Johann Jakob Breitinger (1701-1776) (und Anhängern) auf der anderen Seite sowie auf den theologischen Streit zwischen Lessing und dem Hamburger Hauptpastor Johann Melchior Goeze (1717-1786). Gottsched, Bodmer und Breitinger stritten in den 1740er Jahren über die Frage, inwiefern die von Gottsched propagierte aufklärerisch-rationale Nachahmungs- und Regelpoetik durch Konzepte abgelöst werden konnte, die der Phantasie, dem Wunderbaren und Erhabenen ein Recht in der Literatur einräumten. Diese Auseinandersetzung wurde mit ebenso harten publizistischen Bandagen ausgetragen wie der theologische Streit zwischen Lessing und Goeze, der als sog. Fragmentenstreit (1774-78) in die Literaturgeschichte eingegangen ist, und der zusehends zu einer Kontroverse über religiöse Toleranz, vermeintlichen Wahrheitsbesitz und Wahrheitssuche wurde, und den man mit Vehemenz und Polemik in der Öffentlichkeit austrug. Dass schließlich der Wolfenbütteler Herzog in den Streit eingriff und Lessing die gewährte Zensurfreiheit entzog, unterstreicht die Brisanz der Angelegenheit. Den größten Nachhall in der literarischen Öffentlichkeit des ausgehenden 18. Jahrhunderts hatte der Xenienkampf, den Goethe und Schiller angezettelt hatten. Im *Musenalmanach für das Jahr 1797* veröffentlichten sie zwar anonym, doch ihre Autorschaft nicht wirklich verbergend, 414 Xenien, in denen sie Politiker, Verleger, erst- und zweitrangige Literaten, Philosophen und Wissenschaftler in einer Generalabrechnung attackierten, aber auch Kritik an überkommenen Lebensformen, Weltanschauungen und Charaktereigenschaften übten. Sie verstanden diese Auseinandersetzung als Krieg, wie aus dem Eröffnungsdistichon „Guerre ouverte“ hervorgeht, in dem sie ihre Gegner auffordern, aus der Deckung zu kommen und mit offenem Visier zu kämpfen:

Zitat

Lange neckt ihr uns schon, doch immer heimlich und tückisch;
  Krieg verlangtet ihr ja, führt ihn nun offen, den Krieg.[24]

Abb. 7: Karikatur, die die Xenien als fahrendes Volk personifiziert, angeführt von Goethe und Schiller (1797).

Diese Angriffe lösten eine Welle publizistischer Reaktionen aus und spalteten die Öffentlichkeit in Befürworter und Gegner. Noch 1830 schreibt Goethe rückblickend, die Xenien seien „die größte Bewegung und Erschütterung in der deutschen Literatur“ gewesen.[25] Die Weimarer Dichter forcierten mit ihren Angriffen einen ästhetischen und literaturkritischen Paradigmenwechsel, wobei sie natürlich ihre Vorstellungen von einer klassischen Literatur und Kultur propagierten und allgemein durchzusetzen ver-

Neue Strategien der Literaturfehde im 19. Jahrhundert

suchten. Der Xenienkampf bereitete neuen Strategien den Boden, indem nun verstärkt publizistische, soziale und persönliche Aspekte Gegenstand der Auseinandersetzung wurden. Bei den Literaturfehden des 19. Jahrhunderts hat es manchmal den Anschein, als stünden vorwiegend öffentlichkeitswirksame Themen im Vordergrund, während literarische Streitfragen nicht selten als Vehikel dienten oder sogar nur eine sekundäre Rolle spielten. Heinrich Heines (1797-1856) berühmt-berüchtigter „Vernichtungskrieg“[26] gegen August von Platen (1796-1835) war trotz aller außerliterarischer Vorwürfe (Platens antisemitische Invektiven gegen Heine, Heines Verurteilung von Platens Homosexualität) im Kern eigentlich eine Attacke gegen einen nach Heines Dafürhalten schlechten Dichter und verdeckte daher, um was es eigentlich ging: um literarische Wertungsfragen und um Vorherrschaft im Literaturbetrieb. Eine ähnliche, persönlich motivierte Ausgangssituation lag auch Heines Streitschrift gegen Ludwig Börne (1786-1837) zugrunde. Börne wurde in der zeitgenössischen Literaturkritik häufig mit Heine verglichen und bezog selbst seit 1835 bei grundsätzlichen politischen Kontroversen über die Aufgaben des politischen Schriftstellers provozierend gegen Heine Stellung, was zum persönlichen Zerwürfnis der beiden im Pariser Exil lebenden Autoren führte. Nach Börnes Tod stellte Heine in einem Porträt Börnes (*Ludwig Börne. Eine Denkschrift*, 1840) seine Sicht der Dinge dar, indem er sein Selbstporträt vom Porträt Börnes scharf und polemisch absetzte. Das eigentliche Thema der Streitschrift galt jedoch der Frage, ob Heine sich dem kompromisslosen Radikalismus Börnes anschließen und sich als politischer Dichter eindeutig auf die Seite der republikanischen Opposition stellen sollte. Heine wollte sein Schreiben nicht ausschließlich als operativ begreifen und ergriff Partei für eine Ästhetik, die zwar auf die Zeitumstände reagierte, sich aber nicht funktionalisieren lassen wollte und ihm die Denkfreiheit jenseits von allen Ideologien garantierte. Heines Attacken sind zu etwas wie einem Paradigma der Literaturfehde geworden und Nachfolger beriefen sich immer wieder auf seine Strategien. Seitdem verfestigte sich bis in die heutige Zeit hinein eine Tendenz, wonach politische, weltanschauliche und existentielle Fragen die literarischen Kontroversen immer nachdrücklicher beherrschen, entsprechende Eklats provozieren, aber im kurzlebigen Medienalltag immer weniger Spuren hinterlassen. Ungeachtet dessen hat es auch nach 1945 zahlreiche Auseinandersetzungen gegeben, von denen hier drei herausgegriffen werden. Unmittelbar nach dem Ende des Zweiten Weltkriegs begann ein Streit, in dessen Mittelpunkt die Emi-

Heine gegen Platen und Börne

Literaturfehden im Medienalltag

Äußere und innere Emigration

gration stand. Die Kontroverse wurde durch einen „Offenen Brief" ausgelöst, den der Schriftsteller Walter von Molo (1880-1958) am 13. August 1945 an den noch im kalifornischen Exil lebenden Thomas Mann (1875-1955) richtete und ihn aufforderte, nach Deutschland zurückzukehren, um sich dadurch mit dem besiegten deutschen Volk solidarisch zu zeigen. Thomas Mann reagierte am 17. September 1945 auf diesen Appell mit dem – ebenfalls offenen – Brief *Warum ich nicht nach Deutschland zurückgehe*. In diesem Brief betont er zwar, Deutschland sei „nicht identisch mit der kurzen und finsteren geschichtlichen Episode, die Hitlers Namen trägt", weshalb er auch nie aufhören werde, sich als „deutsche[r] Schriftsteller zu fühlen", der zudem während der Hitler-Diktatur mit den Deutschen „gelitten" habe, aber er könne nicht in ein Deutschland zurückkehren, „das ihm [Hitler] schließlich verfiel und einen Pakt mit dem Teufel schloß".[27] Thomas Mann erinnert daran, dass es dieses Regime war, das ihn brutal ins Exil gezwungen und ihm mit der daraus resultierenden „Entwurzelung" auch „die nervösen Schrecken der Heimatlosigkeit" zugefügt hatte.[28] Diese Antwort löste die eigentliche Debatte erst aus, in der es bald um die problematische Abgrenzung zwischen ‚äußerem' und ‚innerem' Exil sowie der jeweiligen moralischen Einschätzung ging. Frank Thieß (1890-1977), einer der Wortführer der Kontroverse, warf Thomas Mann u. a. unverhohlen und wiederum öffentlich vor, seine Radioansprachen in der BBC (*Deutsche Hörer!*) seien für die Daheimgebliebenen eine Zumutung gewesen, denn „es war schwerer, sich hier seine Persönlichkeit zu bewahren, als von drüben Botschaften an das deutsche Volk zu senden".[29] Die Debatte entwickelte sich zu einer scharfen Kontroverse, in deren Verlauf immer deutlicher wurde, dass es darum ging, wie die deutschen Intellektuellen mit den Folgen der Nazi-Diktatur, damals als ‚Schuldfrage' viel expliziter zugespitzt, moralisch verantwortlich umgehen sollten. In gewisser Weise lag dem Zürcher Literaturstreit auch die Problematik des Umgangs mit der jüngsten deutschen Geschichte zugrunde. Ausgelöst wurde die wohl heftigste Kontroverse in der deutschen Nachkriegsliteratur am 17. Dezember 1966 durch die Rede *Literatur und Öffentlichkeit* des Schweizer Germanisten Emil Staiger (1908-1987). Staiger galt als Vertreter der werkimmanenten Interpretationsmethode, in deren Mittelpunkt das Ästhetische des Kunstwerks stand und dessen Autonomie gegen biographische, psychologische und sozialhistorische Interpretationsansätze verteidigt wurde. In seiner Zürcher Rede nun setzte sich Staiger mit der Frage auseinander, wie der Schriftsteller seiner Aufgabe als Vor- und Leitbild in

Zürcher Literaturstreit

der Öffentlichkeit gerecht werde. Unter dieser Prämisse betrachtete Staiger die zeitgenössische Literatur und deren Exponenten und gelangte zu dem provozierenden Ergebnis (gemünzt insbesondere auf Peter Weiß' [1916-1982] Theaterstücke *Die Verfolgung und Ermordung Jean Paul Marats*, 1964, und *Die Ermittlung*, 1965):

Zitat

Man gehe die Gegenstände der neueren Romane und Bühnenstücke durch. Sie wimmeln von Psychopathen, von gemeingefährlichen Existenzen, von Scheußlichkeiten großen Stils und ausgeklügelten Perfidien. Sie spielen in lichtscheuen Räumen und beweisen in allem, was niederträchtig ist, blühende Einbildungskraft. [...] Der Bürger applaudiert dem politischen Terror, die Dame der guten Gesellschaft sexuellen Exzessen, deren bloße Erwähnung sie sich in ihrem eigenen Hause verbitten würde. [...]
Doch ich vergesse, was diese heute über die ganze westliche Welt verbreitete Legion von Dichtern, deren Lebensberuf es ist, im Scheußlichen und Gemeinen zu wühlen, zu ihrer Rechtfertigung vorbringt. Sie sagen, sie seien wahr, sie zögen die unbarmherzige böse Wahrheit der schönen, tröstlichen Täuschung vor. [...] Wenn solche Dichter behaupten, die Kloake sei ein Bild der wahren Welt, Zuhälter, Dirnen und Säufer Repräsentanten der wahren, ungeschminkten Menschheit, so frage ich: Ich welchen Kreisen verkehren sie? Gibt es denn heute etwa keine Würde und keinen Anstand mehr [...]?[30]

Diese Provokation blieb natürlich nicht ohne Widerspruch. Am nachdrücklichsten reagierte Max Frisch (1911-1991) auf Staigers Rundumschlag gegen die zeitgenössische Literatur und warf ihm vor, dass er keine Namen genannt, vielmehr alle Autoren in einen Topf geworfen habe, was fatal an Vorgehensweisen der nationalsozialistischen Literaturpolitik erinnere:

Zitat

„Die heutige Literatur", du hast weder einen Sprachraum noch eine ungefähre Zeitspanne ausgesteckt, und so darf ich annehmen, daß du Brecht nicht mehr zur heutigen Literatur zählst: denn da ist ja der vermißte Wille, der Gesellschaft zu nützen und ihr ein Leitbild zu dichten, fast nicht zu übersehen. Also gilt dein Standgericht offenbar den Noch-Lebenden. Ich nenne es ein Standgericht: Verurteilung ohne namentliche Aufrufung, selbstverständlich ohne Untersuchung des jeweiligen Falles. Salve! So, wir erinnern uns, verfuhr man schon immer, wenn die Rede war von entarteter Kunst.[31]

Der Streit war prinzipiell geworden und mündete in extreme Polarisation. Während Staiger jegliche politische Einmischung der Literatur und jede Darstellung von sittlich Anstößigem weiterhin vehement ablehnte, weil damit die natürlichen Grenzen der Literatur, deren Anwalt der Schriftsteller zu sein habe, überschritten würden, plädierte Frisch ausdrücklich für eine ‚littérature engagée'. Der Schriftsteller habe daher – so Frisch –

Zitat

eine Sprache zu erarbeiten, die wieder etwas besagt, die unseren Erfahrungen in dieser Epoche standzuhalten vermöchte, die unsere Skepsis nicht einfach beurlaubt, um poetisch sich geben zu können, und die Gläubigkeit nicht mit Wunschdenken verwechselt, die vor Realitäten nicht zu erröten braucht, die einzubeziehen wagt, was sie zu überwinden hofft: die Kloake und die lichtscheuen Räume.[32]

Deutsch-deutscher Literaturstreit

Nach der Veröffentlichung ihrer autobiographischen Erzählung *Was bleibt* (1990) wurde die bis dahin in beiden deutschen Staaten hoch angesehene Autorin Christa Wolf (*1929) von der westdeutschen Literaturkritik attackiert und es wurde ihr Opportunismus und Verlogenheit vorgeworfen. Christa Wolf, so der weitere Vorwurf, habe die Erzählung, die eine kurze Phase ihres Lebens nach der Ausbürgerung Wolf Biermanns aus der DDR (1976) schildert und in der sie von der Stasi bespitzelt wurde, erst zu einem Zeitpunkt veröffentlicht, als ihr keine Repressalien mehr drohten. Man bezweifelte, ob Christa Wolf sich überhaupt als Opfer eines totalitären Staates begreifen könne und vermutete als Anlass für ihre Erzählung allenfalls ein schlechtes Gewissen wirklichen Stasi-Opfern gegenüber. Als privilegierte „Staatsdichterin" seien ihre Klagen über Stasi-Bespitzelung insofern unglaubwürdig, weil es von Christa Wolf „weder zum Aufstand vom 17. Juni noch zum Mauerbau, weder zum Einmarsch in die Tschechoslowakei und in Afghanistan noch zum Kriegsrecht in Polen oder zur Sache der mitteleuropäischen Dissidenten buchenswerte Äußerungen" gebe – so Frank Schirrmacher.[33] Auch wurde ins Feld geführt, Christa Wolf habe nach dem Fall der Mauer weiterhin an der Existenz eines sozialistischen, von der Bundesrepublik unabhängigen Staates festgehalten. Wiederum entwickelte sich der Einzelfall zu einer Grundsatzdebatte, in der es um die Verantwortung bzw. Verantwortlichkeit der Intellektuellen in der ehemaligen DDR ging und die sich naturgemäß auch um die Fragen drehte: „Bilden Politik und Literatur, Ideologie und Kunst, Ethik und Ästhetik eine Einheit? Kann Ästhetik auf Ethik verzichten, kann Literatur ohne politische Stellungnahme auskommen?"[34] Die Debatte war scharf und hinterließ viele Wunden, die nur langsam vernarbten. Am 21. März 1993 versuchte Christa Wolf in einem Brief an Günter Grass aus der Distanz ein Resümee:

Zitat

Ich habe erfahren, daß es heute nicht immer möglich ist, zugleich „moralisch" und menschlich zu handeln; als ich das merkte, war mir klar, daß ich in einer Klemme saß, aus der ich nicht unangefochten herauskommen würde. Und daß ich doch nichts anderes tun konnte. Darüber und was ich anders machen würde, wenn ich was korrigieren könnte, denke ich seit drei Jahren nach.[35]

Die Liste der Literaturstreitigkeiten ist lang; Aufmerksamkeit könnte man den Auseinandersetzungen um Rainer Werner Fassbinders (1946-1982) Theaterstück *Der Müll, die Stadt und der Tod* (1976), der Walser-Bubis-Debatte (1989/99), der Erregung um die Verleihung des Heinrich-Heine-Preises an Peter Handke (2006) oder dem Eingeständnis von Günter Grass, im letzten Kriegsjahr noch Mitglied der Waffen-SS gewesen zu sein, schenken. Sämtliche Literaturdebatten waren immer auch brisante politische Grundsatzdebatten, die das sich wandelnde politische, kulturelle und literarische Selbstverständnis (insbesondere der Bundesrepublik) dokumentieren.

5. Autorenverbände

Berufliche und soziale Interessenvertretung

Anders als Autorengruppen, die sich aus inhaltlichen Gründen zusammenschließen, verfolgen Autorenverbände das Ziel, die beruflichen und sozialen Interessen ihrer Mitglieder zu vertreten. Mit dem Aufkommen des freischaffenden Schriftstellers im späten 18. und einer ständigen Weiterentwicklung des Buch- und

Pressewesens im 19. Jahrhundert erhielten immer mehr Autoren die Möglichkeit, mit literarischen und journalistischen Arbeiten ihre berufliche Existenz zu sichern. Dadurch wuchs die Notwendigkeit einer berufsständischen Vertretung ihrer Interessen. 1842 rief Robert Blum (1807-1848) den „Leipziger Literatenverein" (seit 1846 „Leipziger Schriftstellerverein") ins Leben, einen Verband, der sich mit urheberrechtlichen Problemen (unerlaubtem Nachdruck), aber auch mit der juristischen Seite des Buch- und Pressewesens und dabei besonders mit der Zensur beschäftigte. 1878 folgten dann der „Allgemeine Deutsche Schriftsteller-Verband" und 1885 der „Deutsche Schriftsteller-Verein", die sich 1887 zum „Deutschen Schriftsteller-Verband" vereinigten. In Paragraph 1 der Satzung des „Deutschen Schriftsteller-Verbands" wurden zwei Vereinszwecke genannt, „a) die Wahrung und Förderung der Berufsinteressen seiner Mitglieder; b) die Unterstützung der letzteren in Fällen der Not und im Alter, sowie die Führsorge für ihre Hinterbliebenen". 1909 wurde der „Schutzverband deutscher Schriftsteller" gegründet, der sich als Gewerkschaft verstand und dies auch ab 1920 in der Umbenennung in „Gewerkschaft Deutscher Schriftsteller" deutlich werden ließ. Diesem Verband gehörten weitgehend alle bedeutenden Autoren der Weimarer Republik an. In der Nazi-Zeit wurde dieser Verband ‚gleichgeschaltet' und die Autoren zwangsweise in die „Reichsschrifttumskammer" überführt. Viele Autoren wurden aus rassischen und politischen Gründen nicht in die „Reichsschrifttumskammer" aufgenommen und erhielten damit faktisch Berufsverbot. Nach 1945 trennten sich die Autorenverbände entsprechend der Teilung Deutschlands in jeweils eigenständige Organisationen. In der DDR wurde 1952 der „Schriftstellerverband" gegründet, der wie alle gesellschaftlichen Organisationen der SED angeschlossen war, was naturgemäß zu ideologischen Konflikten, Austritten und Ausschlüssen führte. In der Bundesrepublik dauerte es bis 1969, bis sich mit dem „Verband deutscher Schriftsteller (VS)" erstmals eine schlagkräftige Berufsvertretung etablierte, die der bis dahin zu beobachtenden Zersplitterung in zahlreiche kleine Autorenverbände entgegenwirken wollte. Weithin bekannt wurde der VS 1970 durch die Forderung Heinrich Bölls (1917-1985), Autoren sollten endlich ihre selbst auferlegte Bescheidenheit beenden und eine angemessene Honorierung für ihre Arbeit fordern:

Böll: „Ende der Bescheidenheit"

Zitat

Hin und wieder mögen wir ganz kluge Leute sein, als Vertreter unserer Interessen in einer Gesellschaft, die von Interessenvertretern dirigiert wird, sind wir wie Schwachsinnige. [...] Wir lassen uns dirigieren, kujonieren, Prozente und Honorare diktieren, ohne je ernsthaft darüber nachzudenken, wer sie festgelegt hat und wie sie sich errechnen. [...] wenn ich die Broschüre *Buchhandel in Zahlen* richtig entziffert habe, dann haben die Buchverlage in der Bundesrepublik allein in einem Jahr 2,5 Milliarden DM umgesetzt. Dieser stattliche Umsatz ist erschrieben worden, mag der Verfasser nun Helmut Heissenbüttel heißen, oder mag er unter dem Pseudonym Josef K. für irgendeinen obskuren Verlag Schnulzen ausbrüten. Rechnen Sie noch den Anteil an von Schriftstellern Geschriebenem für Film, Funk und Fernsehen hinzu, so wird Ihnen klar, daß wir Mitarbeiter einer Riesenindustrie sind, die uns bisher unsere Honorare einfach diktiert hat. [...] In Wirklichkeit sind wir tarifgebundene Mitarbeiter einer Großindustrie, die hinter einer rational getarnten Kalkulationsmystik ihre Ausbeutung verschleiert. Ja, ich sagte Ausbeutung, und ich will gleich hinzufügen, daß ich den Begriff Ausbeutung nicht absolut, sondern relativ gesehen habe. Unter einem Ausgebeuteten stellen wir uns – dieses Klischee ist uns eingehämmert worden – einen elend dahintaumelnden Kuli oder südamerikanischen Minenarbeiter vor. Zweifellos sind das Ausgebeutete. Und doch ist auch ein Star-Boxer, der im Rolls-Royce zum Kampf fährt und um eine Kasse von 1 Million Dollar boxt und, wenn er Glück hat, 200 000 davon mit nach Hause nimmt, genauso ein Ausgebeuteter wie sein heruntergekommener Kollege, der sich in muffigen Vorstadtsälen für 30 Mark pro Abend die Fresse einschlagen läßt. [...]

Entziffert man die Kalkulationsmystik bei einem Buch, das im Laden 20 DM kostet, sieht das so aus:

45 % Rabatte – also Zwischenhandel irgendwelcher Art	= 9,– DM
25 % Verlagsunkosten und -gewinn	= 5,– DM
20 % Herstellung	= 4,– DM
10 % Autorenhonorar	= 2,– DM

Ob es einen, auch nur einen einzigen Käufer eines Taschenbuches gibt, der weiß, daß von den 2,50 DM oder 2,80 DM die er bezahlt, der Urheber, der, der das Buch immerhin geschrieben hat, 5 oder 6 Pfennige, wenn er Glück hat und sehr geschickt gewesen ist, 8 Pfennige mitbekommt? Das sind 2 bis 3 Prozent vom Ladenpreis. Ich weiß, Büchermachen, Bücherverkaufen, das sind riskante Geschäfte, [...] diese Ziffern sollen nur klarmachen, wie hoch sich der Anteil eines Autors berechnet.[36]

Die Notwendigkeit einer Verbandsarbeit nach gewerkschaftlichem Vorbild wurde über alle politischen Meinungsunterschiede hinweg von den bundesdeutschen Schriftstellern erkannt, um eine einheitliche Vertretung in den immer komplizierteren rechtlichen und kommerziellen Strukturen des Buchmarkts, aber auch gegenüber den Printmedien sowie Rundfunk und Fernsehen zu haben. Außerdem galt es, Regelungen für die Altersversorgung, einen größeren Schutz der Urheber- und Nutzungsrechte sowie Normverträge mit Verlagen durchzusetzen. Vier Jahre nach seiner Gründung trat der VS der „IG Druck und Papier", einer Untergewerkschaft des „Deutschen Gewerkschaftsbundes" bei, während konservative Autoren den eher standespolitisch orientierten „Freien Deutschen Autorenverband" gründeten. Die Umwandlung der „IG Druck und Papier" in die „IG Medien", in der sich alle ‚Wortproduzenten', also auch Fernseh-, Film- und Hörfunkautoren, zusammenschließen sollten, führte nicht nur zu politischen Kontroversen innerhalb des VS, sondern auch zu zahlreichen Austritten von Autoren, die nach der Wiedervereinigung mit der Regelung der Beziehungen zum ehemaligen „Schriftstellerverband" der DDR (1991 aufgelöst) und insbesondere mit der kollektiven Aufnahme der ehemaligen DDR-Autoren, die zahlreich mit der Staatssicherheit zusammengearbeitet hatten, nicht einverstanden waren.

Organisation von Autoren im Exil

Es hat darüber hinaus Autorenverbände gegeben, die ausschließlich ideelle Zielsetzungen hatten und sich für Autoren einsetzten, die aus politischen oder rassischen Gründen verfolgt werden. 1933 gründeten von den Nazis aus Deutschland vertriebene Autoren in Paris einen neuen „Schutzverband Deutscher Schriftsteller", der nicht nur als antifaschistisches Sammelbecken von Exilautoren fungierte, sondern auch konkret bei der Suche nach Publikationsmöglichkeiten außerhalb Deutschlands behilflich war oder in verlagsrechtlichen Fragen beriet. Der „P.E.N.-Club" („International P.E.N. A World Association of Writers"), der wohl bekannteste, international agierende Autorenverband, sieht traditionell einen Schwerpunkt seiner Arbeit in der Verteidigung der Meinungsfreiheit sowie im Engagement für politisch oder rassisch verfolgte Autoren. Die Abkürzung „P.E.N." steht für „Poets/Playwrights", „Editors/Essayists" und „Novellists". Gegründet wurde der „P.E.N." 1921 in London zunächst als ‚Dinner-Club', also als literarische Freundesgesellschaft, die sich jedoch im Laufe der Zeit zu einer internationalen Schriftstellervereinigung von Rang entwickelte. In einer „Charta" hat der „P.E.N.-Club" seine Ziele niedergelegt:

P.E.N.-Club

Zitat

1. Literatur kennt keine Landesgrenzen und muß auch in Zeiten innenpolitischer oder internationaler Erschütterungen eine allen Menschen gemeinsame Währung bleiben.
2. Unter allen Umständen, und insbesondere auch im Krieg, sollen Werke der Kunst, der Erbbesitz der gesamten Menschheit, von nationalen und politischen Leidenschaften unangetastet bleiben.
3. Mitglieder des P.E.N. sollen jederzeit ihren ganzen Einfluß für das gute Einvernehmen und die gegenseitige Achtung der Nationen einsetzen. Sie verpflichten sich, mit äußerster Kraft für die Bekämpfung von Rassen-, Klassen- und Völkerhaß und für das Ideal einer einigen Welt und einer in Frieden lebenden Menschheit zu wirken.
4. Der P.E.N. steht für den Grundsatz eines ungehinderten Gedankenaustauschs innerhalb einer jeden Nation und zwischen allen Nationen, und seine Mitglieder verpflichten sich, jeder Art der Unterdrückung der freien Meinungsäußerung in ihrem Lande, in der Gemeinschaft, in der sie leben, und wo immer möglich auch weltweit entgegenzutreten. Der P.E.N. erklärt sich für die Freiheit der Presse und verwirft jede Form der Zensur. Er steht auf dem Standpunkt, daß der notwendige Fortschritt in der Welt hin zu einer höher organisierten politischen und wirtschaftlichen Ordnung eine freie Kritik gegenüber Regierungen, Verwaltungen und Institutionen zwingend erforderlich macht. Und da die Freiheit auch freiwillig geübte Zurückhaltung einschließt, verpflichten sich die Mitglieder, solchen Auswüchsen einer freien Presse wie wahrheitswidrige Veröffentlichungen, vorsätzliche Fälschungen und Entstellungen von Tatsachen für politische und persönliche Ziele entgegenzuarbeiten.[37]

Der „P.E.N.-Club" ist in zahlreiche nationale Sektionen untergliedert; weltweit gibt es inzwischen 144 „P.E.N."-Zentren in 101 Ländern. In Deutschland gibt es seit den 1920er Jahren eine nationale Sektion, die sich nach 1933 unter dem Druck der Nationalsozialisten in eine ‚reichsdeutsche' und eine von deutschen Exilautoren gegründete Sektion spaltete. Nachdem sich der internationale „P.E.N." mit den Exilautoren solidarisierte, trat die NS-Sektion aus dem „P.E.N.-Club" aus, was gleichzeitig die Auflösung der nationalen Sektion bedeutete.[38] Nach dem Zweiten Weltkrieg konstituierte sich in Deutschland der „P.E.N.-Club" neu, zerbrach aber schon 1951 in zwei Zentren in der Bundesrepublik und der DDR, die erst Ende Oktober 1998 nach mühsamen Verhandlungen wieder zu einem gesamtdeutschen Verband zusammengeführt werden konnten.[39] Das deutsche „P.E.N.-Zentrum" engagiert sich heute insbesondere mit dem Programm „Writers in Exile" (s. Modul 6, S. 151 f.) für verfolgte Autoren und knüpft ausdrücklich an die Geschichte des deutschen Exils an.

Urheberrecht 6.

Geistiges Eigentum

Durch den Autornamen wird der ‚Absender' eines Textes ersichtlich. Dem Leser wird damit ein wesentliches Hilfsmittel bei der Auswahl seiner Lektüre an die Hand gegeben. Außerdem hilft das Wissen, wer einen Text verfasst hat, bei der Feststellung, wem das Recht am ‚geistigen Eigentum' zuerkannt wird. Das war jedoch nicht immer so: In der Antike und im Mittelalter kannte man das Recht am eigenen Werk noch nicht. Werke durften kopiert bzw. abgeschrieben werden, ohne dass der Urheber um Erlaubnis gefragt werden musste oder eine entsprechende Vergütung erwarten konnte. Als mit der Erfindung des Buchdrucks die Vervielfältigungsmöglichkeiten rasant anwuchsen, wurden Regeln notwendig, um Werke vor unerlaubtem (naturgemäß häufig auch fehlerhaftem und inhaltlich entstellendem) Nachdruck zu schützen. Diesen Schutz gewährten Kaiser und Landesherrn durch die Verleihung von „Privilegien", die ein Werk für eine bestimmte Zeit vor dem Nachdruck bewahren sollten. Erst gegen Ende des 18. Jahrhunderts wurde die Kategorie ‚geistiges Eigentum' zunächst ästhetisch, dann aber auch juristisch festgeschrieben. Vorausgegangen war eine Debatte über den unerlaubten Büchernachdruck, in die sich auch Immanuel Kant (1724-1804) mit seinem Aufsatz *Von der Unrechtmäßigkeit des Büchernachdrucks* (1785) einmischte. Kant hob die Doppelnatur des Buches, das zum einen ein immaterielles, geistiges Erzeugnis und zum anderen eine Ware ist, ausdrücklich hervor (s. Modul 3, S. 62 f.). Auf diese Weise wurde deutlich, welche Teile eines Buches zum ‚geistigen Eigentum' des Autors und welche der Bestimmungsmacht eines Verlegers unterliegen. Für den Autor bedeutete die Anerkennung seines ‚geistigen Eigentums', dass er endlich einen gesetzlichen Anspruch hatte zu bestimmen, wie sein Werk verwendet und vervielfältigt werden soll und dass er daraus einen Gewinn ziehen kann. Die Übergabe eines Manuskriptes an einen Verleger war nicht mehr nur ein einmaliger Akt des Austausches, sondern konnte sich im Fall von Neuauflagen, Übersetzungen oder Aufführungen beliebig oft fortsetzen, sogar bis zu einem bestimmten Zeitpunkt nach dem Tod des Autors. Der Autor erhielt mit dieser rechtlichen Anerkennung seines ‚geistigen Eigentums' die ausschließliche Herrschaft über sein Werk. In England gab es schon seit 1709 urheberrechtliche Regelungen, in Frankreich existierten entsprechende Normen seit 1789 und im deutschsprachigen Raum erließen Preußen 1835 und der Deutsche Bund 1837 Gesetze zum Schutz des ‚geistigen Eigentums'. Nach der Reichsgründung im Jahr 1871 wurde ein umfassendes Gesetz verabschiedet, das Schriftwerke, dramatische Werke, Abbildungen und musikalische Kompositionen und später auch Werke der bildenden Kunst und Fotographien urheberrechtlich schützte. Internationale Standards entstanden erstmals durch das 1886 verabschiedete „Berner Übereinkommen zum Schutze der Werke von Literatur und Kunst", das seitdem kontinuierlich weiter entwickelt wurde. Internationale Regelungen enthalten auch das „Welturheberrechtsabkommen" von 1952 und Regelungen auf europäischer Ebene.

Internationale Urheberrechtsregelungen

Urheberrecht

Das Urheberrecht – im englischen Sprachbereich das Copyright – sichert und schützt die Verfügungsgewalt des Urhebers über sein Werk.[40] Das bedeutet zunächst den prinzipiellen Schutz eines Werks als ‚geistiges Eigentum', ohne dass ein Urheber dies ausdrücklich beantragen müsste. Dieses Recht ist automatisch an den Urheber gebunden, nicht übertragbar und kann auch nicht an Dritte abgetreten werden. Es hat auch über den Tod des Urhebers hinaus Bestand, gegenwärtig 70 Jahre nach dem Tod des Urhebers, und kann von den Erben in Anspruch genommen werden. Dieser Schutz hat wirtschaftliche Konsequenzen, denn der Urheber verfügt über die Nutzungs- bzw. Verwertungsrechte. Das Urheberrecht garantiert das Recht des Urhebers über sein Werk zu bestimmen, also, wo und wie er sein Werk veröffentlichen, ausstellen oder aufführen will. Daraus resultieren Nutzungsrechte, für die der Urheber einen Anspruch auf Vergütung hat. In der Praxis schließt ein Schriftsteller mit einem Verlag einen entsprechenden Vertrag, in dem die Vergütung, die Modalitäten der Publikation und die Ausübung der Nutzungsrechte durch den Verlag geregelt werden. Heutzutage gibt es jedoch eine Vielzahl weiterer Nutzungsmöglichkeiten – z. B. Kopierer, Bibliotheken, Aufführungen –, aus denen sich Vergütungsansprüche ergeben, die der Urheber/Verlag selbst kaum einfordern kann. Verwertungsgesellschaften übernehmen diese Aufgabe stellvertretend für den Urheber und die Verlage, denen der Urheber die Nutzung seines Werks übertragen hat. Im Bereich der Musik ist dafür die

Verwertungsrechte

Verwertungsgesellschaften

„Gesellschaft für musikalische Aufführungs- und mechanische Vervielfältigungsrechte“ (GEMA) und für den Bereich ‚Wort‘ die „Verwertungsgesellschaft Wort“ (VG Wort) zuständig.

Literaturagenturen

Das komplizierte Urheberrecht (und Verlagsrecht) machen es einem heutigen Autor nicht leicht, sich im rechtlichen und wirtschaftlichen Geflecht des Literaturbetriebs zurechtzufinden; er ist daher auf kompetente Hilfe angewiesen. Literaturagenten spielen daher im Literaturbetrieb in den letzten Jahren eine immer wichtigere Rolle. Einer größeren Öffentlichkeit bekannt wurden Literaturagenten als Vermittler von spektakulären Verlagswechseln prominenter Autoren. Viele Autoren beauftragen heutzutage Literaturagenten, ihre geschäftlichen Interessen im Literaturbetrieb wahrzunehmen. Die zunehmende Kommerzialisierung und Globalisierung auf dem Buchmarkt machen solche Dienstleistungen zwingend notwendig, will der Autor seine wirtschaftlichen und juristischen Interessen angemessen realisiert sehen. Veränderungen in der (früher patriarchalischen) Beziehung zwischen Verleger und Autor sowie die Profilierung des Verlagslektors als eher marktorientiert agierender Manager, konfrontiert den heutigen Autor mit einer Vielzahl von hoch spezialisierten Problemen, die ohne professionelle Interessenvertretung nicht zu lösen sind. Von dieser Entwicklung auf dem Buchmarkt hat der Beruf des Literaturagenten profitiert. Seine Tätigkeit vollzieht sich weitgehend im Hintergrund, der Literaturagent ist diskret und macht keine öffentliche Werbung für seine Dienstleistung, die inzwischen zu einem wichtigen Scharnier zwischen Autor, Verlag und Öffentlichkeit geworden ist. Auftritte von Literaturagenten in der Öffentlichkeit sind eher die Ausnahme. Vergleichbar den Künstleragenturen sind Literaturagenturen darauf spezialisiert, einen Autor und sein Werk an einen Verlag zu vermitteln. Gleichzeitig tragen sie im Auftrag des Autors dafür Sorge, dass Verlagsverträge ausgehandelt und alle spezifischen Autorenrechte (Lizenzen, Übersetzungen, Vertonungen, Verfilmungen usw.) nicht nur gewahrt, sondern auch optimal vermarktet werden. Literaturagenten übernehmen häufig die gesamte wirtschaftliche Organisation eines Autors und überwachen die Zahlung von Honoraren und Tantiemen. Literaturagenten arbeiten meistens auf Provisionsbasis, sind also prozentual am Honorar, das ein Autor für ein Werk erzielt, beteiligt. Die Arbeit der Literaturagenturen umfasst nicht nur die Abwicklung juristischer und finanzieller Probleme, sondern schließt auch eine umfassende Beratung des Autors über alle den Literaturbetrieb betreffende Fragen ein (z. B. Werbung, Fördermöglichkeiten, Entwicklung langfristiger literarischer Strategien). Literaturagenturen müssen aber auch über ein literarisches ‚Know-how' verfügen, denn sie prüfen im Vorfeld literarische Manuskripte auf ihre Qualität und sondieren, welchem Verlag ein für publikationswürdig erachtetes Werk angeboten werden kann. Die Kenntnis von Verlagsprofilen und Kontakte zu Verlegern und Lektoren sind daher Voraussetzung für das Vermittlungsgeschäft. Während sich auf dem amerikanischen Buchmarkt etwa 80-90% aller Autoren durch Agenten vertreten lassen, kann über die Zahl der Autoren, die im deutschsprachigen Raum die Hilfe eines Literaturagenten in Anspruch nehmen, nur spekuliert werden. Über die Anzahl der in Deutschland arbeitenden Agenturen gibt es ebenfalls keine zuverlässigen Angaben, denn das Geschäft der Literaturagenten legt großen Wert darauf, diskret zu agieren. In München und Berlin haben sich in den letzten Jahren allerdings mehrere namhafte Agenturen angesiedelt.[41] Katja Lange-Müller (*1951) hat auf die Frage, warum sie sich als im Literaturbetrieb eigentlich arrivierte Autorin von einer Literaturagentur vertreten lässt, Folgendes geantwortet:

Katja Lange-Müller über Literaturagenturen

Zitat

Ich habe es schon vorher begriffen und es auch gesehen, an Hand von Kollegen, daß das Agenturenwesen um sich griff und, wie sich zeigte, einige Vorteile mit sich brachte. Was mich lange abgeschreckt hat, war die Tatsache, daß ein Handschlag für mich – ich bin ja ein Mensch, der auf schriftliche Zeichen fixiert ist – keinen Vertrag bedeutet. Und so lange also die Agenturen das so machten: Man gibt sich die Hand und dann ist das irgendein justiziables Ding, was einen dazu bringt, 15% abzudrücken, von allem, was man bekommt, hat mir das natürlich nicht behagt. Als dann irgendwie eine Situation eintrat, in der zumindest die Agentur Graf & Graf Verträge anbot, da habe ich gedacht: Ja, jetzt können wir das machen und sollten es auch. Das Gute, was man auch lernen kann von einer guten Agentin oder einem guten Agenten, ist eine gewisse Konfliktfähigkeit. Die geben Dir das Gefühl, daß Du sie ruhig fragen kannst, welche Leistungen sie erbringen sollen und welche nicht. Sie sagen nicht gleich: „Mißtraust Du mir?", wie der listige Lektor; mit denen kann man ganz normal reden. Also kann man sagen: „Ich stelle mir das und das vor", und dann sagt die Agentin oder der Agent: „Ich stelle mir das und das vor". Das Verhältnis ist in aller Regel sachlich, sicherlich auch freundschaftlich. [...] Das Schreiben ist ein einsames Gewerbe. Man ist doch sehr stark auf sich selbst zurück geworfen, wenn man vor der Schreibmaschine oder vor dem Computer oder jedenfalls vor dem Blatt Papier sitzt. Da liegt es nahe zu vermuten, daß man im Agenten jemanden haben möchte, der sich um einen kümmert. Ich habe irgendwo aufgeschnappt, daß von Schriftstellerseite die Hauptaufgabe des Agenten darin gesehen wird, sich um drei Dinge zu kümmern: Schreibhemmung, Liebeskummer, leerer Kühlschrank. Können Sie mit dieser Sicht des Autor-Agentenverhältnisses etwas anfangen?[42]

Entstehung von Literaturagenturen

Als erste deutsche Literaturagentur gilt das 1868 auf Initiative des „Deutschen Schriftsteller-Vereins" gegründete „Dr. Otto Loewenstein's Institut für Vermittlung literarischer Geschäfte". Diese Agentur sollte das damals übliche Problem der Honorarunterschlagung im Falle von Nachdrucken in Zeitschriften anpacken. In der Folgezeit entstanden eine Vielzahl von sog. ‚Literarischen Bureaus' – bis zum Ersten Weltkrieg wird in Deutschland von einer Gesamtzahl von etwa 116 Agenturen ausgegangen –, die nun auch weiter gefasste Aufgaben für Autoren übernahmen, wie etwa die Vermittlung von Manuskripten an Verlage und die Erledigung aller anfallenden Geschäfte zwischen Autor und Institutionen im Literaturbetrieb. Autoren wie Wilhelm Raabe (1831-1910), Karl Marx (1818-1883), Hedwig Courths-Mahler (1867-1950) und Ludwig Ganghofer (1855-1920) ließen sich von Agenturen vertreten. Eine besondere, häufig für das Überleben von Autoren wichtige Rolle spielten Literaturagenten für Autoren, die nach 1933 ins Exil gezwungen worden waren. Agenten verfügten über überlebensnotwendige Kenntnisse der Literaturszenen in den jeweiligen Exilländern, halfen Autoren bei der Suche nach neuen Verlegern, vermittelten Übersetzer und informierten über Verwertungs- sowie alternative Arbeitsmöglichkeiten.

Perspektiven für Literaturagenturen

So wichtig und wahrscheinlich unverzichtbar die Tätigkeit von Literaturagenten im heutigen Literaturbetrieb ist, Literaturagenturen haben inzwischen Schlüsselpositionen inne, mit denen sie den Literaturbetrieb beeinflussen oder sogar steuern können. Es wird sogar spekuliert, dass 85% aller Bucherfolge in Deutschland durch Literaturagenten zustande gekommen sind.[43] Die Tätigkeit des Literaturagenten wird immer spezialisierter und konzentriert sich häufig auf bestimmte Marktsegmente wie das Sachbuch, das Kinderbuch, die Übersetzung oder die Verfilmung und trägt trotz aller kritischen Stimmen zu einer nachhaltigen Qualitätssicherung auf unterschiedlichen Terrains des Literaturbetriebs bei.

Zusammenfassung

Dieses Modul hat sich dem vielschichtigen Thema Autor zugewandt. Ausgehend von der Wortbedeutung wurde die Entwicklung des Autorbegriffs bzw. der Autorbilder vor dem Hintergrund der historischen, sozialen und medialen Entwicklung skizziert und auch neuere literaturtheoretische Konzeptionen vorgestellt. Mit Autorengruppen, Literaturfehden und Schriftstellerorganisationen wurden drei Phänomene behandelt, die auf ganz unterschiedliche Weise Organisations- und Kommunikationsformen von Autoren im Literaturbetrieb deutlich machen. Abgeschlossen wurde das Modul mit Hinweisen zum Thema Urheberrecht und den Möglichkeiten (Literaturagenten), die Autoren zur Verfügung stehen, um dieses Recht angemessen zu nutzen und sich im Literaturbetrieb erfolgreich zu positionieren.

Literatur

- Arnold, Heinz Ludwig: Die Gruppe 47. Reinbek bei Hamburg: Rowohlt Taschenbuch Verlag 2004.
- Debatten und Kontroversen. Literarische Auseinandersetzungen in Deutschland am Ende des 18. Jahrhunderts. Hg. v. Hans-Dietrich Dahnke und Bernd Leistner. 2 Bde. Berlin, Weimar: Aufbau 1989.
- Literarische Agenturen – die heimlichen Herrscher im Literaturbetrieb? Hg. v. Ernst Fischer. Wiesbaden: Harrassowitz 2001 (Mainzer Studien zur Buchwissenschaft. Bd. 11).
- Metamorphosen des Dichters. Das Selbstverständnis deutscher Schriftsteller von der Aufklärung bis zur Gegenwart. Hg. v. Gunter E. Grimm. Frankfurt/Main: Fischer Taschenbuch Verlag 1992.
- Haferkorn, Hans Jürgen: Der freie Schriftsteller. In: Archiv für Geschichte des Buchwesens 13, 1965, S. 125-219.
- Hanuschek, Sven: Geschichte des bundesdeutschen PEN-Zentrums von 1951 bis 1990. Tübingen: Niemeyer 2004 (Studien und Texte zur Sozialgeschichte der Literatur. Bd. 98).
- Hermand, Jost: Die deutschen Dichterbünde. Von den Meistersingern bis zum PEN-Club. Köln, Weimar, Wien: Böhlau 1998.
- Hillebrand, Jutta: Literarische Agenturen im deutschsprachigen Raum. Mit einem Geleitwort von Georg Jäger. Wiesbaden: Harrassowitz 1993 (Buchwissenschaftliche Beiträge aus dem Deutschen Bucharchiv München. Bd. 42).
- Rückkehr des Autors. Zur Erneuerung eines umstrittenen Begriffs. Hg. v. Fotis Jannidis, Gerhard Lauer, Matias Martinez und Simone Winko. Tübingen: Niemeyer 1999 (Studien und Texte zur Sozialgeschichte der Literatur. Bd. 71).

– Literarische Zusammenarbeit. Hg. v. Bodo Plachta. Tübingen: Niemeyer 2001.
– Konflikte – Skandale – Dichterfehden in der österreichischen Literatur. Hg. v. Wendelin Schmidt-Dengler, Johann Sonnleitner und Klaus Zeyringer. Berlin: Schmidt 1995 (Philologische Studien und Quellen. H. 137).
– Weniger, Robert: Streitbare Literaten. Kontroversen und Eklats in der deutschen Literatur von Adorno bis Walser. München: Beck 2004.
– Formen und Formgeschichte des Streitens. Der Literaturstreit. Hg. v. Franz Josef Worstbrock, Helmut Koopmann. Tübingen: Niemeyer 1986 (Akten des VII. Internationalen Germanisten-Kongresses Göttingen 1985. Kontroversen, alte und neue. Hg. v. Albrecht Schöne. Bd. 2).

Fragen

1. Was bedeutet die Bezeichnung Autor mit Blick auf seine Herkunft vom lateinischen Wort *auctor*?
2. Welcher entscheidende Wandel im Selbstverständnis des Autors findet im 18. Jahrhundert statt?
3. Was wird unter dem Schlagwort „Tod des Autors“ verstanden?
4. Worin besteht der Unterschied zwischen einer Autorengruppe und einem Autorenverband?
5. Welche Bedeutung haben Literaturfehden?
6. Wie schützt das Urheberrecht das ‚geistige Eigentum‘ eines Autors?

Modul 3: Mediale Verbreitung von Literatur

Die Verbreitung von Literatur geschieht seit Jahrhunderten durch unterschiedliche Medien, unter denen das Buch eine herausragende Stellung hat. In diesem Modul wird dieser medialen Vermittlung nachgegangen, wobei in erster Linie dem Buch, seiner Herstellung und Verbreitung Aufmerksamkeit geschenkt wird. Außerdem werden Phänomene wie Lesekultur, Zensur und die Bedeutung der neuen Medien erläutert. Gefragt wird auch nach der Funktion und den Aufgaben von Bibliotheken für die Verbreitung und Vermittlung von Literatur und damit nach ihrem Beitrag zum Literaturbetrieb.

1. Was ist ein Buch?

Buch als kulturelles Leitmedium

Der Buchhistoriker Reinhard Wittmann hat das Buch als das „Hauptmedium kultureller Kommunikation im neuzeitlichen Europa“[1] bezeichnet und damit unterstrichen, welche Bedeutung das Buch auch zu Zeiten hat, in denen audiovisuelle und digitale Medien unsere Kommunikation zu dominieren scheinen.

Aber was verstehen wir eigentlich unter einem Buch, das zu einem selbstverständlichen Gegenstand unseres Alltags geworden ist? Dass es sich bei einem Buch um ein besonderes Objekt auch von öffentlicher Bedeutung handelt, machen in Deutschland schon die Buchpreisbindung und ein reduzierter Mehrwertsteuersatz (7%) deutlich, die dafür sorgen sollen, dass das Buch auf dem wirtschaftlichen Markt bestehen kann, ohne dass die Preise ausschließlich dem Prinzip von Angebot und Nachfrage unterliegen. Dieses Verfahren garantiert, dass Bücher für möglichst viele Menschen erschwinglich sind. 1962 hatte das britische Kartellgericht die Rechtmäßigkeit der Buchpreisbindung mit dem Satz „books are different“ festgestellt.[2] Dieser Satz wurde zu einem Schlagwort für die Sonderstellung des Buches in Wirtschaft und Kultur. Die Betonung der Differenz von Ware und Kultur kommt noch in einer neueren Definition im *Handbuch Lesen* zum Ausdruck:

Abb. 8: Buchskulptur von Anselm Kiefer.

Definition

Bücher sind anders, sie sind keine normale Ware, sie sind auch noch keine normale „Kultur" und sie haben, im Gegensatz zu einem Turnschuh oder einem Schokoriegel, eine gesellschaftliche Funktion, indem sie vermitteln, was dieser Gesellschaft wichtig ist. Das Buch ist Grundlage und Manifestation des geistigen Lebens.[3]

So wichtig das Buch als Wirtschafts-, Kultur- und Bildungsfaktor auch ist, wir meinen, wenn wir von einem Buch sprechen, doch häufig erst ganz allgemein das materielle Objekt, das Schriftzeichen, Noten oder Bilder speichert und überliefert. Darüber hinaus sprechen wir vom Buch als Medium, das im Laufe der Zeit spezifische Formen entwickelt hat, um große Mengen an Text und Bild transportieren zu können und das gleichzeitig eines der ältesten, an die Schrift gebundenen Medien ist. Doch wir sprechen vom Buch auch als einem Gegenstand, der vom Benutzer eine besondere Kompetenz – das Lesen – erwartet und zu dessen Herstellung und Verbreitung – Buchdruck und Buchhandel – handwerklich kompetente Produzenten und leistungsfähige Distributoren nötig sind. Diese unterschiedlichen Facetten des Buchs sollen im Folgenden auch aus historischer Perspektive in den Blick genommen werden, nicht zuletzt deshalb, weil die Entwicklung des Mediums Buch immense kulturelle Veränderungen mit sich gebracht hat, wie z. B. die Alphabetisierung, die Demokratisierung von Wissen und Bildung oder die Traditionsbildung durch die Speicherung von Wissen.

Bedeutung des Wortes Buch

Die Geschichte des Wortes Buch ist eng mit der medialen Entwicklung verbunden. Das Wort Buch leitet sich aus dem Frühgermanischen ab und bezeichnet ursprünglich einen Buchstaben oder eine Rune und in der Pluralform ein Schriftstück. Es wurde auch für mehrere zusammengebundene Buchenholztäfelchen verwendet, auf die ähnlich den Wachstafeln in römischer Zeit geschrieben wurde bzw. Zeichen eingeritzt wurden. Baum und Buch wurden mit demselben Wort benannt. Später bezeichnet das Wort alle Formen beschriebener, bedruckter und illustrierter Pergament- oder Papierbogen bzw. ganze Druckwerke.

Von der Buchrolle zum Codex

Das Buch ist das älteste Medium, das an Schriftzeichen gebunden ist (nimmt man einmal in Stein gemeißelte Inschriften, Tontafeln usw. aus). Dieses weite Verständnis ermöglicht es uns, auch Buchrollen, die aus Papyrus gefertigt und bis zum 3. Jahrhundert n. Chr. die wichtigsten Textträger waren, als Bücher zu bezeichnen. Die Buchrolle wird in der Spätantike vom Buch in Codexform abgelöst. Bei einem Codex handelt es sich um rechteckige beschriebene Lagen aus Pergament oder Papier (ab Mitte 14. Jahrhundert), die mit einem Einband oder Umschlag zu einem Buchblock zusammengefasst (gebunden) werden. Diese charakteristische, bis auf den heutigen Tag gebräuchliche Form hatte auch Auswirkungen auf den Vorgang des Lesens, denn anders als bei der Buchrolle befindet sich der Text des Buches auf zwei gegenüberliegenden Seiten, die man vor- und zurückblättern kann, wodurch das Lesen in vieler Hinsicht optimiert wird. Damit sind wesentliche Konventionen für die Gestaltung eines Buches beschrieben, die im Laufe der Zeit, insbesondere durch die Erfindung des Buchdrucks mit beweglichen Lettern seit der Mitte des 15. Jahrhunderts, ständig perfektioniert wurden. Bereits das handgeschriebene Buch enthielt solche Konventionen, zu denen ein Titelblatt, ein Inhaltsverzeichnis, die Paginierung der Seiten, Kolumnentitel, Gliederungselemente wie Kapitel und Absatz, die Wahl und Gestaltung der Schrift und verschiedene Register zählen. Layout und Typographie verfolgen keinen gestalterischen Selbstzweck, sondern unterstützen die Erschließung des gedruckten Textes durch den Leser, dienen also dem sachgemäßen Lesen.

Konventionen der Buchgestaltung

Lesen und Lesekompetenz

Die Entwicklung des Mediums Buch ist eng mit der Entwicklung des Lesens verbunden. Weil die Lesekompetenz im Mittelalter noch gering und zudem an soziale Schichten wie Klerus und in geringerem Maße Adel gebunden war, war die Buchproduktion zunächst noch begrenzt. Außerdem bestanden feste

Abb. 9: Mittelalterliche Schreibstube (Evangelistar Heinrich III.).

Vorstellungen, welche Texte durch das Buch vervielfältigt werden sollten. Das Christentum berief sich als Offenbarungs- und Buchreligion auf einen Kanon heiliger Texte, die unverfälscht tradiert und vor falscher Interpretation bewahrt werden sollten. Daher war die Schrift- und Buchkultur eng an Klöster oder Domschulen geknüpft, nicht zuletzt auch deshalb, weil es dort die meisten lesefähigen Benutzer gab.

Die Herstellung eines Buches war aufwendig und teuer. Die Bedeutung, die dem Buch in dieser Zeit beigemessen wurde, zeigt sich z. B. an der prachtvollen Ausstattung vieler Codices mit Illustrationen und üppigem Buchschmuck. Mit der Ausweitung einer selbstbewusster werdenden Bildungskultur außerhalb kirchlicher Institutionen vollzog sich seit Mitte des 14. Jahrhunderts ein deutlich erkennbarer Anstieg der Buchproduktion, die nun das Papier als gegenüber dem Pergament wesentlich preiswerteren Beschreibstoff nutzte. Bücher verbreiteten jetzt auch in größerer Zahl alltagsweltliches und fachspezifisches Wissen. Die Erfindung des Buchdrucks verstärkte diese Entwicklung hin zu einer ausgeprägten Schriftlichkeit mit weit reichenden Konsequenzen für alle Lebensbereiche.

Medienrevolutionen

Man hat daher von einer ersten Medienrevolution gesprochen. Das Buch wurde zu einem vielfach reproduzierbaren und erschwinglichen Medium, das als Wissensspeicher insbesondere für die aufstrebenden Natur- und Ingenieurswissenschaften fungierte. In der Epoche der Reformation und Gegenreformation diente das Buch als propagandistisches Mittel in den religionspolitischen Auseinandersetzungen. Eine Zunahme der Lesekompetenz, die mit neuen Erwartungen an die Buchproduktion gekoppelt waren, führte im 18. Jahrhundert zu einer zweiten Medienrevolution, die neue Formen der Kommunikation wie Zeitung, Zeitschrift, Almanach und Taschenbuch hervorbrachte und

Abb. 10: Druckwerkstatt (Holzschnitt, 1608).

die Buchproduktion und den Buchmarkt veränderte. Das 19. Jahrhundert war durch die Industrialisierung der Buchproduktion und damit einhergehender technischer Innovationen geprägt, die das Buch zu einem Massenprodukt machten. Vorreiter für die Massenproduktion von Büchern waren die Taschenbücher. Im 20. Jahrhundert sind *Rowohlts Rotations Romane* das Musterbeispiel für massenhaft produzierte Taschenbücher, die wie Zeitungen im Rollenrotationsdruck in hohen Auflagen und zu niedrigen Preisen hergestellt wurden. Konkurrenz erhielt das Buch durch Medien wie Rundfunk, Film und Fernsehen. Auch die neuen audiovisuellen und digitalen Medien, die nicht mehr an die Konventionen der traditionellen Buchform gebunden waren, stellten für das Buch eine Herausforderung dar. Es zeichnet sich jedoch ab, dass elektronische Publikationen (Datenbanken, E-Books, online-Publikationen, CD-ROMs oder Hörbücher) eine Ergänzung darstellen. Die Entwicklung zeigt darüber hinaus, dass das

Buch und Medienkonkurrenz

Buch in Zukunft ein leistungsfähiges Speichermedium mit vielseitigen Nutzungsmöglichkeiten bleiben wird.

Lesen und Lesekultur 2.

Buch und Lesen

Buch und Lesen sind eng miteinander verzahnt. Ohne entsprechende Lesekompetenz kann das Buch nur eingeschränkt oder gar nicht benutzt werden. Außerdem ist das Buch ein ‚schwieriges' Medium, das beim Lesen nicht nur den Gesichtssinn sondern auch mentale Anstrengungen erfordert, um den Inhalt in seiner ganzen Komplexität zu erfassen. Mit Ausnahme von Büchern, die nur Bilder reproduzieren, erschließt sich das Buch ausschließlich durch das Lesen. (Die derzeitige Beliebtheit von Hörbüchern hat sicherlich auch damit zu tun, dass beim Zuhören von Vorgelesenem der Gesichtssinn entlastet ist.) Lesen ist eine Grundvoraussetzung für die sachgemäße Rezeption eines Buches. Hinzukommt, dass der Leser eine Technik erlernt haben muss, die es ihm ermöglicht, mit dem medienspezifischen Charakter des Buches umzugehen. Aber die Technik Lesen ist auch von Kontexten und individuellen Gewohnheiten abhängig, so dass Peter Suhrkamp (1891-1959) – als Verleger ein berufsmäßiger Leser – das Lesen (augenzwinkernd) in Kategorien eingeteilt hat:

Zitat

Es gibt viele Arten zu lesen, und man muß zwischen Lesen und Lesen scheiden: Lesen, um zu lernen, Lesen, um in etwas einzudringen, Lesen, um den Geist in Bewegung zu bringen, Lesen als Gespräch, Lesen als Kunst. Alle lassen sich in drei Arten zusammenfassen: Lesen zur Orientierung, Lesen als Übung und schöpferisches Lesen. Dazu ist in neuerer Zeit noch eine sehr verbreitete Art gekommen: Lesen aus Gewohnheit. Und diese Gewohnheit kann, wie das Rauchen, zur Süchtigkeit anwachsen. Der so Geplagte muß in jedem unbeschäftigten Augenblick, wo er auch immer sein mag, lesen.[4]

Schlüsselkompetenz Lesen

In der modernen Informationsgesellschaft gilt Lesen als eine Schlüsselkompetenz, die es uns ermöglicht, an allen Bereichen des Lebens aktiv und kritisch teilzunehmen. Lesen ist ein komplizierter physiologischer und psychophysiologischer Prozess, bei dem Reize, die auf die Netzhaut des Auges treffen, in verschiedenen Gehirnregionen verarbeitet und in einem Verstehensprozess erkannt und umgesetzt werden. Lesen ist eine wesentliche Voraussetzung für Lernen und den Erwerb von Bildung. Beim Lesen geht es um die Wahrnehmung und Interpretation von Zeichen. Diese Bedeutung wird auch an der sprachlichen Herkunft des Begriffs Lesen von lat. *legere*: sammeln, auflesen deutlich. Im Allgemeinen verstehen wir unter Lesen eine Kulturtechnik, die nicht nur einzelne Zeichen (Buchstaben) eines Textes identifiziert, sondern auch den Sinn des Geschriebenen aufnimmt und versteht. Lesen ist zunächst ein individueller Akt des Verstehens, der sich jedoch durch den kulturellen Kontext, in dem er sich vollzieht, zur Konstitution komplexer Bedeutungen weitet.

Geschichte des Lesens

Soziale, kulturelle und mediale Voraussetzungen haben die Geschichte des Lesens entscheidend geprägt. Die Entwicklung einer breiteren Lesekompetenz in der Frühen Neuzeit, die Erfindung des Buchdrucks und das allmähliche Entstehen bürgerlicher Bildungseliten haben dazu geführt, dass sich signifikant eine Schriftlichkeit herausbildete, die die bis dahin noch weithin vorherrschende Mündlichkeit ablöste. Lesen und Schreiben waren zu unverzichtbaren Kompetenzen für erfolgreichen Handel und für eine funktionierende Verwaltung geworden. Mit zunehmender Schriftlichkeit veränderte sich die Einstellung gegenüber dem Lesen, das mehr und mehr in den Mittelpunkt kulturellen Handelns rückte, obwohl die Lektüre religiöser Texte nach wie vor im Vordergrund stand. Die Historiker bezeichnen diese Entwicklung als erste Leserevolution. Eine weitere, die zweite Leserevolution wird in das 18. Jahrhundert datiert. Für das Jahrhundert der Aufklärung lassen sich nicht nur eine Zunahme der Alphabetisierung und ein Anstieg der Buchproduktion konstatieren, sondern auch eine qualitative Veränderung der Lektüre und ein in medialer und inhaltlicher Hinsicht ausgesprochen differenziertes Buch- und Lektüreangebot.

Leserevolutionen

Um 1770 konnten bereits 10-15% der Gesamtbevölkerung lesen, bis 1800 stieg diese Zahl auf etwa 25% an.[5] Aufgeklärte Bildungskonzepte und die Einführung der allgemeinen Schulpflicht (z.B. 1763 in Preußen) ergänzten diese positive Entwicklung. Eine Auswertung der Kataloge der Leipziger Buchmesse hat ergeben, dass die Buchproduktion zwischen 1763 und 1805 im Vergleich mit den Jahren von 1721 bis 1763 um mehr als das Zehnfache angestiegen war.[6] Man geht heute davon aus, dass die Buchproduktion im 18. Jahrhundert bei etwa 175.000 Titeln lag und sich damit im Vergleich mit dem 17. Jahrhundert insgesamt verdoppelt

Abb. 11: Tafelrunde bei Herzogin Anna Amalia in Weimar (Aquarell von Georg Melchior Kraus, um 1795).

hatte. Seit 1740 sind auch Veränderungen in der Zusammensetzung des Buchangebots erkennbar. Der Anteil belletristischer Titel stieg von 5,8% im Jahr 1740 auf 21,5% im Jahr 1800, die Theologie verzeichnete dagegen einen Rückgang von 38,5% (1740) auf 13,5% (1800).[7] Diese Zahlen korrespondieren mit einer Veränderung der Lektüregewohnheiten. An die Stelle einer intensiven Wiederholungslektüre nur weniger Titel (besonders der Bibel und einiger religiöser Erbauungsbücher) trat eine extensive Lektüre, die auch aus Gründen der Unterhaltung nach immer neuen Stoffen verlangte. Insbesondere Romane, die eine imaginäre Gefühls- und Phantasiewelt vermittelten, trafen den Geschmack des zeitgenössischen Publikums und Texte wie Goethes *Die Leiden des jungen Werthers* (1774) wurden zu Bestsellern. Schlagwörter wie „Lesesucht" oder „Lesewut" kursierten, um vor einer emphatischen, undifferenzierten und nur auf Unterhaltung ausgerichteten Lektüre zu warnen. Leihbibliotheken und Lesegesellschaften versuchten die Nachfrage nach Lektüre zu befriedigen und schufen neue Formen öffentlicher Lektüre. In diesen Bibliotheken und

Intensive/
extensive Lektüre

Gesellschaften lagen insbesondere aktuelle Titel aus oder es zirkulierten Zeitschriften, die nun für viele Leser zu finanziell günstigen Bedingungen erreichbar waren. Lektüre wurde zum Gegenstand sozialer Kommunikation in der Öffentlichkeit. Das 18. Jahrhundert war daher auch das Jahrhundert der Zeitschriften, Almanache und Kalender. Es entstanden ca. 430 Moralische Wochenschriften (z. B. *Der Patriot, Die vernünftigen Tadlerinnen, Die Discourse der Mahlern*), die eine typische Publikationsform der Aufklärung darstellten, indem sie Nachrichten und amtliche Mitteilungen mit lebenspraktischen und belletristischen Texten kombinierten. Auch das Lesenlernen passte sich dieser Entwicklung an: Nicht mehr das alphabetisierende Lesen wurde vermittelt, sondern ein verstehendes Lesen, das den Sinn des Gelesenen zu erfassen beabsichtigte.

Im 19. Jahrhundert veränderten sich Lesefähigkeit und Lektüreangebot mit rasanter Geschwindigkeit besonders durch neue technische Innovationen bei der Buchherstellung und durch neue

Abb. 12: Öffentliches Lesekabinett in Berlin (Gemälde *Alles ließt alles* von Gustav Taubert, 1832).

Abb. 13: Automat für Reclam-Bücher (um 1912).

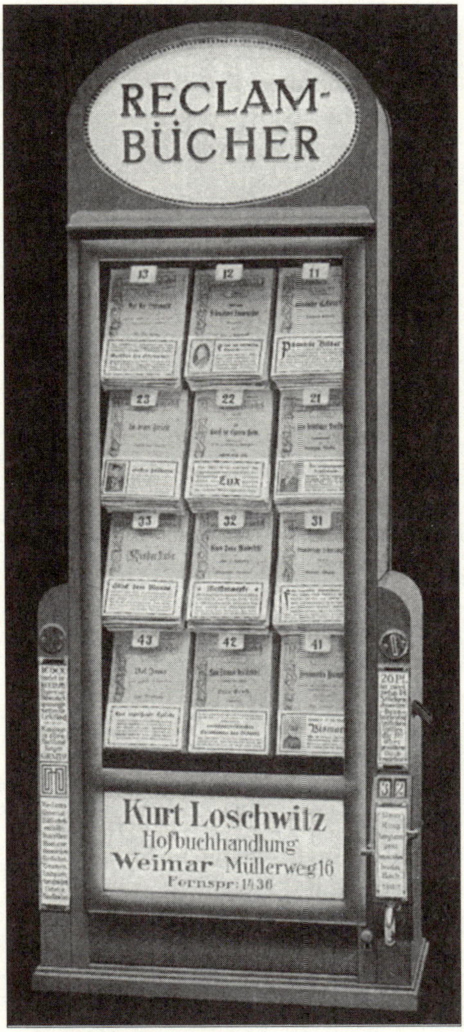

Strategien der Verbreitung. Das Buch wurde eine Massenware. Buch- und Zeitschriftenmarkt expandierten und mit dieser Expansion differenzierte sich das Angebot nochmals. Großen Absatz fanden populäre Lesestoffe. Unterhaltungszeitschriften vom Typ der *Gartenlaube* prägten vielfach die Lektüre. Lesen wurde insgesamt zu einem festen Bestandteil der bürgerlichen Kultur, zu der auch der Bücherschrank als wichtiges Möbelstück gehörte und in dem das ‚gute' Buch (z. B. Ausgaben klassischer Literatur, Lexika) seinen repräsentativen Aufbewahrungsort fand.

Im 20. Jahrhundert erweiterte sich die Lesekompetenz noch einmal in dem Maße, in dem breitere Bevölkerungsschichten Zugang zu Bildung und Ausbildung bekamen. Durch Kino, Rundfunk und Fernsehen erhielt das Lesen Konkurrenz, eine Entwicklung, die zu zahlreichen Debatten Anlass gab und nach wie vor gibt. Immer wieder wird ein Szenario beschrieben, bei dem davon ausgegangen wird, dass mit dem Rückgang von Lesekompetenz durch den Einfluss der neuen Medien und einer Bevorzugung neuer Unterhaltungstechnologien auch soziale und kulturelle Verwerfungen einhergehen und der öffentliche Diskurs qualitativ leiden könnten. Inzwischen aber hat sich diese Diskussion entspannt: „Lesen am Bildschirm und Lesen in Büchern, Zeitungen und Zeitschriften existieren in friedlicher Koexistenz – weil sie so verschieden sind."[8]

Wer liest?

Die Erforschung des Lesens und Leseverhaltens ist nicht nur aus wirtschaftlicher, sondern auch aus kultureller Perspektive relevant. Wir können heute davon ausgehen, dass in den modernen

Industriegesellschaften etwa ein Drittel der Erwachsenen (in Deutschland 27%) zu den „habituellen“, also den Viel-Lesern gehören. Diese Leser lesen mehrmals wöchentlich ein Buch. Die beiden anderen Drittel sind die Wenig- oder Nicht-Leser, wobei sich die Kluft zwischen den Viel-Lesern und den beiden anderen Gruppen zunehmend vergrößert. Erkennbar ist außerdem, dass Viel-Leser zu den kompetenteren Mediennutzern gehören und ihre Medien nach unterschiedlichen Gesichtspunkten auswählen, während Nicht-Leser meistens auf elektronische Medien zurückgreifen. Obwohl sich die Freizeitbeschäftigung in den zurückliegenden Jahren signifikant verändert hat, nannten 2005 in einer Verbraucheranalyse noch 32,4% der befragten Deutschen das Zeitungslesen nach dem Musikhören (42,3%) und dem Fernsehen (37,4%) an dritter Stelle unter den *besonderen* Lieblingsbeschäftigungen in der Freizeit.[9] Das Lesen von Büchern rangierte in dieser Liste an siebter Stelle und stieß immerhin noch bei 20,4% der Befragten auf herausgehobenes Interesse.

Analphabetismus

Schätzungen haben ergeben, dass es 2003 weltweit 862 Millionen Analphabeten gab, d. h. Menschen, die Defizite beim Lesen und/oder Schreiben haben oder überhaupt nicht lesen und/oder schreiben können. Analphabetismus ist ein komplexes Phänomen,[10] das im Zusammenspiel von individuellen, familiären, schulischen und gesellschaftlichen Faktoren entsteht. Es tritt besonders häufig in Ländern auf, die über kein ausgebautes Schulsystem verfügen und Menschen daher kaum Gelegenheit für einen (regelmäßigen) Schulbesuch haben. Aber es gibt auch Sekundärformen von Analphabetismus (funktionaler Analphabetismus), wenn trotz Schulbesuch ein Prozess des Vergessens einsetzt, weil die erworbenen Kompetenzen wieder verloren gehen. Analphabetismus ist insgesamt ein relatives Phänomen, das davon abhängt, wie hoch der Grad der Schriftsprachbeherrschung im jeweiligen Land ist. Deutschland ist ein Land mit höchsten Erwartungen an die Schreib- und Lesekompetenz seiner Bürger. Dennoch gab es in Deutschland 2004 schätzungsweise drei Millionen Erwachsene (über 15 Jahren), die überhaupt nicht oder nur unzureichend lesen und schreiben konnten. Menschen mit einem Migrationshintergrund sind von diesen Defiziten besonders betroffen. Um diesem Problem zu begegnen wurde 1984 eine bundesweite gemeinnützige Organisation eingerichtet, die seit 2006 als „Bundesverband Alphabetisierung und Grundbildung“ (www.alphabetisierung.de) die Arbeit fortführt. Der Verband ist insbesondere durch die viel beachtete Werbekampagne „Schreib dich nicht ab. Lern lesen und schreiben!“ in Erscheinung getreten und hat mit dem Alfa-Telefon einen Service eingerichtet, bei dem sich Menschen mit Schreib- und Leseproblemen anonym beraten lassen können und Informationen bekommen, wo in ihrer Nähe ein Alphabetisierungskurs angeboten wird.

Bernhard Schlink: *Der Vorleser*

Welche schlimmen Konsequenzen Analphabetismus haben kann, hat Bernhard Schlink (*1944) in seinem Erfolgsroman *Der Vorleser* (1995) geschildert. Der Roman hat heftige Kontroversen ausgelöst, die sich insbesondere an der Frage entzündeten, ob der Autor nicht einer Argumentation Vorschub leiste, NS-Täter zu rechtfertigen und ihre Taten zu entschuldigen. Gleichzeitig wurde auch diskutiert, wie die Auseinandersetzung mit Schuld und nationalsozialistischer Täterschaft in Form eines Romans überhaupt erfolgen kann. Der etwa 50-jährige Erzähler Michael Berg berichtet rückblickend von seiner Beziehung zu Hanna Schmitz, die für ihn im Alter von 15 Jahren mit der Verführung durch die 20 Jahre ältere Frau begann. Diese Beziehung ist nicht nur durch Sexualität, sondern auch dadurch geprägt, dass Michael der Geliebten regelmäßig vorliest. Die Liebesaffäre endet abrupt, weil Hanna aus unerklärlichen Gründen verschwindet. Erst Jahre später begegnet Michael Berg während seines Jura-Studiums zufällig der einstigen Geliebten wieder, die sich vor Gericht wegen ihrer Tätigkeit als SS-Aufseherin im KZ Auschwitz verantworten muss. Während des Prozesses erkennt Michael die Hintergründe für Hannas merkwürdiges Verhalten in ihrem Analphabetismus, den sie unter allen Umständen – auch noch vor Gericht – zu verbergen versucht.

Zitat

Hanna konnte nicht lesen und schreiben.
Deswegen hatte sie sich vorlesen lassen. Deswegen hatte sie mich auf unserer Fahrradtour das Schreiben und Lesen übernehmen lassen und war am Morgen im Hotel außer sich gewesen, als sie meinen Zettel gefunden, meine Erwartung, sie kenne seinen Inhalt, geahnt und ihre Bloßstellung gefürchtet hatte. Deswegen hatte sie sich der Beförderung bei der Straßenbahn entzogen; ihre Schwäche, die sie als Schaffnerin verbergen konnte, wäre bei der Ausbildung zur Fahrerin offenkundig geworden. Deswegen hatte sie sich der Beförderung bei Siemens entzogen und war Aufseherin geworden. Deswegen hatte sie, um der Konfrontation mit dem Sachverständigen zu entgehen, zugegeben, den Bericht geschrieben zu haben. Hatte sie sich deswegen im Prozeß um Kopf und Kragen geredet? Weil sie das Buch der Tochter wie auch die Anklage nicht

hatte lesen, die Chancen ihrer Verteidigung nicht hatte sehen und sich nicht entsprechend hatte vorbereiten können? Hatte sie deswegen ihre Schützlinge nach Auschwitz geschickt? Um sie, falls sie was gemerkt haben sollten, stumm zu machen? Und hatte sie deswegen die Schwachen zu ihren Schützlingen gemacht?
Deswegen? Daß sie sich schämte, nicht lesen und schreiben zu können, und lieber mich befremdet als sich bloßgestellt hatte, verstand ich. Scham als Grund für ausweichendes, abwehrendes, verbergendes und verstellendes, auch verletzendes Verhalten kannte ich selbst. Aber Hannas Scham, nicht lesen und schreiben zu können, als Grund für ihr Verhalten im Prozeß und im Lager? Aus Angst vor der Bloßstellung als Analphabetin die Bloßstellung als Verbrecherin? Aus Angst vor der Bloßstellung als Analphabetin das Verbrechen?[11]

Während Hannas lebenslanger Haft nimmt Michael das Vorlesen wieder auf, indem er ihr besprochene Kassetten schickt. Hanna lernt im Gefängnis schließlich Lesen und Schreiben und stellt sich durch das Studium von Holocaustliteratur gewissermaßen ihrer Schuld. Zu einer persönlichen Wiederbegegnung zwischen Hanna und Michael kommt es erst unmittelbar vor der geplanten vorzeitigen Haftentlassung Hannas. Dieser Entlassung entzieht sie sich jedoch durch Selbstmord, ihr Vermögen vermacht sie den Überlebenden des Todesmarsches von Auschwitz, die dieses Vermächtnis aber nicht annehmen wollen, sich mit Michael Berg aber darauf verständigen, das Geld einer jüdischen Organisation gegen Analphabetismus zukommen zu lassen.

Leseförderung

Die Förderung von Lesen ist traditionell eine Aufgabe von Familie, Schule, Buchhandel und Bibliotheken. Es hat sich aber herausgestellt, dass deren Aktivitäten, Kinder und Jugendliche an Lektüre heranzuführen und damit die Grundlage für eine dauerhafte Motivation zum Lesen zu schaffen, nicht ausreichen. Das immer größer werdende Medienangebot stellt die Leseförderung vor neue Herausforderungen. Nicht nur gesellschaftspolitische oder kulturelle, sondern auch wirtschaftliche Erwägungen des Buchgewerbes spielen bei der Leseförderung eine Rolle, denn jeder Leser ist natürlich ein potentieller Buchkäufer. Deshalb sind seit den 1950er Jahren zahlreiche Institutionen ins Leben gerufen worden, die spezielle Kampagnen zur Leseförderung durchgeführt haben, aber auch entsprechende Lobbyarbeit im kultur- und bildungspolitischen Raum leisten. 1988 wurde in Deutschland die „Stiftung Lesen“ gegründet, die sich als „Ideenwerkstatt“ dafür einsetzt, das „Lesen in der Medienkultur zu stärken".[12] Unter der Schirmherrschaft des Bundespräsidenten und mit Unterstützung vieler Prominenter organisiert die Stiftung Kampagnen in Schulen, Buchhandlungen und Bibliotheken. Sie gibt die Zeitschrift *Forum Lesen* heraus und initiiert Forschungsstudien rund um das Lesen. Auch der „Börsenverein des Deutschen Buchhandels" engagiert sich seit 1959 mit dem renommierten Vorlese-Wettbewerb, an dem Schüler der sechsten Klassen (aller Schultypen) mitmachen können. Inzwischen nehmen jährlich rund 700.000 Schüler aus 8.000 Schulen an dem Vorlese-Wettbewerb teil (www.vorlesewettbewerb.de). 2003 initiierte die Körber-Stiftung die Kampagne „Deutschland liest vor", mit der Menschen motiviert und angeleitet werden sollen, wieder stärker im Familienkreis vorzulesen bzw. zum Vorlesen anzuregen, um die Lesekompetenz von Kindern und Jugendlichen zu fördern. Auf europäischer Ebene bündelt seit 2001 das Netzwerk „EU Read – Task Force for Literacy and Reading Promotion" (www.euread.com) die nationalen Aktivitäten und entwickelt europaweite Konzepte für die Leseförderung.

Buchproduktion, Buchmarkt und Buchhandel 3.

Die Lektüre eines Buches ist erst möglich, nachdem Bücher hergestellt und in entsprechend großer Zahl verbreitet worden sind. Anders als im Fall von Fernsehen, Radio oder Internet, mit denen Informationen regelmäßig und ortsunabhängig abgerufen werden können, handelt es sich bei dem Buch um ein Medium, das erst – meistens in einer Buchhandlung – beschafft werden muss. Landläufig versteht man unter Buchhandel das Ladengeschäft, in dem Bücher, Musikalien, Zeitschriften, Kartenwerke, Kalender und inzwischen auch digitalisierte Bücher, Hörbücher, CD-ROMs und Software angeboten werden. Doch der Buchhandel umfasst viel mehr, und zwar im weiteren Sinn die Bündelung aller Aktivitäten, die sich mit dem Buch als Handelsobjekt beschäftigten. Im Laufe der Zeit haben sich drei Sparten herausgebildet, die in unterschiedlicher Weise für die Produktion und den Vertrieb von Büchern zuständig sind und auf jeweils bestimmte Bereiche spezialisiert sind: 1. das Verlagswesen, 2. der Groß- und Zwischenbuchhandel und 3. der Sortiments- bzw. Bucheinzelhandel. Wie diese drei Sparten miteinander umgehen, regelt eine 1989 vom „Börsenverein des Deutschen Buchhandels" verabschiedete *Verkehrsordnung im Buchhandel*. Dem Verlagswesen obliegt die Her-

Drei Sparten

stellung von Büchern und es schafft damit die Grundvoraussetzung, die nötig ist, dass es zur Vervielfältigung von Texten und damit zu einer Beziehung zwischen Produzent/Autor und Käufer/Publikum kommen kann. Bevor aber ein Buch hergestellt wird, findet im Verlag ein kritischer Auswahlprozess statt, in dem sowohl aus inhaltlich-qualitativer als auch wirtschaftlicher Perspektive geprüft wird, ob der Verlag einen entsprechenden Titel als Buch herstellen und verbreiten will. Es wird außerdem darauf geachtet, ob ein solcher Titel zum Profil des Verlages und zu seinem Programm (z. B. Belletristik) oder seiner Spezialisierung (z. B. Wissenschaftsverlag) passt. Diese Aufgaben werden vom Lektorat ausgeführt, das als Schaltstelle eines Verlages im Alltag das Profil umsetzt und gleichzeitig eine wichtige Funktion im Verhältnis von Autor und Verlag ausübt.[13] Obwohl der Beruf des Lektors eine Erfindung des 20. Jahrhunderts ist, hatten Verleger und Drucker schon in der Frühen Neuzeit Berater, die ihnen bei der Zusammenarbeit mit Autoren halfen oder Texte korrigierten. Mit der Ausdifferenzierung des Buchgewerbes wurden diese Tätigkeiten immer wichtiger und Verleger ließen sich im 18. und 19. Jahrhundert bei der Gestaltung ihrer Verlagsprogramme von Beratern, die häufig selbst als Autoren tätig waren, unterstützen. Zu einer festen Institution, die nun auch Autoren schon während des Schreibprozesses begleitete, wurde das Lektorat jedoch erst um 1900.[14] Prüfung von Manuskripten und Planung der Verlagsarbeit und Profilierung der Programme sind wesentliche Aufgaben eines heutigen Lektors. Doch zurück zum Produktionsprozess eines Buches: Verläuft der Prozess der Prüfung eines eingereichten Manuskripts positiv, wird das Buch hergestellt und auf den Markt gebracht. Nur die wenigsten Verlage vertreiben ihre Bücher selbst. Die produzierten Bücher werden in den überwiegenden Fällen an Grossisten weitergegeben, die wiederum Bestellungen von Buchhandlungen entgegennehmen und sie entsprechend beliefern. Der Groß- und Zwischenhandel ist ein wichtiges Bindeglied, das große Teile des gesamten Buchsortiments vorrätig hält und kurzfristig den Einzelhandel beliefern kann, denn es ist illusorisch, dass eine Buchhandlung die gesamte Buchproduktion im Laden für den Endverbraucher zur Verfügung haben kann. Neben dem Bucheinzelhandel hat sich inzwischen auch im Internet ein Versandbuchhandel entwickelt, der Bücher direkt an den Kunden schickt. Im Gegensatz zum Ladenbuchhandel erfolgt jedoch keine Beratung und der Kunde hat keine Möglichkeit, im Angebot zu ‚stöbern' und Bücher ‚anzulesen', Aspekte, die vielfach immer noch entscheidend für den Kauf eines Buches sind.[15] Inzwischen

Lektorat

Vertriebsstruktur des Buchhandels

werden Bücher auch von Geschäften wie Apotheken, Tankstellen, Lebensmitteldiscountern oder Kaffeegeschäften verkauft, zu deren Kerngeschäft das Buch eigentlich nicht gehört.

Buchgemeinschaften

Besondere Institutionen für die Verbreitung von Büchern sind Buchgemeinschaften oder Buchclubs. Sie sind in gewisser Weise eine Kombination aus Verlag und Buchhandel und umgehen die traditionellen Vertriebswege des Buchhandels. Die Verantwortlichen einer Buchgemeinschaft – in Deutschland sind die bekanntesten der „Bertelsmann Lesering" (heute: „Der Club") oder die „Büchergilde Gutenberg" – wählen Bücher aus dem Gesamtangebot für ihre Mitglieder aus, denen sie diese dann zu Sonderkonditionen anbieten. Das im Vergleich mit dem Buchhandel preisgünstigere Angebot ist an die Bedingung geknüpft, dass die Mitglieder eines Clubs eine bestimmte Abnahmeverpflichtung pro Jahr haben. Das Angebot gilt nur für Mitglieder. Obwohl einzelne Buchclubs ein weit verzweigtes Netz von Filialen haben, die wie normale Buchhandlungen aussehen, kann nur das Mitglied des Clubs dort einkaufen. Die Idee der Buchgemeinschaften stammt aus dem 19. Jahrhundert, als die Volks- und Arbeiterbildungsbewegung preiswerte und bildungsrelevante Titel für ihre Klientel, die meistens aus den finanziell eher schwachen sozialen Schichten stammte, auswählte. Nach 1945 erlebten die Buchgemeinschaften einen Aufschwung, weil nach den Restriktionen in der Nazi-Zeit ein großer Nachholbedarf an Literatur und Lektüre in Deutschland bestand. Heutzutage bieten Buchclubs nicht nur Bücher, sondern auch andere (musikalische oder audiovisuelle) Medien an. Insgesamt ist die Bedeutung der Buchgemeinschaften durch die Veränderung der Marktstrukturen (moderne Antiquariate, Internethandel) marginalisiert worden.

Konzentration auf dem Buchmarkt

Der Buchmarkt ist ständig in Bewegung. Das lässt sich besonders deutlich daran ablesen, dass viele Verlage fusionieren und teilweise große, auch international agierende Medienkonzerne entstehen. 2004 gab es in Deutschland 2.771 Buchverlage und 5.121 Buchhandlungen.[16] Die Zahl der Buchverlage hat seit 2000 kontinuierlich abgenommen, während die Anzahl der Buchhandlungen auf etwa gleichem Niveau mit leichten Zuwächsen verharrt. Aber auch der Ladenbuchhandel muss sich den veränderten Marktbedingungen anpassen. Viele kleine Buchhandlungen sind in den letzten Jahren aus dem Stadtbild verschwunden und von Filialen großer Ketten oder sog. Medienkaufhäusern verdrängt bzw. übernommen worden.

Buchumsatz

2005 sind in Deutschland 89.869 Neuerscheinungen auf den Markt gekommen.[17] Der deutsche Buchmarkt erwirtschafte ca. 9,2

Milliarden Euro und erzielte gegenüber 2004 eine Umsatzsteigerung von 0,9%.[18] Nach Jahren der Stagnation gibt es wieder einen Aufschwung zu verzeichnen. Auch im Bereich der Belletristik hat sich diese Entwicklung niedergeschlagen, sie war mit 25,5% der Erstauflagen die stärkste Warengruppe (in dieser Zahl sind bereits 11,2% für das Segment deutsche Literatur enthalten).[19]

Buchmessen

Seit dem späten Mittelalter wurde auf den Messen in Frankfurt/Main auch mit Büchern gehandelt und seit 1564 gibt es Verzeichnisse, die sog. Messkataloge, in denen das aktuelle Angebot aufgelistet wurde. Die Etablierung des Buchmesseplatzes Frankfurt steht in engem Zusammenhang mit der Erfindung der beweglichen Lettern für den Buchdruck und die dadurch möglichen Zuwächse in der Buchproduktion. Bis ins 17. Jahrhundert hinein galt Frankfurt als *der* deutsche Messeplatz für Bücher, nicht zuletzt auch deshalb, weil der Kaiser hier die Bücherkommission angesiedelt hatte, die Privilegien zum Schutz vor unerlaubtem Nachdruck vergab und die Bücher auf die Vereinbarkeit mit den Reichsgesetzen kontrollierte. Man überprüfte auch, ob die Bücher – wie vorgeschrieben – vor dem Druck zensiert worden waren. Der Messeplatz, an dem im Frühjahr und im Herbst gehandelt wurde, entwickelte sich unter dem besonderen Messefrieden und der ausdrücklichen Messefreiheit bald zu einer europäischen Anlaufstelle für den gelehrten Austausch. Wirtschaftliche und allgemein-politische Gründe ließen die Bedeutung der Frankfurter Buchmesse allerdings nach und nach verblassen, so dass im 17. Jahrhundert Leipzig als neuer Messeplatz in Erscheinung trat und der Frankfurter Messe kontinuierlich den Rang ablief, bis sie schließlich nur noch für die regionale Verbreitung von Büchern zuständig war. Das Zentrum des deutschen Buchhandels verlagerte sich mehr und mehr nach Leipzig. Durch neue Vertriebsstrukturen im Buchhandel des 19. Jahrhunderts verlor jedoch die Leipziger Buchmesse auch als Warenumschlagplatz an Bedeutung. Ihre Funktion für den deutschen Buchhandel war weitgehend nur noch von repräsentativen und informativen Aufgaben bestimmt.

Erst nach dem Zweiten Weltkrieg und als Folge der deutschen Teilung erfuhr Frankfurt wieder eine Aufwertung als deutscher und internationaler Messeplatz für Bücher und als Zentrum für den deutschen Buchhandel, während Leipzigs Bedeutung auf die DDR und die osteuropäischen Staaten begrenzt blieb. Die Frankfurter Buchmesse hat sich seitdem zur größten internationalen Buchmesse entwickelt und gilt weltweit als das Branchenereignis im Herbst. Sie übt außerdem eine große Anziehungskraft auf das allgemeine Publikum aus, das an den beiden letzten Messetagen Zutritt hat. Die Frankfurter Buchmesse ist noch immer in erster Linie eine Verkaufsmesse und Kontaktbörse für Autoren, Literaturagenten, Verleger und Buchhändler. Ihre Funktion hat sich im Laufe der Zeit aber insofern verändert, als sie heute eine internationale kulturelle Veranstaltung rund um das Buch ist, die von einer großer Aufmerksamkeit der Medien begleitet wird. Der internationale Aspekt wird dadurch betont, dass jedes Jahr ein Gastland seine Buchproduktion auf der Messe besonders vorstellen darf. Neben der Präsentation aktueller Neuerscheinungen durch die einzelnen Verlage und der Möglichkeit, traditionelle Verkaufsgeschäfte (z. B. Lizenzgeschäfte) abzuwickeln, werden auch Autorenlesungen, Podiumsdiskussionen oder Ausstellungen organisiert, und der „Börsenverein des Deutschen Buchhandels" verleiht während der Frankfurter Buchmesse jährlich den „Friedenspreis des Deutschen Buchhandels" (s. Modul 4, S. 111 f.). Die Leipziger Buchmesse musste sich nach der Vereinigung der beiden deutschen Staaten völlig neu positionieren, um gegenüber der Frankfurter Konkurrenz bestehen zu können. Ihr neues und überaus erfolgreiches Konzept richtet sich verstärkt auf die Begegnung zwischen Autoren und Publikum.

Buchproduktion und neue Medien 4.

Seit den 1990er Jahren stehen verschiedene Formen des elektronischen Publizierens zur Verfügung, die einen Umbruch in der Produktion von Büchern und deren Vermarktung mit sich gebracht haben. Daten stehen damit buchunabhängig zur Verfügung. Bereits 1927 wurden erstmals Daten auf Mikrofilm gespeichert, dem in den 1960er Jahren der Mikrofiche folgte. Beide Medien haben dazu beigetragen, dass umfangreiche Archivbestände – besonders Zeitungsbestände, Quellensammlungen, Nachschlagewerke – archiviert und damit für einen großen Benutzerkreis zur Verfügung gestellt werden konnten. Allerdings litt diese Archivierungs- und Publikationsform darunter, dass besondere Lesegeräte nötig waren und viele Leser sich wieder Papierkopien anfertigen, um die Texte komfortabler lesen zu können. Digital aufbereitete und gespeicherte Text-, Bild- und Tondokumente stellen insofern einen Fortschritt gegenüber den Filmmedien dar, weil die Daten nun für unterschiedliche Publikationen und auf jeweils unterschiedlichen Datenträgern verbreitet werden können. Die Daten sind für traditionelle Printmedien

Mikrofilm, Mikrofiche

Digitale Speichermedien

verwendbar, und zwar als Printing-on-Demand und den Käuferwünschen entsprechend gedruckt. Sie sind weiterhin auf Datenträgern wie CD-ROM, DVD oder im WorldWideWeb gespeichert. Außerdem stehen sie als E-Books zur Verfügung. Es hat sich aber herausgestellt, dass elektronische Publikationen in erster Linie für den Wissenschaftsbereich und den Fachinformationsmarkt attraktiv sind. Wie groß die Chancen elektronischer Publikationen auf diesen Gebieten in Zukunft sein werden, lässt sich an der Tatsache ablesen, dass sich das wissenschaftliche Publikationsvolumen etwa alle 15 Jahre verdoppelt, wobei allerdings die Publikationen – je nach wissenschaftlicher Disziplin – heutzutage schneller veralten bzw. durch aktuellere ersetzt werden.

Mit diesen neuen Publikationsformen wurden unter den traditionellen Buchkäufern allerdings keine neuen Käuferschichten erschlossen, obwohl das Angebot z. B. von Lexika, Wörterbüchern, Editionen und Nachschlagewerken auf CD-ROM oder DVD kontinuierlich ausgebaut wurde und inzwischen durchweg preisgünstig zu haben ist. Es wird daher in Zukunft die Ausnahme bleiben, einen Roman oder ein Gedicht am Bildschirm zu lesen.

Hypertext

Allerdings hat es in den letzten Jahren zahlreiche interessante Ansätze für die literarische Nutzung digitaler Medien gegeben, z. B. Mitschreibprojekte im Internet oder Projekte, die Texte mit anderen auditiven und visuellen Medien kombinieren und neue Erzählstrukturen mit Hilfe von hypertextuellen Verknüpfungen ausprobieren. Das Buch in seiner traditionellen Form wird aber weiterhin das Medium für Belletristik bleiben, denn es ist geräteunabhängig im Bett, in der Eisenbahn, im Flugzeug oder auf der Parkbank benutzbar.

5. Bibliotheken

Solange es Bibliotheken gibt – der Beginn des Bibliothekswesen wird um 3500 v. Chr. in den Hochkulturen des vorderen Orients und Chinas angesiedelt – verfolgen diese vier Hauptaufgaben:

Bibliothekstypen

Sammeln, ordnen, erschließen und vermitteln. Mit der privaten, der öffentlichen und der wissenschaftlichen Bibliothek werden ebenfalls seit Anbeginn drei Typen von Bibliotheken unterschieden, die hinsichtlich ihrer jeweiligen Funktion und außerdem als Ausleih- oder Präsenzbibliothek zusätzlich differenziert werden können. Privatbibliotheken sind meistens nach spezifischen Kriterien (z. B. Sammlungen von Unikaten, Erstausgaben, Kunstbänden) aufgebaut, während öffentliche und wissenschaftliche Bibliotheken eine umfassende Literaturversorgung zum Ziel haben. Bibliotheken sind verantwortlich für das Sammeln und Bereitstellen des nationalen Schrifttums. Verlage müssen daher von jedem produzierten Buch oder Medium Pflichtexemplare an die Bibliotheken abgeben. In Deutschland sind dafür die Deutsche Bibliothek mit ihren drei ‚Filialen' in Frankfurt/Main, Leipzig und Berlin (Deutsches Musikarchiv) sowie auf regionaler Ebene die Landesbibliotheken zuständig. Neben diesen Aufgaben für die Allgemeinheit richten sich öffentliche und wissenschaftliche Bibliotheken auch nach den Bedürfnissen ihrer Nutzer. Das Selbstverständnis wissenschaftlicher Bibliotheken ist naturgemäß auf die schwerpunktmäßige Bereitstellung von Büchern für Lehre und Forschung ausgerichtet. Stadtbibliotheken verfügen meistens über ein breites Informations- und Unterhaltungsangebot, bieten audiovisuelle Medien an und richten ihr Interesse auch auf Kinder- und Jugendliteratur. In den überwiegenden Fällen bieten sie mit speziellen Leseräumen und Cafés sowie einem spezifischen Veranstaltungsprogramm (Autorenlesungen, Vorleseaktionen für Kinder) zusätzliche Angebote für die Vermittlung von Literatur. Öffentliche Bibliotheken engagieren sich aber auch für bestimmte Lesergruppen, etwa für Kranke und Alte oder für Gefangene. Es gibt in Deutschland rund 14.933 Bibliotheken (12.814 öffentliche und 2.119 wissenschaftliche Bibliotheken), die von staatlichen, kommunalen, kirchlichen oder anderen gemeinnützigen Trägern unterhalten werden.[20] Bibliotheken versorgen ihre Benutzer nicht nur mit einem ständig steigenden neuen Medienangebot, sondern halten auch retrospektiv Bestände permanent für die Benutzung bereit. Um in dieser Medienflut die Übersicht bewahren zu können, sind Strategien notwendig, die eine entsprechende ‚Ordnung' schaffen. Georg Ruppelt nennt in diesem Zusammenhang fünf Kernbereiche, in denen Bibliotheken tätig sind:

Bibliothekarische Aufgabenbereiche

Zitat

- sie wählen das Wichtigste für ihren jeweiligen Kundenkreis aus;
- sie verschaffen Zugang über Kataloge und andere Hilfsmittel;
- sie stellen ihre Medien in möglichst frei zugänglichen Regalen systematisch geordnet auf;
- sie betätigen sich als Navigatoren auf dem riesigen Meer der elektronischen Daten;
- sie beschaffen Literatur und Dokumente aus anderen Bibliotheken konventionell oder auf elektronischem Wege für den Benutzer in der Bibliothek oder an seinen heimischen Arbeitsplatz.[21]

Bibliotheken übernehmen – je nach Ausprägung – auch wichtige Aufgaben bei der Sicherung, Erhaltung und Pflege historischer Buchbestände. Die Restaurierung vom Zerfall bedrohter wertvoller Bücher und Handschriften stehen dabei im Vordergrund. Die Zerstörung der Stadtbibliothek von Dubrovnik, der Nationalbibliothek in Sarajevo und anderer Bibliotheken 1995 im Jugoslawienkrieg oder der Brand in der Weimarer Herzogin-Anna-Amalia-Bibliothek im September 2004, bei dem 50.000 Bücher vernichtet und 65.000 Bücher durch Löschwasser teilweise schwer beschädigt wurden, haben schlagartig die Bedeutung von Buch und Bibliothek für die Literatur- und Kulturpflege wieder deutlich gemacht. In allen Fällen setzte eine beispiellose Welle der Solidarität und Spendenbereitschaft ein, um die Schäden – wenn nicht zu beheben – doch wenigstens zu mildern. Aber auch spektakuläre Bibliotheksneubauten, wie die Bibliothèque Nationale de France in Paris oder die Wiedererrichtung der Bibliothek von Alexandria, die in der Antike nicht nur als bedeutendste Bibliothek, sondern auch als eines der sieben Weltwunder galt, unterstreichen unabhängig von ihrer Funktion für die Literaturversorgung den wichtigen Beitrag von Bibliotheken für das nationale wie globale kulturelle Gedächtnis.

Bibliothek heute

6. Bücherverbote und Zensur

Da Bücher in der Öffentlichkeit eine bedeutsame Rolle spielen und dort ihre Funktion erst richtig entfalten können, hat es regelmäßig Konflikte mit dieser Öffentlichkeit und den Werten und Normen der sie repräsentierenden Institutionen gegeben. Das Verbot und die Zensur von Büchern sind daher seit eh und je mit der Herstellung und der Verbreitung von Büchern verbunden gewesen. Zensur bezeichnet die Überprüfung einer (in der Regel gedruckten) Äußerung hinsichtlich ihrer Übereinstimmung mit geltenden Regeln. Zu unterscheiden ist dabei, ob der Verfasser sich selbst dieser Kontrolle (Selbstzensur) aufgrund sozialer, ökonomischer oder politischer Zwänge und der evtl. zu erwartenden Sanktionen (informelle Zensur) oder ob er seine Äußerung den strafrechtlichen oder administrativen Maßnahmen einer öffentlichen Institution (formelle Zensur) aussetzt. Die inhaltliche Füllung des Begriffs Zensur variiert je nach fachspezifischer Verwendung (z. B. kommunikationstheoretische, psychoanalytische, soziologische, juristische, historische, literarische Verwendung), woraus ein enges oder weit gefasstes Verständnis von Zensur

Was ist Zensur?

resultiert, das sogar jede Form von Diskurskontrolle einschließen kann. Das Wort Zensur leitet sich aus dem lat. Substantiv *censura* ab, womit in römischer Zeit (seit 366 v. Chr. bis zum Ende der Republik) ein Verfahren bezeichnet wurde, das die Prüfung und Beurteilung materieller Werte (Vermögenseinschätzung) sowie die Aufstellung von Listen, in denen das Stimmrecht, der Heeresstand oder Tributzahlungen festgelegt wurden, umfasste. Außerdem war der Zensor zuständig für die Ehren- und Sittengerichtsbarkeit. Im deutschen Sprachraum verbreitete sich das Wort Zensur im 17. Jahrhundert zur Bezeichnung für die Überwachung und Kontrolle der Buchproduktion.

Formen, Träger und Strategien von Zensur

Die Formen von Zensur unterscheiden sich terminologisch nach dem jeweils angewandten Rechtssystem (Präventiv-, Prohibitiv-, Widerrufszensur) bzw. dem Zeitpunkt der Überprüfung (Vor-, Nach-, Rezensur). Die Präventivzensur überprüft eine Äußerung vor ihrer, die Prohibitivzensur nach ihrer Veröffentlichung, während die Widerrufszensur eine bereits erteilte Veröffentlichungsgenehmigung in einem erneuten Kontrollverfahren auf ihre Rechtmäßigkeit überprüft und u. U. widerruft. Als Träger von Zensur fungieren staatliche Institutionen, Kirchen, politische Bewegungen oder gesellschaftliche Gruppen. Voraussetzung ist dabei, dass diese Institutionen über entsprechende Machtbefugnisse verfügen, um eine Kontrolle ausüben und Sanktionen vollstrecken zu können. Die Träger von Zensur haben unterschiedliche Strategien und Mechanismen der Kontrolle entwickelt, die hinsichtlich ihrer organisatorischen Strukturen, ihrer Zielsetzungen und ihrer Argumentationsmuster einem permanenten Wandel ausgesetzt sind. Nicht nur die historischen, politischen oder sozialen (Macht-)Verhältnisse, sondern auch die Entwicklung von Medien (Buch, Zeitschrift, Bibliothek, Radio, Fernsehen, Internet) oder die Entstehung von Räumen für öffentliche Äußerungen (Theater, Kino, Museum) beeinflussen und prägen diesen Wandel. Zensur ist – in welcher Form auch immer – ein allgegenwärtiges Phänomen komplexer gesellschaftlicher Kommunikationsprozesse. Daran haben auch die verfassungsrechtlichen Zusicherungen von Zensurfreiheit seit dem Ende des 18. Jahrhunderts nichts geändert. Zwar garantieren die Verfassungen moderner Staaten die Meinungsfreiheit, sie kennen aber auch eine Einschränkung dieses Grundrechts, sofern die öffentliche Sicherheit und Ordnung oder der Schutz der Persönlichkeit gefährdet sind.

Wirkungsmechanismen von Zensur

Zensur ist daher sinnvoll im Kontext von Normenkontrolle und Normenwandel zu betrachten. Für die literarische Zensur hat Reinhard Aulich drei Untersuchungsbereiche vorgeschlagen, um die jeweiligen historischen Wirkungsmechanismen von Zensur zu erläutern: 1. Zensur als Kontrolle der Genese literarischer Produktion, 2. Zensur als Kontrolle der literarischen Distribution, 3. Zensur als Kontrolle der literarischen Diffusion.[22] Mit diesen Kategorien lassen sich zensorische Argumentationsmuster systematisieren, die als religiöse, moralische und politische Paradigmen wie Gotteslästerung, Verleumdung, Sittenlosigkeit, Hochverrat, Häresie und Obszönität im Kontext bestehender Rechtsnormen in Erscheinung treten.

Geschichte der Zensur

Während die Kontrolle von literarischen Äußerungen in der Antike und im Mittelalter nur schwer rekonstruierbar ist, weil die Zensurinstanzen nur mittelbar in Erscheinung traten und insgesamt die Öffentlichkeit für schriftliche Äußerungen im Gegensatz zu mündlichen Äußerungen (z. B. Theater) begrenzt blieb, nahmen seit der Erfindung des Buchdrucks erkennbare Zensurinstanzen ihre Arbeit auf. Eine systematische Zensur betrieb zuerst die katholische Kirche. Die päpstliche Bulle *Inter multiplices* (17. 11. 1487) schuf die kirchenrechtlichen Voraussetzungen für die Vorzensur religiöser Schriften.

Abb. 14: Titelkupfer und -blatt des *Index librorum prohibitorum* (1711).

Seit 1559 und 1564 verzeichnete der *Index librorum prohibitorum* (letzte Ausgabe 1948, kirchenrechtlich gültig bis 1966) verbotene Schriften. Die weltliche Zensur differenzierte sich im Deutschen Reich erst allmählich während der Regierungszeit Kaiser Maximilians II. (1527-1576) heraus, obwohl einzelne Landesherrn bereits eine Bücherkontrolle ausübten. Die notwendigen juristischen Rahmenbedingungen wurden auf Reichstagen zwischen 1521 und 1570 festgelegt, wobei der Konflikt um die Lehre Martin Luthers und das Verbot seiner Schriften 1521 auf dem Wormser Reichstag die Entwicklung forcierten. Im Nürnberger Reichsabschied von 1524 wurde erstmals eine gesetzliche Handhabe gegen missliebige Druckerzeugnisse geschaffen. Die Reichsstände wurden beauftragt, die in ihren Territorien ansässigen Druckereien zu kontrollieren und die Vorzensur auszuüben. Der Kaiser behielt sich aber das Bücherregal vor, wozu die Vergabe von Druckprivilegien, die Überwachung der reichsrechtlichen Bestimmungen und die Einsetzung einer Bücherkommission gehörten, die insbesondere die Bücher kontrollierte, die auf der Buchmesse in Frankfurt/Main angeboten wurden. Obwohl damit die Oberaufsicht des Kaisers über das Bücher- und Pressewesen festgeschrieben war, entstanden immer wieder Konflikte zwischen kaiserlichen, landesherrlichen und kirchlichen Zensurinstanzen, die besonders durch die konfessionellen Gegensätze im Reich hervorgerufen wurden. Die Zensurgeschichte des 18. Jahrhunderts ist dem aufgeklärten Denken und dem Bemühen um eine Rechtsförmigkeit von Gesetzen und administrativen Maßnahmen verpflichtet. Die Zensur wandelte sich nach den Willkürakten früherer Epochen zu einer Institution, die nach fachlichen und inhaltlichen Gesichtspunkten arbeitete. Besonders die Zensurreformen in Preußen und Österreich drängten den kirchlichen Einfluss auf die Bücherkontrolle zurück. Die rasante Entwicklung auf dem Buchmarkt, der Anstieg der Buchproduktion, die Entstehung neuer Medien und die zunehmende Lesefähigkeit der Bevölkerung sowie die Veränderung der Lesegewohnheiten beeinflussten die Zensurnormen erheblich.

Die Französische Revolution unterbrach diesen Prozess einer Liberalisierung der Öffentlichkeit und den der Lockerung der Zensur. Die Revolutionsangst führte wieder zu einer Verschärfung der Kontrollmaßnahmen. Zensur wandelte sich von einer Institution obrigkeitlicher Kontrolle zu einem polizeilichen Instrument der Unterdrückung. In dieser Ausprägung beherrschte sie weitgehend das literarische Leben des 19. Jahrhunderts. Die Herausbildung einer modernen Literaturgesellschaft mit der Forderung nach Pressefreiheit und die Erkenntnis, welche Bedeutung den Medien als Träger öffentlicher Meinung inzwischen zugekommen war, machte auch die Zensur zu einem Mittel der Literatur- und Meinungslenkung. Die Zensurinstitutionen arbeiteten dabei vorwiegend mit repressiven Strategien, wie sie in den Karlsbader Beschlüssen (1819), dem Verbot des Jungen Deutschland (1835), einer Flut von Bücherverboten und der Entziehung von Verlagskonzessionen sowie in der Verfolgung missliebiger Autoren sichtbar wurden. Mit der Revolution von 1848 wurde das Grundrecht auf freie Meinungsäußerung und Pressefreiheit festgeschrieben. Dennoch gab es weiterhin staatliche Eingriffe, die sich allerdings durchweg auf die Nachzensur beschränkten. Erst mit dem länderübergreifenden Reichspressegesetz (1874) wurde die Pressefreiheit im Deutschen Reich garantiert und die Zensurzuständigkeit wechselte von der Polizei zur Justiz, was sich auch an der großen Zahl literarischer Prozesse ablesen lässt, die nun geführt wurden.

In der Weimarer Verfassung (1919) wurde die Meinungsfreiheit gemeinsam mit der Freiheit der Kunst in Deutschland erstmals verfassungsmäßig garantiert. Das bedeutete nicht, dass es in der Weimarer Republik keine Fälle von Zensur mehr gegeben hat. Jedem Bürger stand es nun frei, gegen tatsächliche oder vermeintliche Gesetzesverstöße von Autoren und ihren Publikationen gerichtlich vorzugehen. Die Gerichte wurden zu Zensurinstanzen und hatten oftmals über Vorwürfe, literarische Werke erfüllten den Tatbestand der „Unsittlichkeit“ bzw. „Unzucht“, „Gotteslästerung“, „Beleidigung“ und „falschen Anschuldigung“ zu entscheiden. Diese Entwicklung wurde durch das „Gesetz zur Bewahrung der Jugend vor Schmutz- und Schundschriften“ (1926) forciert, was de facto die Einschränkung der Zensurfreiheit bedeutete. Zahlreiche Verbote von Werken radikaldemokratischer oder sozialistischer Autoren sowie deren gerichtliche Verfolgung bildeten die Grundlage für die allgemeine und immer aggressivere Formen annehmende Diffamierung und Unterdrückung politisch missliebiger Autoren.

Diese Entwicklung gipfelte schließlich in den Bücherverbrennungen am 10. Mai 1933 und in der nationalsozialistischen Literaturverfolgung. Presse- und Meinungsfreiheit waren seit der Ernennung Hitlers zum Reichskanzler entscheidend eingeschränkt worden, und die staatliche Kontrolle des künstlerischen und literarischen Lebens sowie aller intellektuellen Aktivitäten war seit dem „Reichskulturkammergesetz“ (1933) lückenlos geworden.

Abb. 15: Bücherverbrennung am 10. Mai 1933 auf dem Berliner Opernplatz.

Die Zeit nach 1945 war zunächst von einer strikten Zensur aller Medien durch die alliierten Militärbehörden geprägt. Mit der ‚Entnazifizierung' begann ein Umerziehungsprogramm, mit dem den Deutschen Prinzipien der Demokratie vermittelt werden sollten. Dazu gehörte auch das Bekenntnis der Siegermächte zur Zensurfreiheit. Mit der Gründung der Bundesrepublik Deutschland und der DDR entstanden zwei Rechtssysteme, die auch die Kontrolle der Medien unterschiedlich definierten und ausübten. Das „Grundgesetz" sicherte die Meinungs- und Zensurfreiheit sowie die Freiheit von Wissenschaft, Forschung, Lehre und Kunst als Grundrecht zu. Dennoch kam und kommt es immer wieder zu Prozessen, die Verstöße von literarischen oder journalistischen Texten gegen bestehende Gesetze untersuchen (z. B. der Verbotsprozess von Klaus Manns [1906-1949] Roman *Mephisto*, 1971, und das Verbot von Maxim Billers [*1960] Roman *Esra*, 2005). Oft steht dabei das Problem im Mittelpunkt, welchen Rang der Persönlichkeitsschutz vor dem Grundrecht der Meinungs- bzw. Kunstfreiheit beanspruchen kann. In den Verfassungen der DDR war zwar ebenfalls die Freiheit von Kunst, Forschung und Lehre garantiert, doch staatliche Institutionen übten davon unabhängig ein Kontroll- und Eingriffsrecht aus. 1951 wurden das „Amt für

Literatur- und Verlagswesen“ und die „Staatliche Kommission für Kunstangelegenheiten“ gegründet, zwei Institutionen, die die Umsetzung der Literatur- und Kulturpolitik der DDR durchsetzten und beaufsichtigten. Eine direkte und indirekte Lenkung der Medien und des Buchmarktes war ebenfalls möglich und wurde konsequent praktiziert. Zahlreiche Schriftsteller konnten aufgrund von Verboten oder zensierenden Maßnahmen nur noch im Westen publizieren. Die permanente Disziplinierung und Bespitzelung (durch das Ministerium für Staatssicherheit) von Schriftstellern fand 1976 ihren Höhepunkt in der Ausbürgerung von Wolf Biermann, die zu Protesten zahlreicher Schriftsteller, Künstler und Mitarbeiter im Kulturbetrieb sowie einer Welle von Ausreisen dieser Personengruppen in die Bundesrepublik führten.

Zensur und neue Medien

Die Entwicklung der neuen Medien (insbesondere das Internet) hat vielfältige Diskussion über deren Kontrolle mit sich gebracht. Vor allem die Frage, ob und wie z. B. rechtsradikale oder (Kinder-)pornographische Publikationen aus dem Internet ‚gefiltert‘ werden sollen, ist kontrovers.

Zusammenfassung

Dieses Modul beschäftigte sich mit der medialen Seite von Literatur. Die Verbreitung und Vermittlung von Literatur hat sich im Laufe der Zeit zunehmend ausdifferenziert und damit ein komplexes Geflecht von unterschiedlichen Institutionen geschaffen, die eng mit einander verknüpft sind und eine große Verantwortung bei der öffentlichen Wahrnehmung von Aufgaben der Literaturvermittlung haben. Buchproduktion, Bereitstellung von Literatur in Bibliotheken, Vermittlung von Lesekompetenz und Bekämpfung von Analphabetismus, aber auch Verbot oder Kontrolle von Büchern sind fundamentale Elemente des Literaturbetriebs, ohne die dieser nicht funktionieren würde.

Literatur

- Lesesozialisation in der Mediengesellschaft. Ein Schwerpunktprogramm. Hg. v. Norbert Groeben. Tübingen: Niemeyer 1999 (Internationales Archiv für Sozialgeschichte der deutschen Literatur. 10. Sonderh.).
- Plachta, Bodo: Zensur. Stuttgart: Reclam 2006.
- Rautenberg, Ursula; Wetzel, Dirk: Buch. Tübingen: Niemeyer 2001 (Grundlagen der Medienkommunikation. Bd. 11).

- Reclams Sachlexikon des Buches. Hg. v. Ursula Rautenberg. Stuttgart: Reclam 2003.
- Schneider, Ute: Der unsichtbare Zweite. Die Berufsgeschichte des Lektors im literarischen Verlag. Göttingen: Wallstein 2005.
- Das BuchMarktBuch. Der Literaturbetrieb in Grundbegriffen. Hg. v. Erhard Schütz zusammen mit Silke Bittkow, David Oels, Stephan Porombka und Thomas Wegmann. Reinbek bei Hamburg: Rowohlt 2005.
- Handbuch Lesen. Im Auftrag der Stiftung Lesen und der Deutschen Literaturkonferenz hg. v. Bodo Franzmann, Klaus Hasemann, Dietrich Löffler und Erich Schön unter Mitarbeit von Georg Jäger, Wolfgang R. Langenbucher und Ferdinand Melichar. München: Saur 1999.
- Stein, Peter: Schriftkultur. Eine Geschichte des Schreibens und Lesens. Darmstadt: Wissenschaftliche Buchgesellschaft 2006.
- Weidhaas, Peter: Zur Geschichte der Frankfurter Buchmesse. Frankfurt/Main: Suhrkamp 2003.
- Wittmann, Reinhard: Geschichte des deutschen Buchhandels. Ein Überblick. 2. durchges. u. erw. Aufl. München: Beck 1999.

Fragen

1. Warum werden für das Buch die Kategorien ‚Ware' und ‚Kultur' unterschieden?
2. Welche äußeren Konventionen sind für das Buch seit seiner Entstehung maßgeblich geworden?
3. Wie lässt sich die ‚Leserevolution' im 18. Jahrhundert charakterisieren?
4. Was versteht man unter funktionalem Analphabetismus?
5. Welche zentralen Aufgaben haben Bibliotheken?
6. Worin unterscheiden sich Zensur und Selbstzensur?

Modul 4: Literaturkritik

Kritik ist eines der wichtigsten Elemente bei der Vermittlung von Literatur und hat sich in einem langen Prozess zur Institution Literaturkritik, wie wir sie heute aus Zeitungen, Rundfunk, Fernsehen und Internet kennen, herausdifferenziert. In diesem Modul wird den Funktionen, Formen, Strategien und Mechanismen von Literaturkritik und ihrer Rückwirkung auf die literarische Produktion und Rezeption nachgegangen. Als besondere, jedoch sehr wirkungsmächtige Formen von Literaturkritik werden auch Bestseller- und Bestenlisten sowie Literaturpreise betrachtet.

1. Was ist Literaturkritik und welche Funktion hat sie?

Textkritik

Die Kritik an Texten hat in der abendländischen Kultur seit der Antike eine lange und bedeutende Tradition. Schon in den spätantiken Codices, die die großen Epen (*Ilias, Odyssee*) Homers (8. Jahrhundert v. Chr.) überliefern, finden sich Kommentare zu Mythologie, Grammatik, Metrik oder Stil und gelten als Frühformen literarischer Kritik. Text und gelehrter Leser kommen hier in ein – zunächst noch – philologisches Fachgespräch, in dem der ‚richtige' Text als Ergebnis von kritischer Interpretation und Bewertung festgestellt wird. Erst allmählich entwickelte sich Literaturkritik in einem langwierigen Prozess der Ausdifferenzierung zu einer publizistischen und Literatur vermittelnden Institution, die einen ersten Höhepunkt im 18. Jahrhundert gefunden hat; Immanuel Kant spricht in der „Vorrede" zu seiner *Kritik der reinen Vernunft* (1781) von der Aufklärungsepoche als dem „eigentliche[n] Zeitalter der K r i t i k, de[m] sich alles unterwerfen muß".[1] Seit dem 19. Jahrhundert machte die Literaturkritik einen weiteren Funktionswandel mit dem Ergebnis durch, dass wir den Kern von Literaturkritik heute folgendermaßen definieren: „Literaturkritik ist eine der wichtigsten Vermittlungsinstanzen zwischen Literatur und Lesern."[2] Noch im Jahr 2000 konnte Gustav Seibt feststellen: „In der Presse und im Rundfunk deutscher Sprache erscheinen Tag für Tag über 40 Rezensionen – weit mehr als 10 000 im Jahr."[3] Das ist im Vergleich mit der Buchproduktion eines Jahres sicherlich eine geringe Zahl, doch – absolut gesehen – wird an ihr

Vermittlungsinstanz zwischen Literatur und Leser

deutlich, dass Literaturkritik grundsätzlich eine Leser steuernde Funktion hat. Diese Funktion zeigt sich bereits, wenn Buchhandlungen Bücher, die von Kritikern besonders gut besprochen worden sind, z. B. in besonderen Regalen dem interessierten Käufer präsentieren. Solche Werbeeffekte werden auch genutzt, wenn etwa auf Buchumschlägen aus Kritikerurteilen zitiert wird. Schließlich kaufen viele Leser ein bestimmtes Buch, weil es eine gute Kritik bekommen, vielleicht sogar, weil es einen Skandal ausgelöst hat. Bewertungen von Büchern – sind sie nun positiv, negativ oder neutral – basieren auf der Lektüre durch einen Fachmann und prägen häufig schon vorab das Rezeptionsverhalten vieler Leser, auch wenn sie nicht zu regelmäßigen Lesern von Rezensionen gehören. Ein Beispiel soll diesen Prozess illustrieren: Im März 1999 bezeichnete Volker Hage in seinem *Spiegel*-Artikel *Ganz schön abgedreht* eine Reihe junger Autorinnen, unter ihnen Karen Duve (*1961), Nadine Barth (*1965), Judith Hermann (*1970) und Zoë Jenny (*1974), als „literarisches Fräuleinwunder" und prägte damit ein Schlagwort von großer Wirkung und Prägnanz.[4]

„Literarisches Fräuleinwunder"

Hage subsumierte mit diesem Schlagwort nicht nur unterschiedlichste Schreibstile, sondern lancierte auch mit Fotos von einigen der besprochenen Autorinnen entsprechende, die nachfolgende Rezeption steuernde Bilder, die Eindrücke vermittelten, die von geheimnisvoll, über erotisch bis zu lasziv reichten. So positiv er die Texte der Autorinnen, durchweg literarische Debüts, besprochen hatte, das Wort vom „literarischen Fräuleinwunder" machte schnell die Runde und verschaffte den Autorinnen einerseits große Popularität, die diese mit entsprechenden Inszenierungen in Talkshows oder durch Homestories in Illustrierten weiter ausbauten, andererseits wurde diese unfreiwillige Gruppenbildung den jeweiligen Texten nicht gerecht.[5] Das „literarische Fräuleinwunder" wird seitdem immer wieder als Beispiel dafür angeführt, um zu zeigen, wie wir-

Abb. 16: Porträt von Karen Duve (*Der Spiegel* Nr. 12, 22. 3. 1999).

kungsmächtig Literaturkritik ein Phänomen im Literaturbetrieb positionieren kann und wie Autoren, in diesem Fall Autorinnen, dies zur Selbstinszenierung und damit zur Absatzsteigerung ihrer Bücher nutzen konnten.

„gatekeeper"

Um uns auf dem Büchermarkt und im Literaturbetrieb orientieren zu können, sind wir auf Einschätzungen und Empfehlungen anderer angewiesen. Dieses Angewiesensein hat sowohl eine positive als auch eine problematische Seite. Literaturkritiker verschaffen einen Überblick, informieren und ordnen durch ihre Tätigkeit („gatekeeper") den immer größer und unübersichtlicher werdenden Bereich der Literatur. Aber Kritikerurteile sind subjektiv, denn Auswählen, Ordnen und Bewerten sind von vornherein subjektive Tätigkeiten. Wenn von der Literaturkritik zudem als einer öffentlichen Institution gesprochen wird, die eine allgemeine Vorstellung vermitteln will, was Literatur – und nicht selten was gute oder schlechte Literatur – ist, dann werden ihre weit reichenden Beeinflussungsmöglichkeiten schnell ersichtlich. Literaturkritik kann über das Wohl und Weh eines Buchs, eines Autors, ja sogar über das eines Verlages entscheiden. Doch solche Prozesse regen häufig die Diskussion über Literatur und ihre Bewertung in der Öffentlichkeit an, tragen also dazu bei, dass gelesen und über Literatur debattiert wird. Nicht nur die Leser, sondern auch Verleger und Autoren ziehen – positiven wie negativen – Nutzen aus der Literaturkritik. Literaturkritik ist daher ein anspruchsvolles Element im Kommunikationsfeld zwischen Autor, Verleger/Buchhändler und Leser, obwohl sie immer wieder als bloße ‚Dienstleistung' herabgewürdigt wurde.

Was ist Literaturkritik?

Was verstehen wir heute unter Literaturkritik? Im deutschen Sprachraum meint Literaturkritik meist die „informierende, interpretierende und wertende Auseinandersetzung mit vorrangig neu erschienener Literatur und zeitgenössischen Autoren in den Massenmedien".[6] Diese Definition unterscheidet sich von der Verwendung des Begriffs im anglo-amerikanischen und französischen Sprachraum („literary criticism", „critique littéraire"), der dort um literaturtheoretische und poetologische Aspekte erweitert ist.[7] In Deutschland ist der Begriff ‚Kritik' (abgeleitet von lat. *criticus*: Kunstrichter, Kritiker) seit dem 17. Jahrhundert gebräuchlich. Sowohl der lateinische als auch der deutsche Begriff gehen auf das griechische Verb *krínein* zurück, das unterscheiden, trennen, entscheiden und urteilen bedeutet. Schon in der Wortgeschichte[8] werden wesentliche Aspekte benannt, die den Beruf des *criticus* ausmachen: Urteile gründen sich immer auf die Scheidung des Guten vom Schlechten, des Echten vom Unechten und

Vom *criticus* zum Literaturkritiker

des Richtigen vom Falschen. Als *criticus* galt ursprünglich der universal gebildete Gelehrte, der seine Kompetenz besonders aus der Kenntnis griechischer und lateinischer Texte bezog. Im 17. Jahrhundert setzte eine Differenzierung ein und wir finden neben dem traditionellen Gelehrten in Frankreich nun einen neuen, ‚weltmännisch' orientierten Kritikertyp, der sich mit der Literatur der Gegenwart auseinandersetzte und seine ‚Urteile' nicht mehr auf Latein oder Griechisch, sondern in der jeweiligen Volkssprache verfasste und damit ein breiteres Publikum außerhalb der Gelehrtenwelt ansprach. Aus dieser „critique mondaine" entwickelte und etablierte sich im 18. Jahrhundert endgültig die Literaturkritik, wie wir sie heute kennen. Aber schon im 18. Jahrhundert wurde über die Rolle des Literaturkritikers (vgl. die Bezeichnungen „Kunstrichter", „Erzieher", „Anwalt", „Freund" oder „Diener" des Autors) und über die Funktionen von Literaturkritik kontrovers debattiert. Gottsched versuchte mit Hilfe der Literaturkritik seine Vorstellungen von einer Regelpoetik als Basis eines gedanklichen und ästhetischen Wertes von Literatur normativ durchzusetzen. Lessing begegnete diesem Konzept schon skeptisch. Er betonte den informierenden und vermittelnden Charakter der Literaturkritik und entwickelte daher Schritt für Schritt eine diskursive Literaturkritik, die das Gespräch zwischen Text und Leser zu fördern beabsichtigte. Goethe sah Aufgaben und Ziele von Literaturkritik wieder mit größerer Zurückhaltung. 1774 heißt es daher im Schlussvers des Gedichts *Recensent* noch polemisch: „Schlagt ihn todt den Hund! Es ist ein Recensent",[9] womit ein zeitloses und bis auf den heutigen Tag gern aktualisiertes Muster für die Kritik an der Literaturkritik und ihren Vertretern formuliert worden war. Trotz eigener Erfahrung mit zahlreichen negativen Rezensionen hat Goethe 1821 schließlich sinnvoll zwischen einer „zerstörende[n]" und eine „productive[n]" Kritik unterschieden:

Zitat

Es gibt eine zerstörende Kritik und eine productive. Jene ist sehr leicht, denn man darf sich nur irgend einen Maßstab, irgend ein Musterbild, so bornirt sie auch seien, in Gedanken aufstellen, sodann aber kühnlich versichern: vorliegendes Kunstwerk passe nicht dazu, tauge deßwegen nichts [...].
Die productive Kritik ist um ein gutes Theil schwerer; sie fragt: Was hat sich der Autor vorgesetzt? ist dieser Vorsatz vernünftig und verständig? und in wie fern ist es gelungen, ihn auszuführen? Wer-

den diese Fragen einsichtig und liebevoll beantwortet, so helfen wir dem Verfasser nach, welcher bei seinen ersten Arbeiten gewiß schon Vorschritte gethan und sich unserer Kritik entgegen gehoben hat.[10]

Goethe hat diese Gedanken zu einem Zeitpunkt formuliert, als die Literaturkritik in Deutschland ihren ersten Höhepunkt bereits überschritten hatte und die literarische Szene wieder mit zahlreichen literaturtheoretischen Debatten beschäftigt war. Ihm war also daran gelegen, die Prinzipien einer sich als autonom verstehenden Literatur auch auf die Literaturkritik zu übertragen. Dass sich solche Positionen mehr und mehr vom Lesepublikum entfernten, liegt auf der Hand, zumal ein expandierender Buchmarkt, eine zunehmende Lesekompetenz und eine ständig wachsende Nachfrage nach belletristischer Literatur Medien verlangte, die den Leser nicht nur unterstützten, sich im Buchangebot zu orientieren, sondern ihm auch Hinweise auf lesenswerte und (im Sinne der Aufklärung) wertvolle Bücher gaben und dem Lesepublikation bei der Ausbildung eines literarischen Urteilsvermögens halfen. In Rubriken wie „Gelehrter Artikel" erschienen seit etwa 1720 Buchrezensionen in der Tagespresse („Moralische Wochenschriften") und es entstanden damit Formen, die unserem heutigen Feuilleton entsprechen.

Gleichzeitig trennten sich Literaturwissenschaft und Literaturkritik und verfolgten je eigene Wege (die sich jedoch immer wieder berührten): Die Literaturwissenschaft verlagerte ihre Diskussionen an Universitäten und in neue fachwissenschaftliche Zeitschriften, die Literaturkritik wurde zunehmend ein Gegenstand des Journalismus und entwickelte eigene, ihrem Gegenstand angemessene Textsorten und Schreibstrategien, konturierte aber nach und nach auch das Bild des berufsmäßigen Literaturkritikers. Die

Abb. 17: Wilhelm Busch: Kunstkritiker aus *Maler Klecksel*:
„In selber Stadt ernährte sich
Ganz gut ein Dr. Hinterstich
Durch Kunstberichte von Bedeutung
In der von ihm besorgten Zeitung,
Was manchen das Geschäft verdirbt,
Der mit der Kunst sein Brot erwirbt."

historische Entwicklung, die die Literaturkritik zu einer öffentlichen Institution der Vermittlung ausdifferenzierte, hält bis auf den heutigen Tag an und hat zu einer Reihe von Funktionszuschreibungen geführt. Thomas Anz unterscheidet sechs Funktionen der Literaturkritik:[11]

Funktionen der Literaturkritik

Zitat

1. In ihrer *informierenden Orientierungsfunktion* verschafft sie einen Überblick über eine zunehmend unüberschaubare Zahl von Neuerscheinungen.
2. In ihrer *Selektionsfunktion* gibt sie, erstens, durch die Auswahl rezensionswürdiger Literatur und, zweitens, durch deren explizite Bewertung potentiellen Lesern eine Entscheidungshilfe zum Kauf und zur Lektüre.
3. In ihrer *didaktisch-vermittelnden Funktion für das Publikum* vermittelt sie Wissen und Fähigkeiten, die zur Lektüre solcher literarischen Texte notwendig sind, die, oft auch aufgrund ihres innovatorischen Abstands zu eingespielten Leseerwartungen, Verständnisschwierigkeiten bereiten.
4. In ihrer *didaktisch-sanktionierenden Funktion für Literaturproduzenten* (Autoren, Verlage) weist sie auf qualitative Schwächen oder Stärken der publizierten Literatur hin, um damit die Qualität zukünftiger Buchproduktion zu verbessern.
5. In ihrer *reflexions- und kommunikationsstimulierenden Funktion* fördert sie das öffentliche Räsonnement über Literatur und die selbstreflexiven Prozesse innerhalb des Literatursystems.
6. In ihrer *Unterhaltungsfunktion* entspricht Literaturkritik einer der allgemeinen Funktionen des Journalismus und speziell des Feuilletons. Sie übernimmt damit auch eine der Funktionen, die ihr Gegenstand, die Literatur, selbst hat.

Interpretation und Wertung

Literaturkritik ist stets geprägt von der unauflösbaren Verknüpfung von Interpretation und Wertung. Die Ambivalenz, die daraus resultiert, ist immer wieder dazu benutzt worden, um über den Zustand der Literaturkritik und deren vermeintlichen Verfall zu klagen, aber auch grundsätzlich nach ihrem Wert zu fragen. Diese Ambivalenz wird auch von Autoren thematisiert, wenn sie darüber nachdenken, ob man als Autor überhaupt Rezensionen lesen soll. Der Aufklärer Georg Christoph Lichtenberg (1742-1799) hat diese Problematik – sicherlich mit einem gewissen Augenzwinkern – folgendermaßen auf den Punkt gebracht:

Zitat

Ich sehe die Rezensionen als eine Art von Kinderkrankheiten an, die die neugebornen Bücher mehr oder weniger befällt. Man hat Exempel, daß die gesündesten daran sterben, und die schwächlichen oft durchkommen. Manche bekommen sie gar nicht.[12]

Wenn sich an der Literaturkritik prinzipiell die Geister scheiden, ergibt sich bei ihrer kritischen Betrachtung eine Vielzahl ernst zu nehmender und ausführlich debattierter Fragen, die z. B. die Legitimation von Literaturkritik, die Beziehung zwischen Literaturkritik und Literaturwissenschaft, die Gefahr einer politischen und ideologischen Abhängigkeit der Literaturkritik aber auch das Selbstverständnis des Literaturkritikers und seine Maßstäbe betreffen.[13] Auch die Abgrenzung von Literaturkritik und Zensur oder die Problematik, inwieweit Literaturkritik den Kanon beeinflusst, sind Gegenstände des Diskurses. Diese Fragen wurden auf vielfältige Weise beantwortet, wobei die jeweilige Position im Literaturbetrieb (Autor, Verleger, Kritiker) und die daraus resultierende Perspektive oder ein spezifisches literaturkritisches Verhalten eine entscheidende Rolle spielen. Festzuhalten ist jedoch, dass im komplexen System Literatur Aspekte der Rezeption und Vermittlung – wie sie von der Literaturkritik vertreten werden – eine elementare Bedeutung haben, insgesamt die Interaktion zwischen Literaturproduzenten und -rezipienten stimulieren und etwas über die Einstellung zu Kultur und sozialem Zusammenleben aussagen.

Kanonbildung

Durch ihre auswählende und wertende Funktion trägt die Literaturkritik auch zur Bildung eines literarischen Kanons bei, also zur Konstitution einer Gruppe von Texten, die als wertvoll eingestuft wird. Historisch gesehen geht der Kanon (lat. *canon*: Regel, Richtschnur) zurück auf die Festlegung, welche Texte den verbindlichen Korpus des Alten und Neuen Testaments bilden. Dieser normative Aspekt wurde später auf literarische Texte übertragen, wobei hier kanonische Texte als Texte von überzeitlichem Wert verstanden wurden. Problematisch an der Einstufung eines Textes als zum Kanon zugehörig ist die Tatsache, dass die Auswahl von unterschiedlichen Aspekten und Interessen (Bildungskonzepte, ästhetische oder politische Vorstellungen, national-kulturelle Konzepte usw.) geleitet wird, die nicht immer Konsens sind. Unterschieden wird zwischen einem normativen (Leselisten, Klassikerausgaben, Reclams Universalbibliothek) und einem empirischen (was wird zu einer bestimmten Zeit gelesen) Kanon.

Kanonische Festlegungen haben immer wieder zu kontroversen Debatten geführt. Aber das Etikett Kanon wird immer auch als ein Qualitätssiegel verstanden, wenn man z. B. die von Marcel Reich-Ranicki (*1920) im Insel-Verlag herausgegebenen Buchkassetten betrachtet, in denen er medienwirksam einen Kanon der deutschen Literatur zusammengestellt hat. Ebenso medienwirksam sind Fernsehsendungen, in denen aufgrund von Zuschauerbefragungen die 100 besten Bücher ausgewählt wurden (ZDF, *Unsere Besten – Das große Lesen*, 2004).

Streitfälle

Literaturkritik produziert aufgrund ihrer Stellung in der Öffentlichkeit immer wieder Streitfälle, Intrigen und Skandale, in deren Gefolge sie als Machtmissbrauch denunziert oder ihre Existenzberechtigung grundsätzlich in Zweifel gezogen wird. Allerdings gehören solche Streitfälle und die sie begleitenden Debatten zur Inszenierung von Kritik in der Öffentlichkeit und lassen auch ein spezifisches Rollenverhalten von Kritiker und Kritisiertem erkennen. Mit welch harten Bandagen dabei manchmal gekämpft wird, zeigen z. B. die als „deutsch-deutscher Literaturstreit" bekannt gewordene Auseinandersetzung um das Verhältnis von Literatur und Moral anlässlich von Christa Wolfs Erzählung *Was bleibt* (1990) (s. Modul 2, S. 49 f.) oder die publizistische Aufregung nach dem Erscheinen von Martin Walsers Roman *Tod eines Kritikers* (2002), in dem mit der Literaturkritik und ihren Repräsentanten aus literarischer Perspektive abgerechnet wird. Walsers Roman, in dem der vermeintliche Mord am Literaturkritiker André Ehrl-König aufgeklärt und dabei der unter Mordverdacht geratene Autor Hans Lach, dessen neues Buch von Ehrl-König verrissen wurde, entlastet wird, erregte die Gemüter, nachdem Frank Schirrmacher in einem offenen Brief an Walser begründet hatte, warum die *Frankfurter Allgemeine Zeitung* den Roman nicht – wie sonst bei Walsers Romanen üblich – vorab druckte. Damit lag zusätzlich der pikante Fall vor, dass über ein Buch debattiert wurde, das noch gar nicht erschienen war und das zu diesem Zeitpunkt kaum jemand kannte. Weniger die ironisch zugespitzten Einblicke in den Literaturbetrieb heizten den Streit an, sondern allein die Spekulation, hinter der Figur André Ehrl-Königs sei der Kritiker Marcel Reich-Ranicki zu erkennen. Walsers Roman wurde als ‚Schlüsselroman' skandalisiert, zumal die langjährige Abneigung Reich-Ranickis gegenüber Walsers Arbeiten bekannt war. Der Roman beginnt damit, dass der Erzähler, ein Freund des vermeintlichen Kritikermörders, während eines Aufenthalts in Amsterdam vom Mord in der Zeitung liest und dabei erfährt,

Walser: *Tod eines Kritikers*

Zitat

daß Hans Lach verhaftet worden ist. Mordverdacht. Obwohl es bei mir, sobald ich im Ausland bin, zu den Erholungsqualitäten gehört, nur die jeweils ausländischen Zeitungen zu lesen, besorgte ich mir sofort die *Frankfurter Allgemeine*. Da las ich nun, Hans Lachs neuestes Buch *Mädchen ohne Zehennägel* sei von André Ehrl-König in seiner berühmten und beliebten Fernseh-Show *SPRECHSTUNDE* unsanft behandelt worden. Der Autor habe den Kritiker, als der, wie es üblich sei, nach seiner Fernseh-Show in der Bogenhausener Villa des Ehrl-König-Verlegers Ludwig Pilgrim erschien, grob angepöbelt. Noch sei ungeklärt, wie es Hans Lach überhaupt gelungen sei, sich Zutritt zu der Party zu verschaffen, die Ehrl-Königs Verleger nach jeder *SPRECHSTUNDE* in seiner Villa veranstalte. Auf der Gästeliste sei Hans Lach nicht vorgesehen gewesen, weil es unüblich sei, Autoren, die unmittelbar davor in Ehrl-Königs *SPRECHSTUNDE* „dran" waren, nachher zur Party einzuladen. Hans Lach sei zwar selber Autor des *PILGRIM Verlags*, aber an diesem Abend hätte er nach den Regeln des Hauses nicht dabei sein dürfen. Hans Lach habe offenbar sofort gegen André Ehrl-König tätlich werden wollen. Als ihn zwei Butler hinausbeförderten, habe er ausgerufen: Die Zeit des Hinnehmens sei vorbei. Herr Ehrl-König möge sich vorsehen. Ab heute nach Null Uhr wird zurückgeschlagen. Diese Ausdrucksweise habe unter den Gästen, die samt und sonders mit Literatur und Medien und Politik zu tun hätten, mehr als Befremden, eigentlich schon Bestürzung und Abscheu ausgelöst, schließlich sei allgemein bekannt, daß André Ehrl-König zu seinen Vorfahren auch Juden zähle, darunter auch Opfer des Holocaust. Auf dem Kühler von Ehrl-Königs Jaguar, der am nächsten Morgen immer noch vor der Villa des Verlegers stand, sei der berühmte gelbe Cashmere-Pullover, den der Kritiker in seiner Fernsehshow immer um seine Schultern geschlungen trage, gefunden worden. Von André Ehrl-König fehle jede Spur. Er sei in dieser Nacht fast ein halber Meter Neuschnee gefallen. München im Schnee-Chaos. Hans Lach sei schon am Tag danach unter Verdacht gestellt worden und, da er kein Alibi nachweisen konnte und nicht bereit war, auch nur eine einzige Frage zu beantworten, verhaftet worden. Sein Zustand wird als Schock bezeichnet.[14]

Schirrmacher warf Walser nicht nur vor, er habe ein „schlechtes" Buch geschrieben, sondern vor allem eine nicht hinnehmbare „Exekution" an dem „Starkritiker" Marcel Reich-Ranicki vollzogen; der Roman sei ein „Dokument des Hasses". Als besonders geschmacklos empfand Schirrmacher die Aufklärung des Mordes: „Der Kritiker ist nicht tot, er hat nur tot gespielt, um sich mit seiner Geliebten zu vergnügen." Schwer wiegender ist aber der Antisemitismus-Vorwurf, den Schirrmacher erhob:

Zitat

Die „Herabsetzungslust", die „Verneinungskraft", das Repertoire antisemitischer Klischees ist leider unübersehbar, und wenn „André Ehrl-König zu seinen Vorfahren auch Juden zähle, darunter auch Opfer des Holocaust", dann ist Ihr „darunter" besonders hervorhebenswert [...]. „Umgebracht zu werden paßt doch nicht zu André Ehrl-König." Es ist dieser Satz, der mich vollends sprachlos macht. Er ist Ihnen so wichtig, daß er zweimal in dem Roman vorkommt. Auf [sic!] dem Hintergrund der Tatsache, daß Marcel Reich-Ranicki der einzige Überlebende seiner Familie ist, halte ich den Satz, der das Getötetwerden oder Überleben zu einer Charaktereigenschaft macht, für ungeheuerlich.[15]

Schirrmachers offener Brief löste eine Debatte aus, in der sich zwei Positionen unversöhnlich gegenüberstanden: Diejenigen, die Schirrmachers Vorwurf der Verunglimpfung Reich-Ranickis und den Antisemitismus-Vorwurf unterstützten und diejenigen, die Walsers Attacken als durch die literarische Form der Parodie oder Satire für gerechtfertigt hielten.[16] In der aufgeregten Debatte geriet allerdings in Vergessenheit, dass der Autor Walser in seinem Roman die Verhaltensweisen von Kritikern und Strategien der Literaturkritik antizipiert, „um gesellschaftliche Rituale und Machtpositionen zu problematisieren", wie Stefan Neuhaus feststellt.[17] Der Roman lässt somit auch andere Lektüren zu, Lektüren, die der Literaturkritiker Schirrmacher nicht in Erwägung zog.

Wo findet Literaturkritik statt? 2.

Medien der Literaturkritik

Die Literaturkritik als öffentliche Instanz der Literaturvermittlung benötigt spezifische Medien. Die Zeitschrift ist das traditionelle und älteste Medium, dessen sich die Literaturkritik bedient. Mit dem im 18. Jahrhundert entstehenden Zeitschriftenwesen bildeten sich spezielle Zeitschriften heraus, die als Rezensionsorgane die ‚schöne' Literatur, aber auch Sach- und Fachpublikationen besprachen. Friedrich Nicolais (1733-1811) *Allgemeine Deutsche*

Bibliothek (1765-1806) war eines dieser Organe von Rang. Christoph Martin Wieland gründete 1773 den *Teutschen Merkur*, der wegen seiner Rezensionen weite Anerkennung fand. Kurz nach 1800 erschien mit dem *Morgenblatt für gebildete Stände* (später: *Leser*) eine Zeitung mit einer ausgesprochen wirksamen Literaturbeilage und seit 1875 brach die Familienzeitschrift *Die Gartenlaube* nicht zuletzt wegen ihrer gern gelesenen Literaturkritiken Auflagenrekorde (zeitweise 382.000 Exemplare). Die ‚Feuilletonisierung' der Literaturkritik, wie sie etwa die ersten ‚Berufskritiker' Ludwig Börne oder Heinrich Heine favorisierten und propagierten, war Realität geworden. Seit Mitte des 19. Jahrhunderts hat die deutschsprachige Literaturkritik dann ihren festen Platz im Feuilleton, also dem Teil der Tagespresse, der über kulturelle Entwicklungen berichtet oder der Unterhaltung des Lesers dienen will. Noch heute gelten die Feuilletons der großen überregionalen (Tages- und Wochen-)Zeitungen, wie z. B. der *Frankfurter Allgemeinen Zeitung*, der *Süddeutschen Zeitung*, der *Frankfurter Rundschau*, der *Neuen Zürcher Zeitung*, der *Welt*, der *Zeit* oder der *taz* als (durchweg) angesehene Orte für die kritische Rezension von Büchern. Allerdings fehlen im deutschen Sprachraum journalistische Rezensionsorgane vom Format des englische *Times Literary Supplement* oder des amerikanischen *New York Review of Books*. Rezensionen, die in diesen Zeitungen erscheinen, haben in qualitativer Hinsicht eine große Bedeutung und setzen nach wie vor die Standards für die Literaturkritik. Es haben sich im Laufe der Zeit zahlreiche Zeitschriften entwickelt, die regelmäßig literaturkritische Beiträge enthalten oder sich sogar vollständig auf die Literaturkritik konzentrieren. Wolfgang Albrecht nennt folgende Zeitschriften:[18]

– *Neue Rundschau* (seit 1890)
– *Die Horen. Zeitschrift für Literatur, Kunst und Kritik* (seit 1956)
– *Literatur und Kritik. Österreichische Monatsschrift* (seit 1966)
– *Deutsche Bücher. Forum für Literatur. Autorengespräch – Kritik – Interpretation* (seit 1971)
– *Zikade. Literatur-Periodikum für Lyrik, Prosa, Kritik* (seit 1974)
– *Literatur in Bayern. Vierteljahresschrift für Literatur, Literaturkritik und Literaturwissenschaft* (seit 1984)
– *Das Gedicht. Zeitschrift für Lyrik, Essay und Kritik* (seit 1994)
– *Griffel. Magazin für Literatur und Kritik* (seit 1995)
– *Signum. Blätter für Literatur und Kritik* (seit 1999)
– *Literaturen. Das Journal für Bücher und Themen* (seit 2000).

Buchbesprechungen erscheinen inzwischen auch in Nachrichtenmagazinen (*Spiegel, Focus*) und Illustrierten (*Stern, Brigitte, Bunte,*

HörZu), dort allerdings häufig reduziert auf Buchtipps oder Bestsellerlisten.

Literaturkritik in Hörfunk und Fernsehen

Literaturkritik ist jedoch nicht nur an die Printmedien gebunden, sondern auch Rundfunk, Fernsehen und Internet haben Literatur vermittelnde Aufgaben übernommen. Daher hat die Literaturkritik in diesen Medien ihren Platz gefunden, was bis auf den heutigen Tag immer wieder zu einer Konkurrenz zwischen den Print- und den audiovisuellen Medien führt. Dabei wird nicht nur diskutiert, welches Medium das größere Ansehen genießt und die größere Wirkung auf die Leser ausübt, sondern auch, worin die vom jeweiligen Medium abhängigen Spezifika liegen. Während viele Kritiker der gedruckten Rezension noch immer den Vorrang einräumen, ist eine entsprechende Hierarchisierung aus der Sicht des Lesepublikums nur schwer einzuschätzen. Es gilt keineswegs als sicher, dass gedruckte Rezensionen ein größeres Publikum erreichen als durch audiovisuelle Medien oder das Internet verbreitete Kritiken.[19] Ging es anfangs bei der Literaturkritik im Hörfunk um die vorgelesene Buchkritik, wurde sie bald um Interviews mit Autoren, Diskussionen oder Features erweitert. Als repräsentativ für Literaturkritik im Hörfunk ist die täglich ausgestrahlte Sendung *Büchermarkt* des Deutschlandfunks zu nennen (www.dradio.de/portale/literatur). Das Fernsehen hat ebenfalls spezielle Formate für Literaturkritik entwickelt, die sich über die Information hinaus auch der Unterhaltung eines breiteren, literaturinteressierten Publikums widmen. Sieht man sich die Einschaltquoten von Sendungen mit literaturkritischen Anteilen genauer an, dann ist festzustellen, dass diese Sendungen sich nicht nur einer zunehmenden Beliebtheit erfreuen, sondern auch eine größer werdende Leserschaft erreichen, obwohl die Sendeplätze meistens nicht prominent gewählt sind.

Das literarische Quartett

Mit der Kritikerrunde *Das literarische Quartett* im Zweiten Deutschen Fernsehen (ZDF) gelang ein Format, das zwischen Information und Show angesiedelt war. Dementsprechend wurde die Literaturkritik popularisiert und es wurden neue Publikumsschichten für das Gespräch über Literatur gewonnen. Die Reaktionen über die Sendung waren von Anfang an extrem gespalten, und immer wieder wurde sie mit Etiketten wie „Tribunal“, „Das literarische Schafott“ oder „Heilige Inquisition des Literaturbetriebs“ versehen.[20] Unter der Leitung von Marcel Reich-Ranicki diskutierten zwischen 1988 und 2001 drei ständige Kritiker (Marcel Reich-Ranicki, Hellmuth Karasek [*1934], Sigrid Löffler [*1942], ab Herbst 2000: Iris Radisch [*1959]) und ein wechselnder Gastkritiker über deutschsprachige und ausländische litera-

Abb. 18: Karikatur des *Literarischen Quartetts* von Dieter Hanitzsch.

rische Neuerscheinungen. Der Erfolg der Sendung ist in der kontroversen Interaktion der Disputanten, besonders aber in den oftmals polemischen Zuspitzungen Reich-Ranickis, gesehen worden. Konsequenterweise wird das Scheitern der Sendung mit dem im Streit erfolgten Ausscheiden Sigrid Löfflers in Verbindung gebracht, nachdem sie von Reich-Ranicki und Karasek regelmäßig persönlich angegriffen wurde und das diffizile Rollengebäude der Sendung irgendwann zusammenbrach. An den Erfolg des *Literarischen Quartetts* konnten andere Sendungen, darunter Reich-Ranickis eigene Auftritte (*Reich-Ranicki-Solo*) oder die durchaus populäre, von Elke Heidenreich (*1943) seit April 2003 moderierte Sendung *Lesen!* nicht anknüpfen, wahrscheinlich auch deshalb, weil es sich wie im Fall von *Lesen!* eher um eine „Empfehlungssendung" handelt, die auf Literaturkritik „im engeren Sinn verzichtet und statt dessen emotional begründete Lesetipps gibt".[21]

Literaturkritik im Internet

Im WorldWideWeb findet inzwischen erfolgreich Literaturkritik in verschiedenen Internetforen und -portalen statt. Aktualität sowie mediengerechte Präsentation und weite Verbreitung der

Informationen haben die traditionelle Vermittlungsfunktion von Literaturkritik um eine neue, innovative Dimension erweitert. Hinzukommt, dass das Medium Internet gleichzeitig als Archiv fungiert, in dem man ohne größeren Aufwand nach entsprechenden Texten suchen kann (vgl. z. B. das *Innsbrucker Zeitungsarchiv*, das – soweit urheberrechtlich zulässig bzw. Lizenzen vorhanden – Rezensionen aus ausgewählten deutsch- und fremdsprachigen Zeitungen digital verfügbar hält; www.iza.uibk.ac.at). Seit Januar 1999 erscheint monatlich *literaturkritik.de*, das bislang anspruchsvollste und renommierteste Online-„Rezensionsforum für Literatur und Kulturwissenschaft" (Untertitel), das vom Institut für Neuere deutsche Literatur und Medien der Universität Marburg betreut wird. *literaturkritik.de* arbeitet mit Themenschwerpunkten und bietet auch thematische Artikel (z. B. Geburtstage von Autoren, literarische/kulturelle Ereignisse/Entwicklungen). Ein weiteres Online-Magazin, *Perlentaucher* (www.perlentaucher.de), erscheint seit Herbst 1999, verfolgt jedoch eine andere Strategie, indem es täglich die Feuilletons und Literaturbeilagen führender deutschsprachiger Zeitungen auswertet und dort erschienene Rezensionen bzw. Artikel kurz zusammenfasst. Einmal in der Woche ‚durchstreift' der *Perlentaucher* die deutschen und internationalen Kultur- und Nachrichtenmagazine und legt – soweit rechtlich möglich – entsprechende Links zu Originalartikeln. Seit 2005 hat der *Perlentaucher* mit *signandsight.com* eine englischsprachige Schwestersite, die neben einer Feuilletonschau ausgewählte Artikel in Übersetzung bietet und darüber hinaus mit Themen-Artikeln einem internationalen Publikum Einblick in das aktuelle deutsche Kulturleben und seine Debatten geben will. Für alle hier vorgestellten Online-Magazine gilt, dass es ausführliche Suchmöglichkeiten im jeweiligen Archiv gibt und damit die Basis für eine ausbaufähige Dokumentation der deutschsprachigen Literaturkritik gelegt worden ist.

Bestseller-, Besten- und Kritikerlisten 3.

1895 wurden in der Branchenzeitschrift *The Bookman* erstmals Listen veröffentlicht, in denen überdurchschnittlich verkaufte Romane, sog. „Best Sellers", erfasst wurden.[22] Nur wenige Jahre später, zur Jahrhundertwende, wurde das Attribut „best" auch als ästhetisches Werturteil zur Bezeichnung anspruchsvoller literarischer Werke benutzt. Allmählich verzeichneten Bestsellerlisten erfolgreiche Bücher ohne jede Unterscheidung, ob es sich nun um literarische oder Non-Fiction-Titel handelte. In der Bundesrepublik Deutschland gibt es seit 1957 Bestseller-Listen. Bestseller-Listen blieben nicht auf den Buchmarkt beschränkt, inzwischen werden auch für andere Produkte des Kulturmarkts entsprechende Listen aufgelegt: für Schallplatten/CDs (Hitparaden, Charts), für das Fernsehen (Einschaltquoten) oder das Kino (Top-Seller). Eines haben diese Listen miteinander gemein: Die Verkaufszahl führt zu normativen Festlegungen. Ein Buch, von dem etwa 500.000 Exemplare verkauft worden sind, also ein Bestseller ist, gilt inzwischen auch als qualitativ hochwertig. Diese Gleichsetzung von Qualität und Verkaufserfolg ist jedoch ebenso problematisch wie die Schlussfolgerung, Qualität führe zwangsläufig zum Verkaufserfolg. Für den deutschen Sprachraum haben die wöchentlichen Bestseller-Listen der Nachrichtenmagazine *Spiegel* und *Focus* eine gewisse Vorreiterfunktion erlangt. Aufgeschlüsselt in Belletristik und Sachbuch, Kinderbuch oder Hörbücher und nochmals differenziert in Hardcover oder Taschenbuch werden wöchentlich von externen Marktbeobachtern die jeweils 20 bzw. 25 meistverkauften Titel ermittelt. Der Leser wird außerdem darüber informiert, ob ein Titel im Verlauf der Woche in der Liste auf- oder abgestiegen ist. Die Listen gelten allerdings als problematisch, weil nicht transparent ist, wie die Zahlen ermittelt werden.[23] Außerdem weiß man, dass Verlage in der Lage sind, durch Einflussnahmen auf den Inhalt oder Titel, gezielte Werbemaßnahmen, günstige Rabatte für den Buchhandel und den Erwerb von Lizenzen für fremdsprachige Bestseller-Titel den Markt so zu steuern, dass ein Buch ein Bestseller werden muss.

Remarques *Im Westen nichts Neues* als Bestseller

Aus historischer Perspektive lassen sich solche Strategien und Maßnahmen anschaulich an Erich Maria Remarques (1898-1970) Anti-Kriegsroman *Im Westen nichts Neues* zeigen. Bevor der Roman 1929 nach einer Vorveröffentlichung in der *Vossischen Zeitung* (1928) im Berliner Propyläen-Verlag in Buchform erschien und zu einem der weltweit meist verkauf-

Abb. 19: Titelblatt von Remarques *Im Westen nichts Neues* (1929).

ten Bücher wurde, hatte der Text eine Genese durchlaufen, die entscheidend von Marketingüberlegungen des Verlages geprägt war.[24] Remarque hatte – so seine eigene Aussage in verschiedenen Interviews – innerhalb von sechs Wochen einen Roman niedergeschrieben, in dem er seine traumatischen Erfahrungen als Soldat im Ersten Weltkrieg gewissermaßen als Selbsttherapie literarisch verarbeitete. Die Analyse der überlieferten Typoskripte des Romans macht allerdings deutlich, dass Remarque entgegen seiner Aussagen vielmehr – auf Drängen seines Verlegers – einen mehrfach überarbeiteten Text verfasst hat, der zwar auf eigene Kriegserlebnisse zurückgreift, sich aber im selben Maße auch auf literarische Eindrücke und Erzählungen anderer Kriegsteilnehmer stützte. Der Roman war damit auch zu einer gattungsmäßigen Alternative zu den Ende der 1920er Jahre verbreiteten apologetischen Offizierserinnerungen und Regimentsgeschichten gestaltet worden. Sowohl der derart bearbeitete Text als auch die geschickt lancierte Legende seiner Entstehung legten die Basis für eine Rezeption des Romans als Musterbeispiel des nicht parteipolitischen, vielmehr humanistisch motivierten Anti-Kriegsromans. Diese Strategie ging auf: *Im Westen nichts Neues* wurde ein Bestseller, hoch gelobt von der Literaturkritik und attackiert von der politischen Rechten, die das Andenken an den Frontkämpfer des Ersten Weltkriegs als verunglimpft ansah. Der Roman war zum Tagesgespräch geworden, was den Verkauf steigerte.

Besten-, Kritikerlisten

Als kürzeste Form der Literaturkritik gelten Bestenlisten und Kritikerlisten, die auf der Meinung eines Kritikers oder Kritikergremiums basieren.

Die bekannteste deutsche Kritikerliste ist die Bestenliste des Südwestrunkfunks (SWR). Sie wurde im März 1975 von Jürgen Lodemann (*1936) initiiert und hat folgende Zielsetzung:

Zitat

Sie ist ein Kompass auf dem Büchermeer der Neuerscheinungen, sie ist ein Pfadfinder im Bücherdschungel, das Trüffelschwein in den Papierbergen. Kurz: während die Bestsellerlisten aufs Bekannte und Etablierte vertrauen, ist die SWR-BESTENLISTE auf der Suche nach neuen Gefilden, nach unbekannten Büchern und Autoren, egal ob Lyrik, Romane, Autobiografisches, Tagebücher, Briefbände.
Es gibt nur ein Kriterium: Das Lesen muss sich lohnen.[25]

Anders als Bestsellerlisten, für die Buchhändler (nicht immer wahrheitsgemäß) angeben, wie viele Exemplare von Neuerscheinungen verkauft worden sind, werden jeden Monat für die SWR-Bestenliste Rezensenten nach Titeln gefragt, die es ihrer Meinung nach „verdient hätten, Erfolg zu haben".[26] Derzeit (2007) werden 31 der renommiertesten deutschen Literaturkritiker befragt, jeder kann jeweils vier Buchneuerscheinungen nennen und ihnen Punkte (15, 10, 6 und 3) geben.[27] Hieraus wird das arithmetische Mittel gezogen und der Wert entscheidet über die Platzierung eines Titels auf der Liste. Aber nur die zehn Bücher, die die meisten Punkte bekommen haben, werden auf der Liste mit ihren vollständigen bibliographischen Angaben (einschl. Preis) genannt. Weiter sieht das Reglement vor, dass ein Buch nicht häufiger als drei Mal auf der Liste erscheinen darf. Zusätzlich kann jeder Kritiker pro Monat einen Buchtitel als persönliche Empfehlung nennen. Dieses Buch darf jedoch nicht zu den Büchern gehören, die es auf die Bestenliste geschafft haben. Die SWR-Bestenliste setzt insgesamt auf Qualität und versucht mit ihrem Verfahren ein Korrektiv zu den Verkaufslisten zu sein. Dennoch ist eine solche Bestenliste natürlich abhängig von der Zusammensetzung der Jury. Man bemühte sich daher von Anfang an um ‚Ausgewogenheit', d. h. alle in den unterschiedlichen Feuilletons vertretenen Kritiker sollten am Auswahlprozess beteiligt werden. Inzwischen veröffentlichen zahlreiche Feuilletons die SWR-Bestenliste, weil fast jede Feuilletonredaktion an deren Zustandekommen beteiligt ist.

4. Literaturpreise

Literaturpreise gelten als „Gütestempel"[28] und markieren damit die repräsentative Stellung eines prämierten Autors und seines Werks in der Kulturgesellschaft. Die Zuerkennung eines Preises an einen Autor basiert auf einem Auswahlprozess, der eine spezifische Form von Literaturkritik ist und auf Satzungen oder Statuten beruht, in denen die inhaltlichen und formalen Kriterien festgeschrieben sind. Vergeben werden Literaturpreise in periodischen Abständen durchweg von öffentlichen Institutionen, Akademien, Verbänden, Stiftungen und Unternehmen wie Verlagen, Zeitschriften oder Hörfunk/Fernsehen. Auch Einzelpersonen haben Preise gestiftet (Günter Grass etwa den *Alfred-Döblin-Preis*). Übergeben werden Literaturpreise meistens in einem öffentlichen Festakt nach einem festgelegten Ritual mit „Streichquartett, Lau-

Funktion von Literaturpreisen

datio und Lachshäppchen".[29] Literaturpreise erfüllen im Wesentlichen drei Funktionen: Sie gelten erstens als Indikatoren für literarisch-ästhetische, kulturpolitische und weltanschauliche Auffassungen über Literatur. Zweitens haben sie die Funktion, einen Autor durch ein entsprechendes Preisgeld finanziell bzw. sozial zu unterstützen und drittens kann sich die Institution, die den Preis vergibt, in der Öffentlichkeit darstellen und für ihre Ziele werben. Insgesamt sagen Literaturpreise etwas über den jeweils aktuellen Rahmen des Literaturbetriebs aus und geben damit wichtige Hinweise, wie sich dessen Koordinaten Literaturpolitik, Mäzenatentum und literarischer Markt entfalten und auf die Literatur zurückwirken.

Literatur-Nobelpreis

Literaturpreise sind an die Stelle traditioneller Dichterauszeichnungen (Dichterkrönungen, Lebensrenten) getreten (s. Modul 5, S. 120 f.). Literaturpreise werden in vielen Ländern verliehen; bekannt sind der französische *Prix Goncourt* (seit 1903) und der amerikanische *Pulitzer Prize* (seit 1917). Das größte internationale Ansehen hat allerdings der seit 1901 jährlich von der Schwedischen Akademie verliehene Nobelpreis für Literatur. Der schwedische Industrielle Alfred Nobel (1833-1896), Erfinder des Dynamits und anderer Sprengstoffe, hatte 1895 in seinem Testament verfügt, dass die Kapitalzinsen einer von ihm eingerichteten Stiftung jährlich „als Preisbelohnung an diejenigen verteilt werden soll, die im vorangegangenen Jahre der Menschheit den größten Nutzen erwiesen haben". Damit meinte er die Gebiete Physik, Chemie, Physiologie und Medizin. Ein weiteres Fünftel des Geldes, verfügte Nobel weiter, sollte jedoch an denjenigen gehen, „der in der Literatur das vorzüglichste Werk idealistischer Prägung geschaffen hat".[30] Zwei Kriterien hat Nobel für die Auswahl des Literaturnobelpreisträgers also festgelegt: Es wird nicht in erster Linie ein Autor ausgezeichnet, sondern ein Buch. Bei dem ausgezeichneten Buch solle es sich um das ‚Buch des Jahres' handeln und sein Charakter soll von „idealistischer Prägung" sein. Der Interpretationsspielraum, den diese beiden Kriterien zulassen, hat häufig zu unterschiedlichen Einschätzungen bei der Auswahl eines Preisträgers geführt, nicht nur in der Öffentlichkeit, die die Entscheidung nicht immer mit Applaus quittiert, sondern offenbar auch innerhalb des Komitees, das die Auswahl trifft, aber über den Verlauf der Diskussionen Stillschweigen wahren muss. Um mit den unklaren Begriffen in Nobels Testament umgehen zu können, hat die Nobelstiftung Statuten festgelegt, die im Laufe der Zeit angepasst worden sind. Zu den Regularien gehört, dass die achtzehn Juroren der Schwedischen Akademie ein Komitee von drei bis fünf Personen aus der Reihe ihrer Mitglieder benennt, das für den Auswahlprozess verantwortlich ist und den Juroren ein entsprechendes Gutachten vorlegt. Vorschlagsberechtigt sind alle Mitglieder der Schwedischen Akademie und anderer ausländischer Akademien sowie vergleichbarer Institutionen, frühere Preisträger, Universitätsprofessoren und Vorsitzende von repräsentativen nationalen Schriftstellerorganisationen. Überreicht wird der Literatur-Nobelpreis gemeinsam mit den anderen Nobelpreisen in einer feierlichen Zeremonie jährlich am 10. Dezember, dem Todestag Alfred Nobels, vom schwedischen König. Seit der erstmaligen Verleihung des Literatur-Nobelpreises 1901 an den französischen Lyriker Sully Prudhomme (1839-1907) hat der Nobelpreis inzwischen seine eigene Geschichte, die von wegweisenden Entscheidungen, von einigen Fehlurteilen und (wenigen) Skandalen geprägt ist. Zu den Skandalen zählt die Ablehnung des Preises 1964 durch Jean-Paul Sartre (1905-1980). Immer wieder ist nach den Kriterien der Juroren gefragt worden, indem man aus den Gutachten und den offiziellen Preisbegründungen eine Tendenz für die Beurteilung von Literatur herauszulesen versuchte. Sicherlich kann man es bedauern, dass Franz Kafka (1883-1924), Marcel Proust (1871-1922) oder James Joyce (1882-1941) nicht zu den Ausgezeichneten gehörten, andererseits sind durch Preisvergaben neue Literaturen und Kulturkreise für die internationale

Abb. 20: Verleihung des Literatur-Nobelpreises an Günter Grass (1999).

Leserschaft erschlossen worden. Mit dem Literatur-Nobelpreis wurden auch immer wieder politische Akzente gesetzt, zuletzt (2006) durch die Verleihung des Preises an den türkischen Autor Orhan Pamuk (*1952).

Die Verleihung des Preises an deutschsprachige Autoren markiert aber auch historische Schnittstellen.[31] Als Thomas Mann 1929 den Preis für seinen Roman *Buddenbrooks* erhielt, dessen Erscheinen damals schon 28 Jahre zurücklag, wurde zwar „eines der klassischen Werke der zeitgenössischen Literatur" (Preisbegründung) ausgezeichnet, gleichzeitig wurde aber auch das Engagement des Autors für die Demokratie der Weimarer Republik gewürdigt, als deren literarischer Repräsentant Mann aus internationaler Perspektive galt. Deshalb unterstreicht Thomas Mann in seiner Dankesrede ausdrücklich seine Verbundenheit mit der politischen und kulturellen Konsolidierung des Landes nach dem Zusammenbruch des Kaiserreichs als Folge des Ersten Weltkriegs und hebt dabei ausdrücklich die Zugehörigkeit der deutschen Kultur und Literatur zu Europa hervor:

Zitat

Ich tue wohl daran, den Weltpreis, der mehr oder weniger zufällig auf meinen Namen lautet, meinem Lande und Volke zu Füßen zu legen, diesem Lande und Volk, mit dem meinesgleichen sich heute nur fester noch verbunden fühlt als zur Zeit seiner klirrendsten Machtentfaltung. Dem deutschen Geist, der deutschen Prosa insbesondere, gilt dieses Jahr der Stockholmer Weltpreis, nach langen Jahren wieder einmal, und Sie machen sich schwer eine Vorstellung von der sensitiven Empfänglichkeit dieses verwundeten und vielfach unverstandenen Volkes für solche Zeichen der Weltsympathie.
Darf ich mir anmaßen, den Sinn dieser Sympathie etwas näher zu deuten? Was in Deutschland in den letzten anderthalb Jahrzehnten geistig, künstlerisch geleistet wurde, ist nicht im Schutz günstiger Umstände, nicht unter gesicherten seelischen und materiellen Verhältnissen geleistet worden; kein Werk konnte in Sicherheit und Behagen sich runden und reifen, sondern die Bedingungen der Kunst und des Geistes waren diejenigen schärfster allgemeiner Problematik, waren Bedingungen der Not, der Aufgewühltheit und des Leidens, eines fast östlichen, fast russischen Leidenswirrsals, in welchem der deutsche Geist das westliche, das europäische Prinzip gewahrt hat, die *Ehre der Form*. Denn nicht wahr, Form, das ist eine europäische Ehrensache![32]

Die Verleihung des Preises an Nelly Sachs (1891-1970) würdigte 1966 exemplarisch das Werk einer deutsch-jüdischen, 1940 nur knapp der Deportation in ein Vernichtungslager entkommenen und ins Exil nach Schweden vertriebenen Lyrikerin. Die Zuerkennung des Preises an Heinrich Böll betonte 1972 auch den Beitrag der gesamten deutschsprachigen Nachkriegs-Literatur für die Aufarbeitung von Nazi-Diktatur und Holocaust. Diesen Aspekt griff Böll in seiner Dankesrede auf, indem er den Preis nicht nur als Würdigung seines Werks betrachtete, sondern ihn als Stellvertreter der Literatur der Bundesrepublik Deutschland in Empfang nahm: „Ich bin weder ein Eigentlicher noch eigentlich keiner, ich bin ein Deutscher, mein einzig gültiger Ausweis, den mir niemand auszustellen oder zu verlängern braucht, ist die Sprache, in der ich schreibe. Als solcher, als Deutscher, freue ich mich über die große Ehre. Ich danke der Schwedischen Akademie und dem Land Schweden für diese Ehre, die wohl nicht nur mir gilt, auch der Sprache, in der ich mich ausdrücke, und dem Land, dessen Bürger ich bin.“[33]

Literaturpreise in Deutschland

In Deutschland beginnt die Geschichte der Literaturpreise mit der Stiftung des Schiller-Preises 1859 durch den preußischen Kronprinzen und späteren Kaiser Wilhelm I. (1797-1888), hinter der sich die politische Absicht verbarg, die Schiller-Verehrung des deutschen Bürgertums politisch zu lenken. Das Preisgeld war opulent und betrug 1.000 Goldtaler. Ausgezeichnet werden sollte in dreijährigem Rhythmus ein Dramatiker, der von einer Jury aus Wissenschaftlern und „Notabilitäten Deutschlands“ ausgewählt wurde, wobei der Stifter ein Vetorecht besaß, von dem er ausgiebig Gebrauch machte und durch seine Ablehnung von Kandidaten zahlreiche Affronts provozierte. Der Schiller-Preis war von Beginn an ein Werkzeug staatlicher Literaturpolitik und führte zu Initiativen des liberalen Bürgertums, alternative Preise zu stiften. Diesen ausdrücklich Literatur fördernden Bemühungen verdankt der 1912 gestiftete Kleist-Preis ebenso wie 1913 der Fontane-Preis und 1914 der Hölderlin-Preis seine Entstehung. Die Weimarer Republik definierte die Kulturpolitik naturgemäß anders als das Wilhelminische Kaiserreich. Dennoch ergaben sich zahlreiche Konflikte bei der Abgrenzung, wie weit staatliche Förderung und Pflege von Kultur überhaupt gehen dürften. Entsprechend des föderalen Staatsaufbaus der Weimarer Republik übernahmen Länder und Kommunen die Verantwortung für Literaturpreise, wobei repräsentative Aspekte wieder stärker als soziale und fördernde im Vordergrund standen (1923: Georg-Büchner-Preis, 1927: Frankfurter Goethe-Preis, 1929: Hamburger Lessing-Preis).

Unter dem Kulturdiktat der Nationalsozialisten wurden bestehende Literaturpreise entweder eingestellt oder durch eine entsprechende Besetzung der Jurys ‚gleichgeschaltet'. Literaturpreise galten als wichtiges Element der Steuerung einer völkisch-rassisch orientierten Literatur und deren Propagierung. 1937 wurde als bewusstes Gegenstück zum Literatur-Nobelpreis, den anzunehmen Deutschen nicht mehr erlaubt war (Carl von Ossietzky [1889-1938] durfte 1936 nicht zur Verleihung des Friedensnobelpreises nach Oslo reisen), durch ‚Führer'erlass der *Deutsche Nationalpreis für Kunst und Wissenschaft* gestiftet, der allerdings nur 1937 und 1938 verliehen wurde und in seiner Bedeutung marginal blieb. Nach 1945 wirkten sich die politischen Gegebenheiten, insbesondere die Spaltung Deutschlands, auch auf die Vergabe von Literaturpreisen aus. In der DDR wurden Literaturpreise weiterhin als kulturpolitische Instrumente betrachtet. 1949, unmittelbar nach der Staatsgründung, wurde der *Nationalpreis der DDR* gestiftet, der jährlich am 7. Oktober, dem Gründungstag der DDR, verliehen wurde und zu dessen Trägern u. a. Anna Seghers (1900-1983), Bertolt Brecht, Stefan Heym (1913-2001), Christa Wolf, Peter Hacks (1928-2003) oder Heiner Müller (1929-1995) gehörten. In der Bundesrepublik entschied man sich für einen anderen Umgang mit Literaturpreisen, indem sich der Staat weitgehend aus der Vergabe und damit der unmittelbaren Repräsentation durch Preisverleihungen zurückzog. Die Vergabe von Literaturpreisen wurde entsprechend dem föderalen Kulturauftrag in die Verantwortung von Ländern und Gemeinden gegeben. Literaturpreise werden als repräsentative Preise, zunehmend aber ausdrücklich als Förderpreise vergeben. Zur Zeit werden in Deutschland ca. 300 Literaturpreise mit einer geschätzten Preissumme von ca. 1,5 Mill. Euro verliehen,[34] wobei eine Tendenz zur Stiftung neuer Preise durch private Vereinigungen, Verbände und Unternehmen zu beobachten ist (vgl. etwa die Stiftung des mit 25.000 Euro dotierten *Deutschen Buchpreises*, der vom „Börsenverein des Deutschen Buchhandels" getragen, aber von verschiedenen Medienunternehmen finanziert wird und ausdrücklich Werbung für „deutschsprachige Autoren", „das Lesen und das Leitmedium Buch" machen will).[35] Unter diesen zahllosen Preisen lassen sich allerdings bestimmte Schwerpunkte ausmachen, z. B. Preise, die sich einem literarischen Genre widmen: der *Mühlheimer Dramatikerpreis*, der *Peter-Huchel-Preis* für Lyrik der *Hörspielpreis der Kriegsblinden*, der *Deutsche Jugendliteraturpreis* oder der *Deutsche Krimi-Preis*. Daneben gibt es Preise für literarische Übersetzungen, Mundartdichtung, Essays und Literaturkritik. Eine internationale

Literaturpreise nach 1945

Ausrichtung und eine weit über die deutschen Grenzen reichende Wirkung hat der, im weitesten Sinne mit Literatur und Publizistik verbundene, jährlich während der Frankfurter Buchmesse verliehene *Friedenspreis des deutschen Buchhandels.*

Georg-Büchner-Preis

Der renommierteste deutsche Literaturpreis ist der vom Bund, dem Land Hessen und der Stadt Darmstadt finanzierte *Georg-Büchner-Preis,* der bereits 1923 als Kulturpreis ins Leben gerufen worden war, 1951 wieder belebt wurde und seitdem jährlich als Literaturpreis von der Darmstädter Akademie für Sprache und Dichtung verliehen wird. Der Büchner-Preis gehört mit 40.000 Euro zu den höchst dotierten deutschen Literaturpreisen. In der Satzung für die Verleihung des Büchner-Preises heißt es lapidar:

Zitat

Zur Verleihung können Schriftsteller und Dichter vorgeschlagen werden, die in deutscher Sprache schreiben, durch ihre Arbeiten und Werke in besonderem Maße hervortreten und die an der Gestaltung des gegenwärtigen deutschen Kulturlebens wesentlichen Anteil haben.[36]

Das Renommee des Büchner-Preises hängt natürlich auch mit dem Namengeber zusammen. Sämtliche Preisträger haben sich in ihren Dankesreden mit Georg Büchner (1813-1837) auseinandergesetzt und damit die soziale Verantwortung der Literatur jeweils neu und nicht selten kontrovers und provozierend in den aktuellen politischen Kontext eingeordnet. Die Büchner-Preis-Reden gelten daher als herausragende Dokumente für das jeweilige poetologische und politische Selbstverständnis des Preisträgers; als legendär gelten das *Manifest gegen atomare Bewaffung* von 1958 oder die *Erklärung gegen den Vietnamkrieg* (1968), beide von Büchner-Preisträgern verfasst und unterzeichnet.

Ingeborg-Bachmann-Wettbewerb

Seit 1977 finden alljährlich im Frühsommer in Klagenfurt, dem Geburtsort Ingeborg Bachmanns, die *Tage der deutschsprachigen Literatur* statt, in deren Verlauf als Hauptpreis der *Ingeborg-Bachmann-Preis* vergeben wird (daneben gibt es als Nebenpreise u. a. den Preis der Jury, den 3sat-Preis, den von Verlagen gestifteten Ernst-Willner-Preis, den Publikumspreis und den Sonderpreis der Lektoren). In einem dreitägigen Wettbewerb lesen jüngere, aufgrund von bestimmten Kriterien im Vorfeld ausgewählte Autoren nacheinander einen unveröffentlichten

Prosatext öffentlich vor. Eine Jury aus Literaturkritikern, -wissenschaftlern und Autoren ‚kritisiert' unmittelbar im Anschluss an die Lesung den Text, ohne dass der Autor darauf antworten darf. Der Wettbewerb knüpft an die Tagungen der „Gruppe 47" an (s. Modul 2, S. 40 f.), auf denen das Konzept der Lesung mit anschließender Kritikerdiskussion entwickelt worden war und in die Verleihung des Preises der „Gruppe 47" mündete. Die Gründungsväter des Bachmann-Wettbewerbs, Marcel Reich-Ranicki und der Kärntner Schriftsteller und Publizist Humbert Fink (1933-1992) kannten die Veranstaltungen der „Gruppe 47" aus eigener Anschauung und gewannen mit Ernst Willner, dem damaligen Landesintendanten des Österreichischen Rundfunks (ORF), einen Partner, der für die mediale Vermittlung der Veranstaltung sorgte. Dass man in Klagenfurt an den Wettbewerb der „Gruppe 47" anknüpfte, hatte auch damit zu tun, dass Ingeborg Bachmann 1952 durch den Gewinn des Preises der „Gruppe 47" ihren literarischen Durchbruch hatte. Inzwischen wird der Klagenfurter Lesemarathon vom Fernsehsender 3sat live übertragen. Doris Moser hat den Wettbewerb zu Recht als „Börse, Show, Event" bezeichnet und knüpfte damit an eine Äußerung von Reich-Ranicki an, der nach der erstmaligen Vergabe des Bachmann-Preises gesagt hatte:

Zitat

Ein Fest der Literatur? Ein Wettbewerb mit zwei Preisen und einem Stipendium? Ein Dichtermarkt? Eine Art Börse? Wirklich eine Art Arbeitstagung? Oder gar eine literarische Modenschau? Es war, glaube ich, alles auf einmal – und das ist gut so.[37]

Dem Gewinner des Hauptpreises ist die mediale Beachtung gewiss, die sich als ausgesprochen verkaufsfördernd herausgestellt hat. Durch die Anwesenheit von Verlagsvertretern während der Klagenfurter Tage ist es vielen Autoren – ob sie zu den Gewinnern zählten oder nicht – gelungen, neue Verträge abzuschließen oder zu anderen Verlagen zu wechseln. Aber auch die Literaturkritik selbst hat durch diese mediale Inszenierung von Literatur gewonnen.

Zusammenfassung

In diesem Modul wurde das Phänomen Literaturkritik aus historischer wie aktueller Perspektive betrachtet. Dabei wurde deutlich, dass Literaturkritik eine der wichtigsten Institutionen für die Vermittlung von Literatur ist und inzwischen in vielen – gedruckten, audiovisuellen, elektronischen – Medien präsent ist. Da Kritik immer auf einem Auswahl- und Bewertungsprozess beruht, werden literaturkritische Äußerungen häufig zwiespältig aufgenommen. Literaturkritik erhält nicht immer Beifall und Zustimmung, sie provoziert sogar Skandale, hat aber auch die Möglichkeit, ein Buch oder einen Autor in der Öffentlichkeit besonders zu präsentieren. Diese Absicht verfolgen auch Literaturpreise als wohl öffentlichkeitswirksamste Form von Literaturkritik. Die Institutionen, die Literaturpreise verleihen, tun dies aufgrund bestimmter literarischer und kultureller Auffassungen, wodurch Literaturpreise wichtige Indikatoren für jeweils aktuelle Vorstellungen über Literatur sein können.

Literatur

- Albrecht, Wolfgang: Literaturkritik. Stuttgart, Weimar: Metzler 2001 (Sammlung Metzler. Bd. 338).
- Anz, Thomas; Baasner, Rainer (Hg.): Literaturkritik. Geschichte – Theorie – Praxis. Mit Beiträgen von Thomas Anz, Rainer Baasner, Ralf Georg Bogner, Oliver Pfohlmann und Maria Zens. München: Beck 2004.
- Literarische Kanonbildung. Hg. v. Heinz Ludwig Arnold. München: Edition Text + Kritik 2002.
- Dambacher, Eva: Literatur- und Kulturpreise 1859-1949. Eine Dokumentation. Vorwort v. Reinhard Tgahrt. Marbach/Neckar: Deutsche Schillergesellschaft 1996 (Deutsches Literaturarchiv. Verzeichnisse. Berichte. Informationen. 19).
- Espmark, Kjell: Der Nobelpreis für Literatur. Prinzipien und Bewertungen hinter den Entscheidungen. Aus dem Schwedischen von Ruprecht Volz und Fritz Paul. Mit einem Nachwort von Fritz Paul. Göttingen: Vandenhoeck & Ruprecht 1988.
- Kanon Macht Kultur. Theoretische, historische und soziale Aspekte ästhetischer Kanonbildung. Hg. v. Renate von Heydebrand. Stuttgart, Weimar: Metzler 1998 (Germanistische Symposien. Berichtsbände 19).
- Kerstan, Wendy: Der Einfluss von Literaturkritik auf den Absatz von Publikumsbüchern. Marburg: Verlag LiteraturWissenschaft.de 2006.
- Leitgeb, Hanna: Der ausgezeichnete Autor. Städtische Literaturpreise und Kulturpolitik in Deutschland 1926-1971. Berlin, New York: de Gruyter 1994 (European Cultures. Studies in Literature and the Arts. Vol. 4).
- Moser, Doris: Der Ingeborg-Bachmann-Preis. Börse, Show, Event. Wien, Köln, Weimar: Böhlau 2004 (Literaturgeschichte in Studien und Quellen. Bd. 9).

– Neuhaus, Stefan: Literaturkritik. Eine Einführung. Göttingen: Vandenhoeck & Ruprecht 2004.
– Ulmer, Judith S.: Geschichte des Georg-Büchner-Preises. Soziologie eines Rituals. Berlin, New York: de Gruyter 2006.
– Wellek, René: Geschichte der Literaturkritik. 1750-1950. 4 Bde. Darmstadt: Wissenschaftliche Buchgesellschaft 1977/78.

Fragen

1. Welche Aufgaben und Funktionen hat Literaturkritik?
2. Was versteht man unter einem „gatekeeper"?
3. Worin unterscheiden sich Bestseller- und Bestenlisten?
4. Welche Strategien und Maßnahmen wurden ergriffen, um Remarques *Im Westen nichts Neues* zu einem Bestseller zu machen?
5. Woran entzündete sich die Kritik an Martin Walsers Roman *Tod eines Kritikers*?
6. Welche Funktionen haben Literaturpreise?

Modul 5: Literatur und Autoren in der öffentlichen Erinnerung

Dieses Modul gibt einen Überblick, wie die Öffentlichkeit sich an Literatur und ihre Verfasser erinnert. Dabei wird aus historischer Perspektive nicht nur den vielfältigen Formen und Institutionen dieser Erinnerungskultur nachgegangen, sondern auch deren jeweilige Funktion für den Kulturbetrieb und insbesondere für die Vermittlung von Literatur in der Öffentlichkeit hinterfragt. Dabei leiten folgende Fragen das Interesse: Warum brauchen wir ein öffentliches Erinnern an Literatur? Welche spezifischen Formen sind für das Erinnern an Literatur entwickelt worden? Was leistet dieses Erinnern für unser Verständnis von Literatur und ihren Verfassern? Wie können diese Formen von literarischer Erbepflege für die Gegenwartsliteratur genutzt werden?

1. Erinnerung und kulturelles Gedächtnis

Kultur und damit auch Literatur brauchen die Vergegenwärtigung des Vergangenen als Grundlage dafür, dass eine Gesellschaft ständig in Beziehung zu ihrer Geschichte bleibt und sich gleichzeitig immer wieder neu über Werte, Zukunftsentwürfe, ja sogar über eine gemeinsame Identität verständigen kann. Aber Vergangenheit ist nichts, das ‚an sich' existiert, sondern immer eine Konstruktion, die sich eine spätere Generation von ihr schafft. So steht nicht allein die Frage, *was* wir erinnern, sondern mit demselben Recht die Frage im Vordergrund, *wie* wir uns an etwas erinnern. Dafür benötigen wir ‚Gedächtnisstützen'. Texte, Bilder, Denkmäler, Riten und Gedenktage sind daher seit alters her wichtige Elemente unseres kulturellen Gedächtnisses[1] und sichtbare Zeichen einer jeweils aktuellen Wahrnehmung historischer Zusammenhänge. Aber auch das Sammeln und Archivieren von Informationen sowie deren Erschließung, Präsentation und Publikation sind Bestandteile unseres Umgangs mit Erinnerung. Diese unterschiedlichen Formen des kulturellen Gedächtnisses zeigen darüber hinaus, dass die Fixierung und Tradierung von Wissen, Erfahrung und Erinnerung an die Entwicklung von Medien gekoppelt ist: Schrift, Buch, Fernsehen oder Internet und viele andere Me-

Kulturelles Gedächtnis

dien haben durch ihre sehr spezifische Weise der Vermittlung unser Verhältnis zur Vergangenheit geprägt. Die Formen des kulturellen Gedächtnisses haben stets eine soziale Dimension, denn Erinnerung ist ohne Kommunikation mit anderen Menschen nicht denkbar, wie der Soziologe Maurice Halbwachs (1877-1945) 1925 in seinem wegweisenden Buch *Les cadres sociaux de la mémoire* (dt.: *Das Gedächtnis und seine sozialen Bedingungen*) festgestellt hat:

Zitat

Gewiß besitzt jeder ein ihm eigenes Gedächtnis nach seinem besonderen Temperament und seinen Lebensumständen, das keinem anderen sonst angehört. Darum ist es aber nicht weniger ein [...] Aspekt des Gruppengedächtnisses, da man von jedem Eindruck und jeder Tatsache, selbst wenn sie offenbar ausschließlich ein Individuum betrifft, eine dauerhafte Erinnerung nur in dem Maße behält, wie man [...] sie mit den uns aus dem sozialen Milieu zufließenden Gedanken verbindet.[2]

Konflikte beim Erinnern

Insofern ist es nicht verwunderlich, dass das Erinnern ein komplexer Vorgang ist. Jede Kultur hat darüber hinaus eigene Formen des Erinnerns entwickelt, die wiederum mit Erinnerungsformen anderer Kulturen in Konflikt geraten können. Erinnerung hat sicherlich etwas Einheitsstiftendes, es hat aber auch immer wieder innerhalb einer Kultur Anlass zu Konflikten zwischen individueller und kollektiver Erinnerung gegeben, wenn beispielsweise ausgewählt werden soll, was als erinnerungswürdig erachtet wird und wie diese Erinnerung aufbewahrt, verwaltet, vervielfältigt, kommentiert und interpretiert werden soll. Zur Erinnerung gehören immer auch Vergessen, Verdrängen und Uminterpretieren. Die langwierigen Debatten über die Errichtung eines Holocaust-Mahnmals in Berlin oder die Auseinandersetzungen über das Für und Wider einer Benennung der Düsseldorfer Universität in Heinrich-Heine-Universität können hier stellvertretend genannt werden. Seit den 1980er Jahren kann man ein verstärktes Interesse für etwas beobachten, was wir inzwischen mit dem Begriff ‚Erinnerungskultur' umschreiben. In Deutschland war sicherlich ein Auslöser für diesen neuerlichen Erinnerungsschub der größer werdende Abstand zu Holocaust, Weltkrieg und Totalitarismus der Nazi-Zeit. Mit der Vereinigung der beiden deutschen Staaten erhielt der Umgang mit der deutschen Vergangenheit neue Aktualität und Dimension, denn nun stand die Frage, wie man sich der Geschichte der DDR erinnern solle, ebenso auf der Tagesordnung wie die Frage, wie ein gesamtdeutsches kollektives Gedächtnis beschaffen sein könnte.

Literatur als ‚Gedächtnis-agentur'

In diesem vielfältigen Erinnerungsdiskurs spielt die Literatur eine nicht unwesentliche Rolle, zumal ihr als ‚Gedächtnisagentur' die Kompetenz zugeschrieben wird, Antwort darauf zu geben „was die Welt | Im Innersten zusammenhält" (Goethe, *Faust I*, V. 382 f.).[3] Die Rolle der Literatur als herausragender ‚Träger' von Erinnerung ist schon früh in den wissenschaftlichen Fokus gelangt. Dabei wurde nicht nur die Frage gestellt, was in der Vergangenheit als literarisch erinnerungswürdig angesehen, sondern auch wie diese Erinnerung literarisch umgesetzt worden ist. Daneben hat die Öffentlichkeit schon immer Autoren und ihre Werke auf vielfältige Weise in Erinnerung behalten. Sichtbarstes Zeichen dieses öffentlichen Erinnerns sind Veranstaltungen, die zu runden Geburts- oder Todestagen von Autoren begangen werden: 1999 wurde der 250. Geburtstag Goethes gefeiert, 2000 erinnerte ein Nietzsche-Jahr an den 100. Todestag des Philosophen, 2005 gedachte man des 200. Todestages Schillers und 2008 erinnern wir an den 125. Geburtstag Franz Kafkas. Zu solchen Anlässen findet nicht nur ein Reigen unterschiedlichster Veranstaltungen statt, sondern auch Fernsehsendungen, Bücher, Tagungen, Sonderbriefmarken und neu herausgegebene oder wieder aufgelegte Werkausgaben verfolgen die Absicht, die Erinnerung an den prominenten Autor zu erneuern bzw. wach zu halten. Gleichzeitig wird danach gefragt, in welchem Verhältnis Autor und Werk zur Gegenwart stehen und ob sie noch Antworten auf aktuelle Fragen parat haben. In den zurückliegenden Jahren ist immer wieder – auch aus historischer Perspektive – nach Funktion und Formen unserer Erinnerungs- und Gedächtniskultur gefragt worden, wobei auch die Literatur, ihre Urheber und deren Lebenszeugnisse als Elemente nationaler Identitätsbildung in den Blick genommen wurden. Allerdings ist dieser Erinnerungsdiskurs auch kritisch kommentiert worden. Der französische Historiker Pierre Nora hat 1992 im dritten Band seines Standardwerks *Les lieux de mémoire* (dt. 2005: *Erinnerungsorte Frankreichs*) davon gesprochen, man sei nicht nur in Frankreich angesichts von Jubiläen, Ausstellungen, Konferenzen, Büchern, Mahnmal-, Archiv- und Museumskonzeptionen, die sich sämtlich dem Erinnern verschrieben hätten, offensichtlich in ein „Zeitalter des Gedenkens" („l'ère de la commémoration") eingetreten. Etienne François und Hagen Schulze ergänzen in der Einleitung zu ihrem dreibändigen Werk über *Deutsche Erinnerungsorte* ebenfalls kritisch: „die Beschwörungen und Bemühungen des Gedenkens, seine Kommerzialisierung und Instrumentalisierung reichen bis zum Überdruß." Wenn nun – wie im September 2002 geschehen – die handschriftliche Partitur von Ludwig van Beethovens (1770-1827) 9. Symphonie und die 480 Archivkästen mit Goethes literarischem Nachlass in das UNESCO-Programm *Memory of the World* aufgenommen worden sind, dann scheint ein vorläufiger Höhepunkt unserer gegenwärtigen Erinnerungskultur und ihrer medialen Inszenierung und Vermarktung erreicht zu sein. Dieser Hochkonjunktur zum Trotz spielt die Literatur eine wichtige Rolle im Erinnerungsdiskurs, zumal die Literaturwissenschaft selbst ihre Funktion als Gedächtniswissenschaft betont. In Zeiten, in denen die neuen Medien unweigerlich Fragen nach den Möglichkeiten und Grenzen der Sichtung, Sicherung und Speicherung kultureller Traditionen aufwerfen, erhält der alte Topos, wonach Texte als Erinnerungszeichen fungieren, eine neue Aktualität.

Memory of the World

Dichterverehrung 2.

In unserer Erinnerungskultur nimmt die Dichterverehrung einen besonderen Stellenwert ein. Sie hat eine lange Tradition und kennt daher vielfältige Formen, die sich im Laufe der Zeit jedoch signifikant verändert haben. Während die Dichterverehrung zunächst erheblich durch absolutistische Herrschaftsformen geprägt wurde, fand eine Neubestimmung im letzten Drittel des 18. Jahrhunderts parallel zu einer Neubestimmung der Funktion von Literatur in der Öffentlichkeit statt. Die bürgerliche Kultur im 19. und 20. Jahrhundert entwickelte dann nochmals neue Formen der Dichterverehrung. Auch in diesen Epochen war es ein Anliegen, durch die Dichterverehrung bürgerliches Selbstbewusstsein und nationales Selbstverständnis zu demonstrieren, wie es sich in der Errichtung von Denkmälern, in Dichterfeiern, in der Gründung von Archiven, Museen und literarischen Gesellschaften ebenso zeigt wie in der Präsentation literarischer Werke in großen wissenschaftlichen Editionen und repräsentativen (und preiswerten) Klassikerausgaben für den bürgerlichen Bücherschrank. Diese Dichterverehrung hat in vielen Fällen zur Stilisierung von Autoren mit nach wie vor festen Bildbestandteilen geführt: Goethe wird als ‚Dichterfürst' verehrt, Friedrich Hölderlin (1770-1843) gilt als Prototyp des ‚kranken' Dichters und Annette von Droste-Hülshoff (1797-1848) als westfälische und katholische Dichterin, um nur einige wenige Stereotype zu nennen. Aber Autoren haben

Entwicklung der Dichterverehrung

nicht selten schon zu Lebzeiten durch bewusste Selbstinszenierung zu solchen Stilisierungen beigetragen. Goethe ist dafür sicherlich als Paradebeispiel zu nennen, das in Gerhart Hauptmann oder Thomas Mann bewusste Nachfolger – gelegentlich wird sogar von ‚Wiedergängern' gesprochen – gefunden hat. Solche Beispiele zeigen, dass sich Autoren nicht immer gegen Vereinnahmungen durch den Literaturbetrieb gewehrt haben, ihre Institutionalisierung in vielen Fällen genutzt haben, um sich literarische und politische Freiräume zu schaffen, wie es bei Günter Grass zu beobachten ist, der wie kein anderer Autor der deutschsprachigen Nachkriegsliteratur als ‚moralische' Institution weithin anerkannt ist, an dem sich aber auch immer wieder die Geister schieden, als er etwa Willy Brandt (1913-1992) in Bundestagswahlkämpfen (1965, 1969, 1972) unterstützte oder in seiner Autobiographie *Beim Häuten der Zwiebel* (2006) bekannte, gegen Kriegsende zeitweise der Waffen-SS angehört zu haben. Die Dichterverehrung folgt sehr diffizilen Regeln, sie ist immer auch anfällig für Moden, Ideologien und verschiedenste Einflussnahmen. Allein die Frage, welcher Dichter in der Öffentlichkeit, z. B. durch ein Denkmal, besonders ausgezeichnet werden soll, dokumentiert nicht nur das jeweilige Literaturverständnis, sondern macht auch die literarische Kanonbildung nachvollziehbar.

Seit der Antike werden Dichtern Denkmäler errichtet und Dichter gekrönt. Sowohl die Errichtung von Dichterdenkmälern als auch die Dichterkrönung fanden im öffentlichen Raum statt und sind Ereignisse, die mit besonderen zeremoniellen Handlungen verbunden waren. Dichterkrönungen galten als öffentlicher Ausdruck höchster Wertschätzung und schlossen an die antike Sitte feierlicher Bekränzung eines Siegers im Dichterwettstreit an.

Dichterkrönungen

Die Dichterkrönung wurde in der Renaissance wieder belebt; berühmtestes Beispiel ist 1341 die Dichterkrönung von Francesco Petrarca (1304-1374) auf dem Kapitol in Rom. Aber auch in Deutschland wurden solche Auszeichnungen verliehen – u.a. 1517 an Ulrich von Hutten (1488-1523), 1576 an Nicodemus Frischlin (1547-1590), 1625 an Martin Opitz und 1653 an Johann Rist, bevor 1804 zum letzten Mal ein Dichter in pompöser Zeremonie gekrönt wurde. In der Aufklärung hat die Dichterkrönung aufgrund veränderter Beziehungen zwischen Autor und Öffentlichkeit an Bedeutung verloren, Goethe etwa lehnte die Dichterkrönung sogar vollständig ab. Im Humanismus und in der Barockzeit erhielten die Ausgezeichneten einen Lorbeerkranz und Ring, den Titel „Poeta laureatus" und häufig auch das Recht, an einer Universität Poetik und Rhetorik zu lehren. Mit einer Dichterkrönung wollte

Poeta laureatus

Abb. 21: Dichterkrönung von Francesco Petrarca (aus Francesco Petrarca: Le Rime. Venezia 1756).

ein absolutistischer Herrscher, ein Papst oder eine Stadt meistens auch demonstrieren, dass er/sie die Künste besonders schätzte und schützte, sie als Mäzen förderte und damit insgesamt beweisen, dass seine/ihre Regentschaft eine gute war. Der „Poeta laureatus" war daher verpflichtet, denjenigen, der ihm die Auszeichnung verliehen hatte, in seinen Werken angemessen zu loben, was eigentlich eine Selbstverständlichkeit war, um den Mäzen aus existentiellen Gründen gewogen zu halten (vgl. Modul 6, S. 154 f.). Im anglo-amerikanischen Sprachraum lebt der „Poeta laureatus" als Ehrentitel bis auf den heutigen Tag fort.

Dichterdenkmäler

Während mit Dichterkrönungen lebende Dichter ausgezeichnet werden, ehrt das Denkmal – abgesehen von wenigen Ausnahmen – verstorbene Persönlichkeiten. Seit der Antike werden berühmte Persönlichkeiten – Staatsmänner, Künstler oder militärische Helden – mit Denkmälern geehrt. Allein schon das Material von Denkmälern – Stein oder Metall – zeigt, dass es hier um eine auf Dauerhaftigkeit angelegte Erinnerung geht. Denkmäler wurden immer im öffentlichen Raum aufgestellt, so dass das Denkmal nicht allein durch seine künstlerische Gestaltung und Ikonographie, sondern auch durch den Aufstellungsort definiert wurde. Denkmäler wurden und werden noch immer an repräsentativen und exklusiven Orten platziert, z. B. in Gärten, vor öffentlichen Gebäuden, in eigens errichteten Bauwerken (dem Pantheon in Paris, in der „poet's corner" der Londoner Westminster Abbey oder der Walhalla in Donaustauf bei Regensburg) und auf architektonisch besonders gestalteten Plätzen. Der Standort eines Denkmals markiert damit einen besonderen Ort der Begegnung als Gedenk- und Erinnerungsort oder als ‚genius loci'. Die ersten Dichterdenkmäler entstanden im 18. Jahrhundert. Anfangs waren

Denkmal und öffentlicher Raum

es noch schlichte Gedenksteine, Pyramiden oder Säulenstümpfe mit Urnen. Sie hatten durchweg architektonischen Charakter und wurden an ausgesuchten Plätzen in Parks oder Landschaftsgärten aufgestellt. Material, Form und Aufstellungsort suggerierten Dauerhaftigkeit und Erhabenheit oder erzielten ihre Wirkung durch eine stimmungsvolle Landschaft. England und Frankreich lieferten dafür viele Vorbilder. 1779 entstand in Ermenonville bei Paris eine Insel mit dem Grabmal Jean-Jacques Rousseaus (1712-1778). Insbesondere der Ort – eine Insel – sollte Freiheit, Natur und Dichtung in einem repräsentieren, und man schuf damit ein Muster, das vielfache Nachahmung gefunden hat (u. a. im 1784 errichteten Rousseau-Gedenkstein auf einer Insel im Schlosspark von Wörlitz). Diese Denkmäler zielten noch auf den privaten Genuss des Spaziergängers, der beim Betrachten des Denkmals sowohl das Genie des bewunderten Dichters als auch die Natur verehren sollte und gleichzeitig aufgefordert wurde, im Falle von Rousseau dem von ihm propagierten neuen Naturempfinden nachzueifern.

Grabmal für Jean-Jacques Rousseau

Dichterbüsten

Erst allmählich wurden die Porträts von Dichtern gezeigt, doch noch beherrschten Kleinformen wie Büsten oder Medaillons die Szenerie. Goethe hat Zeit seines Lebens nur die Büste oder das gemalte Porträt als adäquates Abbild akzeptiert: „Das beste Monument des Menschen aber ist der Mensch.“[4] Aber gerade an Goethe-Büsten lässt sich eine Entwicklung ablesen, die den Dichter zunehmend idealisiert, um ihn schließlich, wie im Fall der von Martin Gottlieb Klauer (1742-1801) geschaffenen Büste, als Gott Apollon zu verklären.

Abb. 22: Schiller-Büste von Johann Heinrich Dannecker (1794).

Auch von Schiller wurden Büsten, z. B. 1794 von Johann Heinrich von Dannecker (1758-1841), angefertigt, die sich an antiken Schönheitsvorstellungen orientierten. Dadurch sollte weniger die physische Gestalt des Dichters verehrt, als vielmehr seinem unsterblichen Geist gehuldigt werden. Dannecker hat mit seiner Schiller-Büste das Modell einer gelungenen bildhauerischen Umsetzung des Dichterporträts geliefert, das die Ikonographie von Dichterbildern im 19. Jahrhundert

Schiller-Denkmäler

erheblich beeinflusste. Am Beispiel Schillers lässt sich auch anschaulich zeigen, wie sich der Charakter des Dichterdenkmals verändert, wenn es den privaten Raum verlässt, um nun auf öffentlichen Plätzen aufgestellt zu werden. Bis in die Zeit der Befreiungskriege (1813-1815) wurden ausschließlich Denkmäler von Fürsten und Militärs auf öffentlichen Plätzen aufgestellt. Schiller wurde nach dem Sieg über Napoleon für das deutsche Bürgertum, das vergeblich auf eine vereinte Nation und eine demokratische Verfassung gehofft hatte, zu einem Symbol für eine freie und republikanische deutsche Nation. Das patriotische Identifikationsobjekt Schiller sollte nun auch in der Öffentlichkeit wirken. Im Mai 1825 feierte man in Stuttgart aus Anlass des 20. Todestages des Dichters das erste Schiller-Fest, bei dem man noch Danneckers Schiller-Büste ausstellte. 1835 wurde der damals äußerst populäre dänische Bildhauer Bertel Thorvaldsen (1770-1844) von Stuttgarter Bürgern beauftragt, ein Denkmal zu entwerfen, das Schiller in Lebensgröße zeigen sollte. Dieses Denkmal sollte außerdem die Funktion eines ‚National-Denkmals' ausüben und so den politischen Wünschen des liberalen Bürgertums, die in der Restaurationsepoche kaum direkt und öffentlich artikuliert werden konnten, Ausdruck verleihen. 1839 wurde Thorvaldsens Schiller-Denkmal auf dem Stuttgarter Schlossplatz enthüllt, erfüllte aber die politischen Erwartungen, die man in dieses Denkmal gesetzt hatte, nicht. Der Bildhauer hatte den Dichter eher als geniales Individuum, als Dichter schlechthin monumentalisiert, der auf einem hohen Sockel stehend mit Distanz nachdenklich auf seine Betrachter herabschaut. Die ursprüngliche Absicht der Auftraggeber, sich mit dem freiheitsliebenden Dichter der *Räuber* oder des *Wilhelm Tell* zu verbinden, löste das Denkmal nicht ein. Schiller wurde zwar auf dem zentralen öffentlichen Platz einer Großstadt verehrt, aber das Denkmal widersprach der gewünschten Gleichrangigkeit zwischen Dichter und Volk. Schon bald kursierten anonyme Spottgedichte:

Zitat

Wie, wer stehet denn hier? Wer ist der grämliche Mann da,
Kränklich, brütend in sich, weinerlich, leidend, gedrückt?
„Ei, wer sollte denn auch den großen Schiller nicht kennen,
Dem sein deutsches Volk dankbar dies Denkmal gesetzt?"
Wie? Das wäre Schiller, der Dichter der handelnden Freiheit,
Schiller, der Feuergeist, der für die Menschen geglüht?
[...]

Aber der Dichter? Nein! Dem wölbte sich anders die Stirne.
Blickte das Adler-Aug' kühn in den Himmel hinaus,
Schwellte mit anderer Kraft sich trotzig die untere Lippe.
Schob das markige Kinn voll und antik sich hervor.[5]

Dennoch war die Aufstellung dieses Denkmals eine Pioniertat. Ausgelöst durch Schillers 100. Geburtstag 1859 errichteten viele Städte, auch wenn sie keinerlei unmittelbare Beziehung zu Schiller hatten, dem Dichter ebenfalls Denkmäler. Gleichzeitig feierten sie ihn in großen Festen mit Chören, Festreden, Umzügen und eben mit Denkmalsenthüllungen. In dieser ‚Denkmalwut' des 19. Jahrhunderts ging allmählich die ursprüngliche Botschaft von Schiller-Denkmälern verloren.

Abb. 23: Enthüllung des Schiller-Denkmals auf dem Gendarmenmarkt in Berlin (1871).

1871 gerieten die Enthüllungsfeierlichkeiten für das Schiller-Denkmal von Reinhold Begas (1831-1911) in Berlin zu einer gigantischen Selbstinszenierung der neuen Reichshauptstadt. Das vor dem Schauspielhaus auf dem Gendarmenmarkt errichtete Denkmal sollte nun auch den kulturellen Machtanspruch des neuen deutschen Kaiserreichs untermauern. Eine besondere Rolle unter den zahllosen Dichterdenkmälern in Deutschland nimmt das Doppeldenkmal von Goethe und Schiller in Weimar ein, das der Bildhauer Ernst Rietschel (1804-1861) geschaffen hat und das 1857 vor dem Nationaltheater enthüllt wurde.

Goethe- und Schiller-Denkmal in Weimar

Dieses nach wie vor berühmte Doppelstandbild der beiden Weimarer Dichter ist durch seine Ikonographie zu einem Symbol für die deutsche Kulturnation geworden. Dennoch ist dieses Denkmal durch den zeitgenössischen Kontext seiner Entstehung geprägt, denn der damalige Weimarer Großherzog versuchte mit einer Monumentalisierung des Mythos ‚Weimarer Klassik' ein kulturpolitisches Gegengewicht zu dem politischen Vormachtstreben Preußens in Deutschland zu schaffen. Rietschel betonte mit seinem Denkmal die Gleichrangigkeit von Goethe und Schiller. Beide Figuren sind nicht nur gleich groß, sondern greifen auch gleichzeitig nach dem Lorbeerkranz, dem Symbol für dichterischen Ruhm. Damit vereinigte der Bildhauer zwei in vieler Hinsicht gegensätzliche Autoren und verfestigte damit das charakteristische Bild des Weimarer Dichterpaares zum Stereotyp. Das Denkmal stand schon bald exemplarisch für die Verkörperung der deutschen Kulturnation und deren globalen Führungsanspruch. Die Widmungstafel am Denkmalsockel drückt das mit den Worten „Dem Dichterpaar | Goethe und Schiller | das Vaterland." ebenso programmatisch aus, wie ein Festredner bei der Enthüllung des Denkmals: „Der Kranz aber, der sie verbunden hält, ist zugleich dein Kranz, mein deutsches Volk, der Kranz, mit dem sie dich königlich geschmückt haben vor allen Völkern der Erde."[6]

Obwohl nach 1945 etwa 40 neue Dichterdenkmäler errichtet wurden, spielt das Dichterdenkmal in der öffentlichen Literaturvermittlung heut-

Abb. 24: Goethe- und Schiller-Denkmal in Weimar (1857).

zutage kaum mehr eine Rolle. Nach dem Personenkult in der Nazi-Zeit war das Denkmal an sich zu einem suspekten Gegenstand geworden. Aber es gab Ausnahmen, die natürlich regelmäßig heftige Debatten auslösten, weil Bildhauer mit der Tradition des figürlichen Denkmals radikal brachen und eine neue Formensprache suchten. Insbesondere Denkmäler für Heinrich Heine beschäftigten die Öffentlichkeit mit großer Vehemenz.

Rückriems Heine-Denkmal

Abb. 25: Heine-Denkmal von Ulrich Rückriem (1982).

Ulrich Rückriem (*1938) schuf 1982 ein Heine-Denkmal (aufgestellt im Bonner Hofgarten), das aus einem grob behauenen, mehrfach horizontal und vertikal gespaltenen und später wieder zusammengesetzten Granitblock mit einer Nische besteht, auf deren polierter Fläche nur der Name Heinrich Heine in einer traditionell für Druckwerke verwendeten Schrifttype (Bodoni-Mager) eingraviert ist. Das Denkmal schafft nicht zuletzt dadurch Distanz, weil es absichtlich keinen unmittelbaren Bezug zu Werk und Leben Heines herstellt und damit keine Botschaft transportiert, wie das bei anderen Dichterdenkmälern der Fall war. Der Name in der Denkmalsnische ist austauschbar, und der Betrachter muss diese ‚Leerstelle' selbstständig ausfüllen. Das Denkmal reflektiert damit auch die problematische Rezeptionsgeschichte des ‚Streitobjekts Heine' (Jost Hermand) und Heines Rolle als jüdischer Emigrant und ausgegrenzter Autor deutscher Sprache. Das Denkmal wird damit zum Mahnmal.

Fonty und das Fontane-Denkmal in Grass' *Ein weites Feld*

Wie sehr die Denkmalkultur heutzutage umstritten ist, diskutiert Günter Grass in einer Episode seines Romans *Ein weites Feld* (1995). Er schildert, wie sein Romanprotagonist Fonty das 1907 eingeweihte, von Max Wiese (1846-1925) entworfene Neuruppiner Denkmal seines historischen ‚alter ego' Theodor Fontane besteigt.[7] Das Denkmal zeigt Fontane mit Wanderschuhen und -stock, wie er als Wanderer durch die Mark Brandenburg auf einer Bank rastet und den Blick in die Ferne schweifen lässt, während er in den Händen Notizbuch und Bleistift für die Niederschrift seiner Eindrücke und Gedanken bereithält. Nachdem Fonty und sein Begleiter Hoftaller das Denkmal eingehend betrachtet haben, lässt sich Fonty überreden, das Denkmal zu besteigen und neben der Denkmalfigur in gleicher Pose Platz zu nehmen, um schließlich „vom Denkmal herab" zu sprechen. Diese Rede wird zu einer Demontage des in Bronze gegossenen „Unsterblichen" als „überlebensgroße[r]" preußischer ‚Staatsdichter' und Touristenattraktion in der märkischen Provinz. Fonty greift dabei Gedanken aus Fontanes programmatischem Aufsatz *Die gesellschaftliche Stellung des Schriftstellers* von 1891 auf, in der Fontane den modernen Dichter als einen „Tintensklaven" charakterisiert hatte, dessen Produktion in erheblichem Maße vom literarischen Markt bestimmt sei.[8] Fonty folgert, dass sich an der „miserable[n] Stellung der Schriftsteller" heute und „hierzulande" eigentlich nichts geändert habe. Dennoch rät er von „jeglicher Staatsfürsorge" für die Literatur ab, hält – mit Blick auf den untergegangenen „Arbeiter- und Bauern-Staat" – nichts davon, Schriftsteller mit „Wohltaten" zu päppelt und sie „gleich einem hegenden Förster in Schonungen" zu schützen und „Respekt" zu befehlen, um mit den Worten Fontanes zu resümieren: „Das bessere Mittel heißt: größere Achtung vor uns selber."[9] Und dafür bedürfe es nicht des Denkmals aus Stein oder Bronze.

Dichterhäuser, Literaturmuseen und -archive 3.

Literaturgeschichte ist heute nicht mehr ausschließlich Textgeschichte. Die Literaturwissenschaft hat in den zurückliegenden Jahrzehnten vielfach Grenzen überschritten und den materiellen Gegenständen, die Autoren hinterlassen bzw. selbst gesammelt haben oder in irgendeiner Beziehung zu ihnen stehen, verstärkt Beachtung geschenkt. Ein Bedarf an Erinnerungspraxis hat im 19. Jahrhundert dazu geführt, dass man den Orten, an denen Dichter geboren, gelebt, gearbeitet und gestorben sind, verstärkt Aufmerksamkeit schenkte, ja es sogar als eine patriotische Pflicht empfand, diese Häuser dauerhaft zu erhalten. Die Idee des Dichterhauses als Museum war geboren! Sicherlich war dies keine Bahn brechende Erfindung, denn es gab längst musealisierte Gebäude, die in einer besonderen Beziehung zu einem bedeutenden Staatsmann oder Militär standen und mit der Hervorhebung des Ortes seines Wirkens die historische Einmaligkeit dieser Persönlichkeit weiter unterstrich. Diese Absicht lag der musealen Bewahrung von Dichterhäusern ebenfalls zugrunde. Die Musealisierung von Dichterhäusern erweiterte jedoch den Aspekt des Bewahrens und

Das Dichterhaus als Museum

„Propagandisten" der Literatur

der historischen Markierung um eine weitere Dimension. Deshalb bezeichnet Hans Wißkirchen Dichterhäuser auch als „Propagandisten" der Literatur: „Sie bilden oftmals das Eingangsportal, durch das man die Welt der Literatur betritt. Sie regen mit ihren Präsentationen von Werk und Leben zur Lektüre an, bahnen den Weg zum Buch. Sie machen oftmals dadurch das Vergangene wieder lebendig, holen die Literatur-Geschichte in die Gegenwart zurück."[10] Bei vielen Dichterhäusern handelt es sich um Gebäude oder Wohnungen, die von ihren Bewohnern bewusst gestaltet worden sind und in denen ein Kontext geschaffen wurde, der nicht nur mit der Biographie, sondern auch mit dem hier entstandenen Werk eine Verbindung eingeht. Jedes Arbeitszimmer eines Dichters vermittelt etwas von der besonderen Aura des Ortes, an dem Literatur entstanden ist. Viele Dichter haben auch besonderen Wert auf die Gestaltung ihrer Wohn- und Arbeitsräume gelegt, so dass viele Wohnungen häufig Ausdruck der kreativen Gestaltungskraft ihrer Bewohner sind. Besonders sinnfällig lässt sich dieser Zusammenhang an Goethes Wohnhaus in Weimar studieren, das neben seinem Geburtshaus in Frankfurt und seiner Wohnung in Rom – beides eher Rekonstruktionen – ein authentischer literarischer Gedenkort von globaler Bedeutung geworden ist.

Goethes Wohnhaus in Weimar

Goethe wohnte von 1782 bis zu seinem Tod 1832 zuerst als Mieter dann als Eigentümer im Haus am Frauenplan, das nach seinen Vorstellungen umgebaut und eingerichtet wurde und das bis auf den heutigen Tag in originalem Zustand zu besichtigen ist. Schon zu Lebzeiten Goethes machte das Haus auf Besucher einen großen Eindruck. Am 10. Juni 1823 betrat Johann Peter Eckermann (1792-1854) zum ersten Mal das Haus am Frauenplan, um sich Goethe vorzustellen.

Abb. 26: Treppenaufgang in Goethes Weimarer Wohnhaus.

Den Eindruck, den das Haus und sein Bewohner hinterließen, schilderte Eckermann später so:

Zitat

Das Innere des Hauses machte auf mich einen sehr angenehmen Eindruck; ohne glänzend zu seyn war alles höchst edel und einfach; auch deuteten verschiedene an der Treppe stehende Abgüsse antiker Statuen auf Goethe's besondere Neigung zur bildenden Kunst und dem griechischen Alterthum. [...]
Nachdem ich mich ein wenig umgesehen, ging ich sodann mit dem sehr gesprächigen Bedienten die Treppe hinauf zur ersten Etage. Er öffnete ein Zimmer, vor dessen Schwelle man die Zeichen SALVE als gute Vorbedeutung eines freundlichen Willkommenseyns überschritt. Er führte mich durch dieses Zimmer hindurch und öffnete ein zweytes, etwas geräumigeres, wo er mich zu verweilen bat, indem er ging mich seinem Herrn zu melden. Hier war die kühlste erquicklichste Luft, auf dem Boden lag ein Teppich gebreitet, auch war es durch ein rothes Kanapee und Stühle von gleicher Farbe überaus heiter meublirt; gleich zur Seite stand ein Flügel, und an den Wänden sah man Handzeichnungen und Gemälde verschiedener Art und Größe.
Durch eine offene Thür gegenüber blickte man sodann in ein ferneres Zimmer, gleichfalls mit Gemälden verziert, durch welches der Bediente gegangen war mich zu melden.
Es währte nicht lange so kam G o e t h e, in einem blauen Oberrock und in Schuhen; eine erhabene Gestalt![11]

Die Beschreibung dieser Entrée-Situation, die von vielen Besuchern des Goethes-Hauses bis auf den heutigen Tag vergleichbar empfunden wird, ist topisch geworden. Treppenaufgang und Empfangszimmer sind Teil der Selbstinszenierung eines Autors, der sich schon zu Lebzeiten als kulturelle Instanz verstand und „der die Kulturnation an seinem fortschreitenden Wirken teilnehmen läßt".[12] Goethe hatte das Haus in zwei Teile gegliedert: Im Vorderhaus befanden sich die Repräsentationsräume, in denen er Besucher empfing und in denen er seine reichhaltigen kunst- und kulturhistorischen Sammlungen präsentierte, der hintere Teil des Hauses wurde ausschließlich privat genutzt, hier waren sein Arbeits- und Schlafzimmer und seine Bibliothek untergebracht. Goethe realisierte in diesen Räumen ein ‚Bildungsprogramm', das auch seinen literarischen Texten zugrunde lag. Komplettiert wird dieses groß angelegte Bildungsprogramm durch Rückgriffe auf die antike Mythologie und Kultur, die z. B. die Deckengemälde und Supraporten beherrschen und von Johann Heinrich Meyer (1760-1832), einem Freund Goethes seit seinem Aufenthalt in Italien, stammen. Auch die Farbgestaltung der Wände war Goethe wichtig. Sie folgt nicht nur in wesentlichen Aspekten seiner eigenen Farbenlehre, sondern greift auch Dekorationselemente auf, die Goethe in Pompeji gesehen hatte. Die Empfangszimmer sind in kühlem Blaugrün gehalten und vermitteln Distanz. Grüntöne bestimmen die Zimmer mit den Sammlungen, weil die Farbe nach Goethes Auffassung reale Befriedigung schaffe. Das Speisezimmer ist in heiterem Gelb gehalten und die Räume, die in Rotgelb oder Rot gestrichen sind, sollen Wärme, Huld und Anmut vermitteln. Bei den Vorbereitungen zu seinem Testament hatte Goethe am 19. November 1830 gegenüber dem Kanzler Friedrich von Müller (1779-1849) ausdrücklich gewünscht:

Zitat

Es kommt mir vor allem darauf an, daß meine Verlassenschaft liberal in meinem eignen Sinne behandelt werde, daß man nicht pedantisch und lieblos damit verfahre, sondern daß die Überlebenden, Schaltenden und Waltenden mich gleichsam fortzusetzen, allenthalben konservatorisch zu verfahren suchen.[13]

In seinem Testament wünschte er, dass seine Kunst- und Naturaliensammlungen als Ganzes erhalten bleiben und wenn möglich an den weimarischen Staat verkauft werden sollten. Nach Goethes Tod war das zu Lebzeiten des Dichters viel besuchte Haus für die Öffentlichkeit so gut wie unzugänglich. Goethes Enkelkinder schotteten nach Goethes Tod das Erbe des Großvaters ängstlich vor Neugierigen, aber auch vor Wissenschaftlern ab. Auch reagierten sie skeptisch sowohl auf verschiedene Vorschläge, das Goethe-Erbe in eine Nationalstiftung zu überführen, als auch auf die Initiative der herzoglichen Familie, eine Reihe von Gedächtniszimmern für Goethe, Schiller, Wieland und Herder im Weimarer Schloss einzurichten. Erst das Testament des 1885 verstorbenen letzten Goetheenkels, Walther Wolfgang von Goethe (1818-1885), brachte eine überraschende Änderung und damit Klarheit. Das Haus, sein Mobiliar und seine Sammlungen gingen in den Besitz des Herzogtums Sachsen-Weimar-Eisenach über, Goethes handschriftlichen Nachlass erbte die damalige Großherzogin Sophie (1824-1897). Die

Eröffnung des bereits zwei Jahre zuvor niedergeschriebenen Testaments fiel in eine Zeit öffentlicher Heroisierung und Monumentalisierung Goethes. Ob Walther Wolfgang von Goethe sich letztlich bei seinen Verfügungen diesen Erwartungen einer bürgerlich-aristokratischen Öffentlichkeit beugte, ist ungewiss. Als historische Zäsur für eine Um- und Neubewertung Goethes gilt die Revolution von 1848. Ihr Scheitern führte dazu, im Klassiker Goethe einen Kronzeugen für die Versöhnung von Nationalismus und Humanismus zu haben. Mit dieser Entwicklung verbunden war ein ansteigendes Interesse für Leben und Schaffen des großen Weimarer Autors, wobei Goethes Biographie mehr und mehr zu einem Kunstwerk stilisiert wurde. Das deutsche Bildungsbürgertum sah sich schließlich mit der Reichsgründung 1871 nicht nur in seinem nationalen Streben, sondern auch in seiner Goetheverehrung bestätigt. Die Metapher vom ‚Dichterfürsten' und vom „Olympier" Goethe wurde zu einer Standardformel der Dichterverehrung. 1886 wurde Goethes Wohnhaus als Memorialstätte eröffnet.

Brechts Wohnung in der Berliner Chausseestraße

Ein ganz anderes Lebens- und Werkkonzept lässt sich in Bertolt Brechts letzter Wohnung in der Berliner Chausseestraße 125 besichtigen, in der er mit seiner Ehefrau Helene Weigel (1900-1971) vom Oktober 1953 bis zu seinem Tod im August 1956 lebte. An seinen Verleger Peter Suhrkamp schreibt Brecht im März 1954:

Zitat

Lieber Suhrkamp,
ich wohne jetzt in der Chausseestraße, neben dem „französischen" Friedhof, auf dem Hugenottengeneräle und Hegel und Fichte liegen, meine Fenster gehen alle auf den Friedhofpark hinaus. Er ist nicht ohne Heiterkeit. Ich wohne in drei Zimmern der ersten Etage im Hinterhaus, das wie das Vorderhaus etwa 150 Jahre alt sein soll. Die Zimmer sind hoch und so die Fenster, die angenehme Proportionen haben. Das größte Zimmer hat etwa neun Meter im Geviert, so daß ich für verschiedene Arbeiten mehrere Tische aufstellen kann. Eigentlich alle Maße sind anständig, es ist wirklich ratsam, in Häusern und mit Möbeln zu wohnen, die zumindest 120 Jahre alt sind, also in früherer kapitalistischer Umgebung, bis man eine spätere sozialistische haben wird. Seit ich dem Theater soviel näher wohne, habe ich meine jungen Leute noch öfter auf dem Hals, sie kommen in Rabenschwärmen, aber Sie wissen, ich bin dafür.
Und damit schließe ich, der Brief ist zur Unterhaltung. (?)

Ihr alter
b[14]

Abb. 27: Schlafzimmer Brechts mit dem Rollbild des nachdenklichen Philosophen.

Wir treffen in dieser Drei-Zimmer-Wohnung auf helle, funktionale, schlicht möblierte Räume, die in erster Linie zum Arbeiten gedacht sind.

Mehrere Tische für Arbeit und Gespräch fallen ebenso ins Auge, wie das chinesische Rollbild mit der Figur eines nachdenklichen Philosophen, das Brecht als Vorbild für sein Gedicht *Der Zweifler* diente. Diese Rollbild hatte ihn ins Exil begleitet und zierte nun nach der Rückkehr nach Berlin sein Schlafzimmer. Einfache Schränke und Regale dienten der Aufbewahrung von Manuskripten und Büchern. Die Einfachheit dieser Räume sollte nicht als eine auf Effekt berechnete Geste missverstanden werden. Obwohl Brecht ganz gewiss nicht gegen Luxus war, definierte er seine Arbeitszusammenhänge aber genau und dem hatte sich dann auch das äußere Ambiente anzupassen. Brechts langjährige Mitarbeiterin Ruth Berlau (1906-1974) hat 1958 in zwei Gedichten festgehalten, was Brecht für seine Arbeit benötigte:

Zitat

Zitat

Was er brauchte
Viele Tische
Schreibmaschine
Leselampe
Licht
Schönes Schreibmaschinenpapier
Scheren zum Bilderausschneiden
Klebstoff zum Montieren

Was er noch brauchte
Schüler
Begabte Schauspieler
Komponisten
Gespräche
Wissenschaftler
Kriminalromane
Seine Ruhe[15]

Mit Brechts Rückkehr nach Berlin im Oktober 1948 endete für den Autor, seine Familie und seine Mitarbeiter ein fünfzehnjähriges Exil, das sie nach Dänemark, Schweden, Finnland und zuletzt in die USA geführt hatte. In Berlin suchte Brecht nach einer Wohnung, die in der Nähe des Theaters am Schiffbauerdamm lag und in dem er in seinen letzten Lebensjahren das „Berliner Ensemble" aufbaute, um hier für mehrere seiner Theaterstücke Modellinszenierungen zu erarbeiten. Nach Brechts Tod gründete Helene Weigel das Bertolt-Brecht-Archiv, zu dem nicht nur der Nachlass des Autors, sondern auch seine Wohnung gehörte, und zu dem nach ihrem Tod auch ihre Wohnung hinzukam. 1978 wurden alle Räumlichkeiten als Museum für die Öffentlichkeit zugänglich.

Es gibt in Deutschland, Österreich und der Schweiz Dutzende Dichterhäuser. In den meisten Fällen sind an diese Dichterhäuser Dokumentationszentren, Bibliotheken und/oder Archive angegliedert, die den Nachlass des jeweiligen Autors verwahren und für die weitere wissenschaftliche Arbeit aufbereiten. Als besondere Institution hat sich dabei das Literaturarchiv herausgebildet. Im 18. Jahrhundert sind erstmals systematisch Überlegungen angestellt worden, wie die Materialien, die ein Autor hinterlassen hat, aufbewahrt werden sollen und wie man dies als öffentliche Aufgabe bewerkstelligen könne. Als Goethe 1823 in seinem Aufsatz *Archiv des Dichters und Schriftstellers* den Vorschlag machte, nicht nur seine Manuskripte, sondern auch seine vielfältigen Sammlungen und seine Bibliothek nach seinem Tod weiterhin geschlossen aufzubewahren, war er nicht der erste, der sich solche Gedanken machte. Bereits im 18. Jahrhundert hatte sich ein Umdenken im Umgang mit Handschriften und Drucken, die das Werk eines Autors authentisch überliefern, bemerkbar gemacht. Goethes Ziel war es natürlich, sein Leben und Werk nach seinem Tod angemessen aufbewahrt zu wissen und damit auch seine handschriftliche Hinterlassenschaft vor Zersplitterung und Zerstörung zu

Literaturarchive

sichern. Dieses Anliegen wurde verwirklicht, als 1896 in Weimar das Goethe- und Schiller-Archiv eigens dazu gegründet wurde, um die Nachlässe von Goethe und Schiller, die zuvor durch Vererbung bzw. Schenkung in öffentlichen Besitz gelangt waren, aufzunehmen und zu bewahren. Dem Modell des Weimarer Goethe- und Schiller-Archivs, übrigens das älteste deutsche Literaturarchiv, folgten im Laufe der Zeit weitere vergleichbare Einrichtungen wie das Freie Deutsche Hochstift in Frankfurt/Main, das Schiller-Nationalmuseum, das nach 1956 zu einem Deutschen Literaturarchiv umgewidmet wurde, das Österreichische Literaturarchiv in Wien und sein Schweizer Pendant in Bern oder das Düsseldorfer Heinrich-Heine-Institut sowie das Fontane-Archiv in Potsdam. Aber nicht nur diese Institutionen verfügen über große Handschriftensammlungen zu bestimmten Autoren oder Epochen, auch die wissenschaftlichen Bibliotheken, Akademien, Archive, Literaturmuseen und literarische Gesellschaften sammeln Handschriften.

Das Sammeln von Handschriften

Grundlage aller dieser Institutionen ist das Bemühen, dichterische Hinterlassenschaften zu sammeln und zu bewahren. Anders als Schiller, der nicht wie Goethe bei seinem Tod ein geordnetes Archiv hinterließ, vielmehr schon zu Lebzeiten zahlreiche Manuskripte nach deren Veröffentlichung vernichtet hatte, traf auch der Halberstädter Autor Johann Wilhelm Ludwig Gleim (1719-1803) Vorsorge für die Aufbewahrung seines literarischen und persönlichen Nachlasses. Zu diesem Nachlass gehörte eine bedeutende Sammlung von Autographen und Dichterporträts, die Gleim im Laufe seines Lebens zusammengetragen hatte. Befreundete Autoren hatte er um Handschriften gebeten, die Gleim in einem „Freundschaftstempel“ zusammenführte und den er ganz im kulturpädagogischen Sinne der Aufklärung eine „Schule der Humanität“ nannte. Noch heute ist diese kostbare Sammlung im Halberstädter Gleimhaus zu besichtigen und zu benutzen. Aber es ging nicht allein um das Sammeln. Goethe sah seine Sammlung von Autographen wie auch die von Gemälden als Ort der Zwiesprache, d. h. als kommunikativen Ort, „wodurch wir die gute Vergangenheit wieder hervorrufen“, wie er am 27. Dezember 1811 an Wilhelm Heinrich von Trebra (1740-1819) schrieb.[16] Ihm ging es mehr um die Vermittlung zwischen Menschen als darum, etwas Schriftliches einer prominenten und bewunderten Persönlichkeit zu besitzen, also um etwas, „wo Seine Hand geruht“, wie er einmal eine Handschrift Friedrichs des Großen (1712-1786) charakterisiert hatte. In einem Brief an Friedrich Heinrich Jacobi (1743-1819) vom 10. Mai 1812 notiert er: „da mir die sinnliche

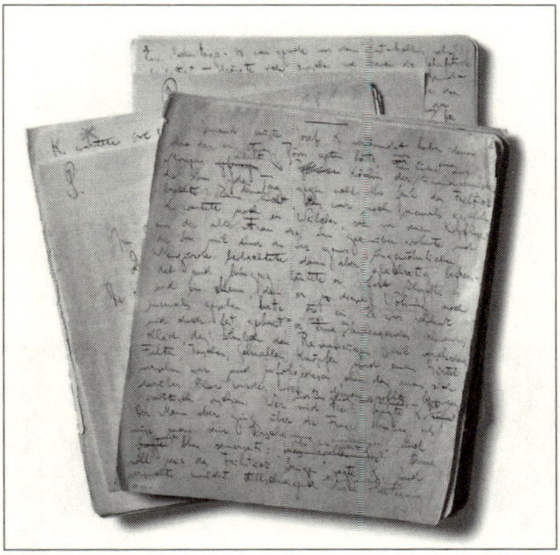

Abb. 28: Manuskript von Kafkas *Prozess.*

Anschauung durchaus unentbehrlich ist, so werden mir vorzügliche Menschen durch ihre Handschrift auf eine magische Weise vergegenwärtigt. Solche Documente ihres Daseyns sind mir, wo nicht eben so lieb, als ein Portrait, doch gewiß als ein wünschenswerthes Supplement oder Surrogat desselben.“[17] Heutzutage übergeben bzw. verkaufen Autoren schon zu Lebzeiten Teile ihrer Werkmanuskripte oder Korrespondenzen – sog. ‚Vorlässe' – an Archive und Bibliotheken. Sicherlich gehören Handschriften prominenter Persönlichkeiten auch heute zu einer Erinnerungskultur, die wichtige Hinweise für das Weiterwirken dieser Persönlichkeiten und unseren Umgang mit dieser Wirkung geben können. Das Sammeln von Autogrammen berühmter Stars ist nur ein Beispiel, das bis auf den heutigen Tag nichts von seiner Attraktivität eingebüßt hat. Darüber soll nicht vergessen werden, dass Autographen auch materielle Objekte sind, die daher nicht selten Spekulationsobjekte sind.

Kafkas Handschrift des *Prozess*-Romans ist 1989 für umgerechnet etwa 1,5 Millionen Euro für das Deutsche Literaturarchiv in Marbach erworben worden. Handschriften, zumal Dichterhandschriften, sind aber nicht nur materielle Objekte oder Gegenstände unserer Erinnerungskultur, sondern sie überliefern Texte, und dadurch werden sie für den Literaturwissenschaftler interessant. Abgesehen von der Überlieferungsfunktion geben Handschriften uns auch Einblicke in die Werkstatt eines Autors und sind das Material, auf deren Grundlage wir uns die Entstehung eines Textes vergegenwärtigen können. Stefan Zweig (1881-1942), ein passionierter Sammler von Autographen, hat die Dichterhandschrift zu Recht als „Schöpfungsdokument" bezeichnet, in dem sich der „genetische Prozeß sehr charakteristisch zeigt."[18] So erzählen Handschriften oftmals mehr als die fertige Druckfassung, nämlich von den geraden oder verschlungenen, den einfachen oder mühsamen Verläufen einer Textgenese. Doch sie zeugen nicht nur von der Produktion des Werkes, sondern auch von des-

Handschriften als Dokumente der Textgenese

sen Autor, indem sie als Handschriften des Autors zugleich von einer spezifischen Funktion des Autors berichten, und zwar von derjenigen vom Autor als Schreiber.

Materielle Gegenstände

Autoren hinterlassen aber nicht nur Handschriften sondern auch materielle Gegenstände, die von Haarlocken, Möbeln, Kleidungsstücken, Fotos, Uhren und Schmuck über Koffer bis zu allen möglichen Alltagsgegenständen reichen können.

Abb. 29: Schrank im Deutschen Literaturarchiv Marbach.

Literaturarchive sammeln solche Gegenstände, die uns als Relikte einer vergangenen Kulturpraxis häufig fremd, aber, gerade wegen ihrer Anschaulichkeit Kontexte zu vermitteln in der Lage sind. Über die Aussagekraft solcher Lebenszeugnisse schreibt Jean Paul (1763-1825) in seinem Roman *Titan* (1800/1803) nicht ohne ironischen Fingerzeig auf die seinerzeit überall einsetzende Dichterverehrung:

Zitat

So schweben wir meisten Autoren von Gewicht einem Leser außer Landes als ähnliche feine ätherische Gebilde vor, von denen schwer zu fassen ist, wie sie nur einen Schnitt Schinken oder ein Glas Märzbier oder ein Paar Stiefel gebrauchen können; es ist, als wenn die Leute zusammenführen, wenn sie etwas lesen oder sehen müssen von Lessings Rasiermesser – Shakespeares englischem Sattel – Rousseaus Bärenmütze – des Psalmodisten Davids Nabel – Homers Ärmel – Gellerts Zopfband – Ramlers Schlafmütze – und der Glatze unter der meinigen, wiewohl sie wenig mehr bedeutet. –[19]

Dilthey: *Archive für Literatur*

Auf der Grundlage von Goethes Aufsatz über das Dichterarchiv entwickelten sich im Laufe des 19. Jahrhunderts vielfältige Aktivitäten und Überlegungen, wie die Hinterlassenschaft deutscher Schriftsteller dauerhaft zu sichern und für die allmählich in Schwung kommende wissenschaftliche Beschäftigung mit Handschriften und Drucken bereitzustellen seien. 1889 veröffentlichte Wilhelm Dilthey (1833-1911) in der *Deutschen Rundschau* seinen wegweisenden Vortrag *Archive für Literatur*, die für die „Erhaltung der Handschriften, ihre angemessene Vereinigung und ihre richtige Verwertung" Sorge zu tragen hätten.[20] Vor dem Hintergrund eines wachsenden Nationalbewusstseins verstand Dilthey als Sammelgegenstand alles, was als „werth-

Abb. 30: Goethe- und Schiller-Archiv in Weimar.

volle Lebensäußerungen eines Volkes, die sich in der Sprache darstellen", betrachtet werden könne, also auch Gegenstände aus „Dichtung wie Philosophie, Historie wie Wissenschaft"; außerdem lerne man durch Handschriften den Dichter „in seiner Werkstatt" kennen.[21] Diltheys Text ist zu etwas wie einem Gründungsdokument für Literaturarchive geworden. Bis auf den heutigen Tag sammeln Archive nicht aus Selbstzweck, sondern ihre Tätigkeit steht im Einklang mit Bemühungen um eine nationale und kulturelle Identität.

Bei der Einweihung des Goethe- und Schiller-Archivs am 28. Juni 1896 wurde die neue Institution als „Heiligtum", „Ehrenhalle" und als „Bundeslade deutscher Literatur" gefeiert; ein patriotischer Journalist ging sogar soweit, das Archiv auch als Gebäude auf eine Stufe mit dem Berliner Reichstag und dem Leipziger Reichsgericht zu stellen.[22] Trotz allen nationalen Pathos verbirgt sich hinter diesen Worten ein Selbstverständnis, das an die identitätsstiftende Kraft von Sprache und Dichtung glaubt und daher auch Dokumente eines Dichters oder Gegenstände aus seinem biographischen und kulturellen Umfeld für aufbewahrenswert hält. Diese Funktion lässt sich auch daran ablesen, dass Literaturarchive mit erheblichen öffentlichen Mitteln finanziert werden. Literaturarchive haben sich inzwischen zu wissenschaftlichen Zentren mit Spezialbibliotheken entwickelt, in denen neben dem Sammeln und der Pflege die konkrete Auswertung der verwahrten Dokumente im Mittelpunkt steht. In vielen Literaturarchiven entstehen große wissenschaftliche Editionen, Handschriften werden in Inventaren in Buchform und/oder digital für Benutzer aufbereitet, in Ausstellungen gezeigt oder als Faksimile veröffentlicht.

Literaturarchive als Zentren der Forschung

Literaturmuseen

Literaturarchive sind in ihrem Selbstverständnis als öffentliche Kulturträger darum bemüht, ihre Bestände einer breiteren Öffentlichkeit zugänglich zu machen. Deshalb verfügen sie häufig über Museumsräume oder selbständige Museen, die diesem Vermittlungsauftrag in geeigneter Weise nachkommen können. Aus der Vielzahl von Literaturmuseen soll ein Beispiel herausgegriffen werden:

Literaturmuseum der Moderne

2006 wurde in Marbach das „Literaturmuseum der Moderne" eröffnet, das erste Museum in Deutschland, das sich insbesondere der Literatur des 20. und 21. Jahrhunderts widmen will. Schon heute wird es in Anlehnung an das „MoMa", das Museum of Modern Art in New York, augenzwinkernd „LiMo" genannt. Nicht nur das Gebäude des englischen Architekten David Chipperfield (*1953) ist spektakulär, sondern auch die Präsen-

Abb. 31: Das „Literaturmuseum der Moderne" in Marbach.

tation der Ausstellungsstücke. Chipperfield hat auf der Marbacher Schillerhöhe ein Haus im Stil eines antiken Tempels geschaffen, in dessen Untergeschoss wie in einem Heiligtum oder Mausoleum die moderne Literatur mit eleganter Feierlichkeit ausgestellt wird. Inzwischen wurde von den Marbacher Instituten, dem „Schiller-Nationalmuseum", dem „Deutschen Literaturarchiv" und nun dem „Literaturmuseum der Moderne", von der Akropolis in Marbach gesprochen, wodurch der nationale wie kulturelle Stellenwert unterstrichen ist. Dieser dunkle, durch eine ausgeklügelte Lichtinstallation wenig beleuchtete Ausstellungsraum ist eigentlich die Fortsetzung des Archivs, denn auch dort liegen die unterschiedlichsten Objekte neben einander: Thomas Manns Taufkleid, Kafkas *Prozess*-Manuskript, Rilkes (1875-1926) Reinschrift des Gedichts *Karussell*, Haare von Stefan George, ein Röntgenbild von Karl Jaspers' (1883-1969) Lunge, ein Telegramm von Ingeborg Bachmann an Paul Celan (1920-1970) oder eine Plastiktüte des Verlags Zweitausendeins mit einem Fotoporträt Bertolt Brechts. Die Ausstellungsstücke erzählen jedes für sich eine Geschichte, die man mit einem umgehängten Minicomputer aufrufen und in die man sich durch das Anklicken unterschiedlicher Links vertiefen kann. Addiert man diese kleinen Geschichten und Dokumentationen, erhält man einen groben Überblick über die Literatur des 20. Jahrhunderts. Allerdings ist dieser Überblick nicht thematisch geordnet wie in einer traditionellen Literaturgeschichte in Buchform, sondern man muss sich diese anhand der Objekte und ihrer besonderen Materialität selbst zusammenbauen. Man kann aber auch die Objekte nur als Objekte betrachten, sich über deren Kuriosität wundern oder anfangen, in einem Brief oder aufgeschlagenen Buch die eine oder andere Passage zu lesen. Der Besucher konstruiert auf diese Weise aus dem ausgestellten Material sein eigenes literarisches Archiv.

4. Literarische Gesellschaften, Literaturhäuser und -büros

Ehrenamtliches Engagement

Politische, kirchliche, karitative und kulturelle Vereinigungen sind ein fester und wichtiger Bestandteil unseres öffentlichen Lebens. Durch das zumeist ehrenamtliche Engagement ihrer Mitglieder sind vielfältige Formen sozialer Interaktion entstanden, die einen wesentlich Beitrag zur Willensbildung der Gesellschaft geleistet haben und noch immer leisten. Seit dem 18. Jahrhundert haben literarische Vereinigungen in besonderem Maße dazu beigetragen, eine „Bildungs- und Kulturgesellschaft in Deutschland“[23] durchzusetzen. Aber erst im 19. Jahrhundert entwickelten sich literarische und kulturelle Vereinigungen zu Organisationen mit festen Strukturen und Statuten, die die Voraussetzung für eine erfolgreiche Verwirklichung ihrer Ziele schufen. Autoren, Verleger, Buchhändler und natürlich auch Leser gründeten in großer Zahl vereinsmäßige Organisationen, in deren Mittelpunkt die öffentliche Erinnerung an Literatur und ihre Verfasser steht.

Literarische Gesellschaften

1864 wurde in Deutschland mit der „Deutschen Shakespeare-Gesellschaft“ die erste literarische Vereinigung gegründet, die sich als Namensgesellschaft einem einzelnen Autor verpflichtet fühlte. Diese Form der Namensgesellschaft war neu, denn unter einer literarischen Gesellschaft hatte man zuvor meistens einen geselligen Kreis von Schriftstellern verstanden, die zusammenkamen, um intern eigene Texte vorzutragen und kritisch zu diskutieren (s. Modul 2, S. 38). Literarische Gesellschaften verfolgten nun aber das Ziel, die Literatur in die Öffentlichkeit zu tragen und das Andenken an einen Autor oder eine Autorin zu pflegen. So ist es nicht verwunderlich, dass viele literarische Gesellschaften zu einem Jubiläum (Geburts- oder Todestag) gegründet wurden und der Gründungsakt Teil einer öffentlichen Gedenkfeier war. Die Shakespeare-Gesellschaft wurde zum 300. Geburtstag des englischen Dramatikers, der Schwäbische Schillerverein (seit 1947: Deutsche Schillergesellschaft) 1895 zur Feier des 90. Todestages Schillers, die Droste-Gesellschaft 1928 anlässlich des 80. Todestages Annette von Droste-Hülshoffs, die Hölderlin-Gesellschaft 1943 und die Heine-Gesellschaft 1956 jeweils zum 100. Todestag des Namen gebenden Autors gegründet. Nicht nur die hier genannten Gesellschaften, sondern auch zahllose andere literarische Namensgesellschaften engagieren sich für ‚ihren' Autor mit einer Vielzahl von Veranstaltungen und Aktivitäten. Tagungen, Lesungen, Exkursionen oder Workshops und die Vergabe von Literaturpreisen spielen dabei eine große Rolle und bereichern oftmals das kulturelle Leben einer Stadt oder einer Region. Viele literarische Gesellschaften haben Archive in ihrer Obhut, betreuen Gedenkstätten und Museen und geben Zeitschriften oder Jahrbücher heraus. Einzelne Gesellschaften haben sich bei der Erarbeitung großer wissenschaftlicher Editionen engagiert und manchmal sogar die Herausgeberschaft übernommen. Eine wichtige Aufgabe ihrer Arbeit besteht weiterhin darin, die wissenschaftliche Erforschung eines Autors bekannt zu machen. In unterschiedlichen, nicht selten bewusst populären Publikationsformen werden wissenschaftliche Ergebnisse einer breiteren Öffentlichkeit zugänglich gemacht. Unterschiedliche Formen der Literaturvermittlung werden miteinander verknüpft und der Namen gebende Autor im literarischen und kulturellen Bewusstsein aktuell gehalten. Die Zusammenarbeit zwischen Universitäten und literarischen Gesellschaften zeigt in vielen Fällen die große Bedeutung, die diese Vereinigungen als Bindeglieder und Multiplikatoren für das wissenschaftliche, literarische und kulturelle Leben einer Stadt oder Region haben.

Arbeitsgemeinschaft Literarischer Gesellschaften und Gedenkstätten

Um dieser Bedeutung noch mehr Nachdruck zu verleihen, wurde 1986 die „Arbeitsgemeinschaft Literarischer Gesellschaften und Gedenkstätten" als Dachverband für literarische Vereinigungen in Deutschland gegründet. Derzeit gehören dieser Arbeitsgemeinschaft 209 literarische Gesellschaften, Literaturmuseen und Gedenkstätten an; sie repräsentiert damit ca. 65.000 Mitglieder. Die Arbeitsgemeinschaft ist eine Plattform für Diskussion und Erfahrungsaustausch der Mitgliedsvereinigungen, aber auch ein Netzwerk, das die unterschiedlichen Einzelinteressen bündelt und in ihrer Gesamtheit in der Öffentlichkeit vertritt. Die Arbeitsgemeinschaft, die ihren Sitz in Berlin hat, bezeichnet sich auf ihrer Website (www.alg.de) ausdrücklich als „Lobby für Literatur" und vertritt damit die Interessen ihrer Mitglieder gegenüber Politik und Öffentlichkeit. Sie veranstaltet Tagungen, organisiert Mitarbeiterfortbildungen, gibt eine Zeitschrift heraus und verleiht den Hartmut-Vogel-Preis. Sie berät außerdem literarische Gesellschaften beim Aufbau einer Vereinsstruktur und hilft bei der Einrichtung oder Neugestaltung von Museen und Gedenkstätten.

Während sich literarische Vereinigungen in erster Linie retrospektiv der Literaturpflege widmen, ist mit Literaturhäusern und -büros seit den 1980iger Jahren ein neuer institutioneller Typus für die Literaturvermittlung entstanden, der sich vornehmlich der Gegenwartsliteratur und ihrer Förderung zuwendet und damit einen anderen Ansatz der Literaturpflege hat. Sie ergänzen das Anliegen der literarischen Gesellschaften und arbeiten häufig mit diesen eng zusammen. Literaturhäuser verstehen sich als ‚Häuser für Literatur', als literarische Zentren in einer Stadt, in denen eine Begegnung mit Autoren, Verlagen und Literaturkritikern, also mit ‚buchnahen' Kulturschaffenden stattfindet. Das Literaturhaus München stellt sich auf seiner Website folgendermaßen vor:

Literaturhäuser

Zitat

Treffpunkt für Buchtrinker und Seitenfresser, Kinoerzähler und Flaneure, Lohnschreiber und Föhnforscher, Billigfresser und Hungerkünstler, Radardenker und Tagträumer, dicke Dichter, sanfte Irre, kurz: ein Fluchtraum im Dickicht der Städte für alle, die Melodien lauschen oder einfach nur auf Godot warten wollen.[24]

Im deutschen Sprachraum gibt es zahlreiche Literaturhäuser, u. a. in Berlin, Hamburg, Frankfurt/Main, München, Köln, Stuttgart, Leipzig, Salzburg und Wien. Zumeist sind die Literaturhäuser in alten, denkmalgeschützten Gebäuden in den jeweiligen historischen Stadtzentren untergebracht, die damit einer der Allgemeinheit dienenden, neuen Nutzung zugeführt werden. Die Literaturhäuser können aber mit ihren Standorten auch besondere Kooperationen herstellen: In Köln liegt das Literaturhaus in der Nachbarschaft des „MediaParks", in Stuttgart sucht es die Nähe zum Areal der Firma Bosch.

In vielen Literaturhäusern befinden sich Cafés oder Bistros, die damit die Tradition des literarischen Treffpunkts im Kaffeehaus aufgreifen und fortsetzen. Zum Raumkonzept der Literatur-

Abb. 32: Thomas Bernhard im Café „Bräunerhof“ in Wien.

häuser gehören auch Ausstellungsräume, die sich zum Kino oder Theatersaal erweitern lassen. Viele Literaturhäuser verfügen über kleine Bibliotheken oder elektronische Pools für Gegenwartsliteratur. Obwohl der Dialog zwischen Literaturproduzenten und Lesern im Vordergrund der Arbeit von Literaturhäusern steht, beziehen sie auch die Literaturproduktion in ihre Veranstaltungskonzepte ein. Immer wieder werden Fortbildungen zu Fragen angeboten, die für Schreibende und Lesende gleichermaßen von Bedeutung sind. Viele Literaturhäuser machen spezielle Angebote für Kinder und Jugendliche oder suchen die Zusammenarbeit mit Musikern und bildenden Künstlern. Die Literaturhäuser sind im Netzwerk „literaturhaeuser.net“ zusammengefasst, einer Koordinationsstelle, die nicht nur gemeinsame Veranstaltungen, wie Lesereisen von Autoren oder die populäre Plakataktion „Poesie in der Stadt“, plant, sondern insbesondere im Bereich der Werbung und bei der Suche nach Medienpartnern sowie Sponsoren eine wichtige Rolle spielt. Die Literaturhäuser streben durch ihre Vernetzung eine Partnerschaft zwischen Kultur und Wirtschaft an, um „den Wirtschaftsfaktor der Kultur und den Kulturfaktor der Wirtschaft“[25] zu betonen.

literaturhaeuser.net

Auch Literaturbüros widmen sich der (nichtkommerziellen) Begegnung mit Literatur. Der Forumcharakter ihrer Arbeit ist

Literaturbüros

wesentlicher Teil ihres Selbstverständnisses. Aber anders als Literaturhäuser konzentrieren sie sich nicht nur auf kulturelle Zentren, sondern betreuen und versorgen manchmal ganze Regionen. Neben traditionellen Vermittlungsformen wie Lesungen und Diskussionsveranstaltungen haben Literaturbüros auch andere Wege der Kommunikation beschritten, z. B. Literatur am Telefon, Gedichte an Litfasssäulen, Hörspiele in der Straßenbahn oder beim Zahnarzt (so einige der Aktivitäten des Literaturbüros NRW). Auch das Internet wird als zentrales Medium für die Vermittlungsarbeit genutzt (z. B. regelmäßige Newsletter).

5. Literatur und Tourismus

Literatur als touristische Attraktion

Die unmittelbare Begegnung des Lesers mit Literatur ist ein wesentlicher Aspekt der Literaturvermittlung im öffentlichen Raum aber auch der Literaturpflege. Konkret wird diese Begegnung natürlich bei einer Autorenlesung, aber auch durch den Besuch von Orten, an denen ein Autor gelebt und gearbeitet hat oder die in einer Beziehung zu literarischen Werken stehen. Die literarische Spurensuche oder modern gesprochen: der literarische Tourismus ist ein Phänomen, auf das wir schon in der Frühen Neuzeit treffen. Zu einer solchen touristischen Attraktion war das Haus des italienischen Dichters Francesco Petrarca in Arquà bei Padua nach seinem Tod im Jahr 1374 geworden. Damals war es für junge Adlige üblich, sich auf eine Bildungsreise durch Europa, die sog. ‚Grand Tour', zu begeben. Petrarcas Haus war inzwischen eine literarische Pilgerstätte und ein fester Bestandteil der ‚Grand Tour'. Natürlich wollte man in diesem Haus der Atmosphäre der vermeintlichen Liebesbeziehung des Dichters zu Laura, die Petrarca in vielen Gedichten besungen hatte, nachspüren. Hier suchten die Besucher nach konkretem Anschauungsmaterial für die in den Gedichten aufgerufene imaginäre Welt Lauras. Mit der Zeit entwickelte sich ein regelrechter Petrarca-Kult, der darin gipfelte, dass das Haus mit einem von Laura inspirierten Freskenzyklus geschmückt wurde. In Avignon, der anderen Lebensstätte Petrarcas, wurden damals schon literarische Spaziergänge organisiert, die zu Orten führten, die man ebenfalls mit Laura in Beziehung brachte. Bald wurden diese Orte in Reiseführern als besichtigenswert verzeichnet. Literatur und Tourismus sind seitdem eine enge Verbindung eingegangen. Heute firmiert dieses Phänomen unter einem Verspaar aus Goethes *West-östlichem Divan*:

„Wer den Dichter will verstehen | Muß in Dichters Lande gehen“.[26] Spezialisierte Reiseveranstalter organisieren inzwischen ‚Literatouren‘, auf denen z. B. Literaturfestivals oder andere literarische Großveranstaltungen besucht werden. Meistens gehört zum Reiseprogramm der Besuch von literarischen Gedenkstätten und Museen. Das Tourismusmarketing vieler Städte bietet neben literarischen Pauschalangeboten auch literarische Spaziergänge an. Der Tourist kann eine Stadt auf den Spuren Thomas Manns, Rilkes, Brechts oder Kafkas erkunden und begegnet nicht nur realen Lebensorten sondern auch literarischen Schauplätzen. Auch Spaziergänge über Friedhöfe und der Besuch von Literatengräbern gehören heute zum Angebot. Manchmal sind solche Spaziergänge an literarische Figuren geknüpft; so kann man inzwischen mit Commissario Brunetti durch das Venedig Donna Leons (*1942) spazieren und zwischendurch in den Cafés und Trattorien einkehren, die auch der Kommissar bei seiner Verbrecherjagd frequentiert. Zahlreiche Verlage haben mit solchen Spaziergängen eine regelrechte Marktlücke entdeckt und in ihr Programm literarische Stadtpläne und Reiseführer aufgenommen, die dem Touristen die entsprechenden Handreichungen geben. Während in den vergangenen Jahren insbesondere in Italien literarische Parks als Element regionaler Kultur- und Wirtschaftsförderung in Mode gekommen sind, hat man in Deutschland Dichterstraßen konzipiert, die den literarisch interessierten Reisenden von einer literarischen Attraktion oder Gedenkstätte zur nächsten führt. Auch diese Dichterstraßen verfolgen das Ziel, mit Hilfe der Literatur vor allem in strukturschwachen Gebieten touristische ‚Leuchttürme‘ zu erschließen. Vorbild für die inzwischen zahlreichen Dichterstraßen war die „Schwäbische Dichterstraße“, die 1977/78 als touristische Ferienstraße durch Baden-Württemberg angelegt wurde. Sie führt von Bad Mergentheim über Marbach, Ludwigsburg, Stuttgart, Tübingen nach Meersburg am Bodensee und berührt zahlreiche literarische Museen und Gedenkstätten, die z. B. mit den Namen Schiller, Hölderlin, Mörike, Hauff, Wieland, Annette von Droste-Hülshoff, Kerner, Uhland oder Hermann Hesse verbunden sind. Markiert ist die Straße mit einem Symbol, das ein braunes Tintenfass mit einer Schreibfeder zeigt.

„Wer den Dichter will verstehen | Muß in Dichters Lande gehen“

Dichterstraßen

Zusammenfassung

Dieses Modul hat sich zum Ziel gesetzt, verschiedene Formen der Dichterverehrung und Literaturvermittlung im öffentlichen Raum zu erläutern. Ausgangspunkt war die Frage, wie Erinnerung funktioniert, welche Konturen unser kulturelles Gedächtnis hat und wie wir das Erinnern in kulturelle Praxis umsetzen. Dabei hat sich herausgestellt, dass Dichterdenkmäler und musealisierte Dichterhäuser als optische Erinnerungszeichen herausragen und gleichzeitig aus historischer Perspektive zeigen, dass Erinnerung und Gedenken immer auch an Moden und Ideologien geknüpft sind. Literarische Erinnerungspflege benötigt aber auch Institutionen, die Handschriften, Lebenszeugnisse und Alltagsgegenstände von Autoren als authentische Dokumente ihres Wirkens sammeln und verwahren. Literaturarchive und -museen haben diese Aufgabe übernommen und damit eine wichtige materielle Basis für Forschung und öffentliche Rezeption gelegt. Zur Unterstützung dieser Rezeption engagieren sich insbesondere Literarische Gesellschaften und im Fall von Gegenwartsliteratur Literaturhäuser und Literaturbüros. Wenn diese Institutionen auch jeweils unterschiedliche Ziele verfolgen, besteht ein wesentlicher Teil ihrer Arbeit darin, Foren für die Begegnung mit Literatur und für den Austausch über Literatur zu schaffen.

Literatur

- Autsch, Sabine; Grisko, Michael; Seibert, Peter (Hg.): Atelier und Dichterzimmer in neuen Medienwelten. Zur aktuellen Situation von Künstler- und Literaturhäusern. Bielefeld: Transcript 2005.
- Basse, Michael; Pfeifer, Eckard (Hg.): Literaturwerkstätten und Literaturbüros in der Bundesrepublik. Ein Handbuch der Literaturförderung und der literarischen Einrichtungen der Bundesländer. Lebach: Hempel 1988.
- Verehrung, Kult, Distanz. Vom Umgang mit dem Dichter im 19. Jahrhundert. Hg. v. Wolfgang Braungart. Tübingen: Niemeyer 2004 (Untersuchungen zur deutschen Literaturgeschichte. Bd. 120).
- Denkbilder und Schaustücke. Das Literaturmuseum der Moderne. Hg. v. Deutschen Literaturarchiv Marbach. Marbach am Neckar: Deutsche Schillergesellschaft 2006 (Marbacher Katalog. 60).
- Das Denkmal. Goethe und Schiller als Doppelstandbild in Weimar. [Redaktion: Dirk Appelbaum]. Tübingen: Wasmuth 1993.
- Deutsche Erinnerungsorte. Hg. v. Etienne François und Hagen Schulze. 3 Bde. München: Beck 2001.
- Writers' Houses and the Making of Memory. Ed. by Harald Hendrix. New York: Routledge 2007.

– Goethe in Gesellschaft. Zur Geschichte einer literarischen Vereinigung vom Kaiserreich bis zum geteilten Deutschland. Hg. v. Jochen Golz und Justus H. Ulbricht. Köln, Weimar, Wien: Böhlau 2005.
– Literarische Gesellschaften in Deutschland. Ein Handbuch mit Einzeldarstellungen in Texten und Bildern. Hg. v. der Arbeitsgemeinschaft Literarischer Gesellschaften e.V. Zusammengestellt und bearbeitet von Sven Arnold. Berlin: Argon 1991.
– Literarische Gesellschaften in Deutschland. Ein Handbuch. Hg. v. der Arbeitsgemeinschaft Literarischer Gesellschaften e.V. Bearbeitet von Christiane Kussin. Berlin: Aufbau 1995.
– Noltenius, Rainer: Dichterfeiern in Deutschland. Rezeptionsgeschichte als Sozialgeschichte am Beispiel der Schiller- und Freiligrath-Feiern. München: Fink 1984.
– Raabe, Paul: Lorbeerkranz und Denkmal. Wandlungen der Dichterhuldigung in Deutschland. In: Festschrift für Klaus Ziegler. Hg. v. Eckehard Catholy und Winfried Hellmann. Tübingen: Niemeyer 1968, S. 411-426.
– Selbmann, Rolf: Dichterdenkmäler in Deutschland. Literaturgeschichte in Erz und Stein. Stuttgart: Metzler 1988.
– Handbuch literarisch-kultureller Vereine, Gruppen und Bünde 1825-1933. Hg. v. Wulf Wülfing, Karin Bruns und Rolf Parr. Stuttgart, Weimar: Metzler 1998.
– Dichter und ihre Häuser. Die Zukunft der Vergangenheit. Hg. v. Hans Wißkirchen. Lübeck: Schmidt-Römhild 2002.

Fragen

1. Welchen Wert misst Fonty, der Protagonist in Günter Grass' Roman *Ein weites Feld*, dem Dichterdenkmal zu?
2. Was beinhaltet die Feststellung, Literaturgeschichte sei heutzutage nicht mehr nur Textgeschichte?
3. Worin unterscheiden sich literarische Gesellschaften von Literaturhäusern bzw. -büros?
4. Welche Motive liegen dem Phänomen des literarischen Tourismus zugrunde?

Modul 6: Autoren- und Literaturförderung

Dieses Modul wendet sich dem großen Bereich der Literaturförderung zu. Literaturförderung wird dabei als genuiner Teil der nationalen und auswärtigen Kulturpolitik betrachtet. Bei der Förderung von Literatur kommen verschiedene Instrumente und Strategien zum Einsatz und an der Literaturförderung sind staatliche, private und gemeinnützige Institutionen und Organisationen beteiligt, die jeweils eigenen Grundsätzen und Zielen verpflichtet sind.

1. Kulturpolitische Funktion von Autoren- und Literaturförderung

Freiräume für Autoren – Foren für Literatur

„Autoren- und Literaturförderung sind ein wichtiger Beitrag zur Aufrechterhaltung des literarischen Lebens und ebenso Teil des Literaturbetriebs", stellen Christina Böde und Ulrich Janetzki fest.[1] Die Förderung von Autoren schafft in Form von Stipendien, Preisen und anderen finanziellen Zuwendungen – wie wir in Modul 4 gesehen haben – die notwendigen Freiräume, die Autoren für das Schreiben benötigen, signalisiert damit gleichzeitig die öffentliche Wertschätzung ihrer Arbeit. Literaturförderung verfolgt dagegen ein anderes Ziel. Sie will durch unterschiedliche Strategien Autoren und ihren Texten in der Öffentlichkeit zu mehr Publizität verhelfen. Häufig geschieht diese Förderung durch die finanzielle Unterstützung bestimmter Institutionen, die sich für Literatur verantwortlich fühlen und entsprechende Vermittlungsarbeit leisten. „Kein anderes europäisches Land", meint Frauke Meyer-Gosau, „wendet derart viel Geld zur Förderung von Literatur auf" wie die Bundesrepublik Deutschland.[2] Deutschland verfüge bei der Autoren- und Literaturförderung außerdem über eine hervorragend ausgebaute und gut verknüpfte Infrastruktur mit unterschiedlichsten Instrumenten und Institutionen. Dennoch werden nur einzelne ‚Leuchttürme' dieser Infrastruktur sichtbar und Klagen über fehlende Fördermittel verstummen nie. Literaturförderung ist immer eine Gratwanderung und muss sich regelmäßig des Vorurteils erwehren, sie betrachte Literatur unter dem Aspekt ‚Brot und Spiele' bzw. sie finanziere

Was ist Kulturpolitik?

,Luxus' oder Zeitgeist. Dies ist sicherlich zuerst einmal mit der nicht leicht zu beantwortenden Frage verknüpft, was Kulturpolitik eigentlich beinhaltet und wer für sie verantwortlich ist. Aus der grundsätzlichen ergeben sich weitere Fragen: Soll sich die Kulturpolitik eher der sog. Hochkultur zuwenden oder auch Projekte fördern, die eben nicht der Vorstellung einer hohen Kultur entsprechen? Soll Kulturpolitik sich der Pflege von Kultur widmen oder Kultur als gesellschaftliches Handeln verstehen und von daher der Förderung möglichst zahlreicher und vielfältiger Initiativen und Projekte Aufmerksamkeit schenken? Die Ausgestaltung von Kulturpolitik ist von vielen – finanziellen, juristischen, kulturtheoretischen, politischen – Aspekten abhängig. Aber es ist wohl als Konsens zu betrachten, dass die Förderung von Kultur heutzutage von einem ,weiten' Kulturbegriff ausgeht, der der kulturellen Vielfalt in einer modernen Gesellschaft entsprechen will.

Kulturpolitik im föderalen Staat

Obwohl die Kultur- und damit auch die Literaturförderung in Deutschland als „gesamtstaatliche Aufgabe" gilt, fällt sie doch in erster Linie in die Zuständigkeit der einzelnen Bundesländer. Die sog. ,Kulturhoheit' der Länder ist Bestandteil der verfassungsmäßigen Ordnung der Bundesrepublik Deutschland. Während die Weimarer Reichsverfassung (1919) noch den „Schutz" und die aktive Teilnahme („Pflege") des Staates an der Kultur ausdrücklich vorsah (Art. 142), heißt es im Grundgesetz lediglich: „Kunst und Wissenschaft, Forschung und Lehre sind frei" (Art. 5, Abs. 3). Diese Zurückhaltung wird als prinzipielles Abwehrrecht gegen eine unzulängliche Einflussnahme des Staates auf die Kultur verstanden. Die Erfahrungen mit der ,Gleichschaltung' und damit dem Missbrauch kultureller Institutionen und Organisationen durch die Nationalsozialisten, aber auch die rigiden staatlichen Einflussnahmen auf die Kultur im Wilhelminischen Kaiserreich schufen die Grundlage für eine Auffassung von Kulturpolitik, die föderal und damit dezentral ausgerichtet ist. Diese ausgeprägte Dezentralität von Kulturförderung hat in Deutschland aber auch traditionelle historische Wurzeln. Anders als etwa in Frankreich gab es in Deutschland kein nationales kulturelles Zentrum, vielmehr existierten viele Zentren neben einander. Im Mittelalter und in der Frühen Neuzeit traten die unterschiedlichsten Institutionen – Fürstenhöfe, Bischöfe, Klöster oder Städte – als Kulturträger auf, die eine bis heute gültige dezentrale Struktur von kulturellen Einrichtungen schufen. Die Herausbildung einer deutschen Nationalidentität geschah in erheblichem Maße über Kultur. Daraus resultierte die Vorstellung von Deutschland als einem ,Kulturstaat' bzw. einer ,Kulturnation', was traditionell mit staatlichen

Investitionen in Kunst und Kultur einherging. Die bereits erwähnten historischen Erfahrungen des staatlichen Kulturmissbrauchs im ‚Dritten Reich' prägten daher signifikant das kulturpolitische Handeln nach 1945 sowie das Verständnis von Kulturpolitik überhaupt. Insgesamt ist festzuhalten, dass der Bundesstaat in Angelegenheiten der Kultur – mit Ausnahme der auswärtigen Kulturpolitik – eine deutliche Staatsferne erkennen lässt und die Kulturpolitik in Deutschland weitgehend föderal geprägt ist. Sie wird daher in erster Linie von den Ländern, Städten und Gemeinden getragen. Dies bedeutet jedoch nicht, dass der Bund sich nicht um kulturelle Belange kümmert, wenn er sich jährlich auch nur mit etwa 12% an allen öffentlichen Mittel beteiligt, die für Kunst und Kultur ausgegeben werden. Im Gegenteil: Als „Kulturstaat" hat er die Aufgabe – so das Bundesverfassungsgericht 1974 in einem Grundsatzurteil – „ein freiheitliches Kunst- und Wissenschaftsleben zu erhalten und zu fördern",[3] und dies wird dadurch gewährleistet, dass der Bund die gesetzlichen und institutionellen Rahmenbedingungen schafft, in denen sich Kunst und Kultur entsprechend entfalten können. Seit den 1980er Jahren lässt sich die Tendenz erkennen, dass der Bund in kulturpolitischen Angelegenheiten seine Kompetenz verstärkt und sich damit in der Kulturpolitik deutlicher engagiert. Institutionalisiert und damit gebündelt wurden die Kultur fördernden Aktivitäten des Bundes 1998 durch die Schaffung einer eigenen, beim Bundeskanzler angesiedelten Behörde, dem Beauftragen der Bundesregierung für Kultur und Medien. Parallel dazu setzte der Bundestag einen Ausschuss für Kultur und Medien ein. Außerdem gründete der Bund Anfang 2002 die „Kulturstiftung des Bundes" (www.kulturstiftung-des-bundes.de), die sich allerdings auf bestimmte Projektbereiche konzentriert und nicht nach dem ‚Gießkannenprinzip' fördert. Das bedeutet nun nicht, dass das kulturpolitische Handeln von Bund, Ländern und Kommunen reibungslos und ohne Konflikte abläuft. Die gescheiterten Versuche, die Kulturstiftung des Bundes mit der Kulturstiftung der Länder zu fusionieren, zeigen einerseits, dass sich die unterschiedlichen staatlichen Ebenen von einander abgrenzen und ihre Kompetenzen verteidigen. Andererseits ist in der Kulturpolitik mit der Formel des „kooperativen Kulturföderalismus" insofern ein Ausgleich gefunden worden, als damit in Zukunft eine pragmatische und effiziente Kulturpolitik erwartet werden darf.

Kulturpolitik als „gesamtstaatliche Aufgabe"

Literaturförderung des Bundes

Eine strukturierte Literaturförderung in Deutschland gibt es erst seit den 1970er Jahren.[4] Die sozial-liberale Bundesregierung

Brandt/Scheel berief 1972 eine entsprechende Enquête-Kommission, und 1980 veröffentlichte das Bundesinnenministerium die Studie zur „Literaturförderung im internationalen Vergleich". Diese Studie wurde insofern als politische Zäsur der Literaturförderung angesehen, als die höchste staatliche Ebene, der Bund, anerkannte, dass die Förderung von Literatur eine „gesamtstaatliche Bedeutung" habe und daher auf zahlreiche Probleme qualitativ andere Antworten geben müsse. Literaturförderung wurde innerhalb der allgemeinen Kulturförderung besonders positioniert und widmet sich heute schwerpunktmäßig folgenden Komplexen:[5]

– Bewahrung, Pflege und Erschließung des literarischen Erbes: Hierzu gehört die Förderung von Bibliotheken und Archiven von nationalem Rang wie die Deutsche Bibliothek in Frankfurt/Leipzig, die Staatsbibliothek zu Berlin, das Bundesarchiv, das Archiv der Akademie der Künste in Berlin, das Deutsche Literaturarchiv in Marbach, die Klassik Stiftung Weimar mit ihren verschiedenen Dichterhäusern, der Herzogin-Anna-Amalia-Bibliothek und dem Goethe- und Schiller-Archiv sowie das Freie Deutsche Hochstift in Frankfurt/Main mit dem Goethe-Museum und der Forschungsbibliothek zur Literatur und Kultur der Romantik. Weiterhin unterstützt der Bund verschiedene Literaturmuseen und -gedenkstätten wie das Kleist-Museum in Frankfurt/Oder, das Lessing-Museum in Kamenz oder die Häuser der beiden Literaturnobelpreisträger Thomas Mann und Günter Grass in Lübeck sowie als übergreifenden Dachverband die „Arbeitsgemeinschaft Literarischer Gesellschaften und Gedenkstätten" (s. Modul 5, S. 141 f.).

– Autorenförderung: Obwohl die Autorenförderung traditionell in den Aufgabenbereich der Länder und Kommunen fällt, fördert der Bund Einrichtungen von besonderer repräsentativer Bedeutung, wie die „Deutsche Akademie für Sprache und Dichtung" in Darmstadt oder beteiligt sich an Förderprogrammen wie denen des „Deutschen Literaturfonds e.V." und des „Deutschen Übersetzerfonds e.V.". Außerdem werden die großen Schriftstellerverbände in Deutschland, der „Freie Deutsche Autorenverband (FDA)", das „P.E.N."-Zentrum und der „Verband deutscher Schriftsteller in Ver.di (VS)" bei bestimmten Vorhaben unterstützt. In ordnungspolitischer Hinsicht kommt dem Bund natürlich eine besondere Verantwortung für die Weiterentwicklung des Urheberrechts und damit Initiativen für die Novellierung entsprechender gesetzlicher Bestimmungen zu. Auch zur weiteren Ausgestaltung der Künstlersozialversicherung trägt der Bund bei.[6] Seit 1999 fördert die Bundesregierung das Programm „Writers in Exile", indem Stipendien für Autorinnen und Autoren zur Verfügung gestellt werden, die als Exilanten in der Bundesrepublik leben, um ihnen beim Aufbau eines neuen Lebens- und Arbeitsumfeldes zu helfen. Verantwortlich für dieses Programm ist der „P.E.N.“. Deutschland erinnert mit diesem Programm auch an die Vertreibung von Künstlern, Literaten, Intellektuellen und Wissenschaftlern während der nationalsozialistischen Diktatur, aber auch an diejenigen, die nicht emigrieren konnten und interniert, gefoltert oder ermordet und deren Werke vernichtet wurden.

– Förderung der deutschen Sprache: Vermittlung und Pflege der deutschen Sprache im In- und Ausland ist eine kulturpolitische Aufgabe von großer Bedeutung. Dementsprechend fördert der Bund die Arbeit der „Gesellschaft für deutsche Sprache“ und engagiert sich bei der Leseförderung (s. Modul 3, S. 74 f.).

Literaturförderung der Bundesländer

Die deutschen Bundesländer haben ihre ‚Kulturhoheit‘ dazu genutzt, die kulturelle Infrastruktur nach der jeweiligen landesspezifischen Ausprägung der Kulturpolitik zu gestalten, um damit eine kulturelle Identifizierbarkeit mit dem jeweiligen Bundesland und seinen Regionen zu ermöglichen. Obwohl es eine einheitliche Kulturpolitik der Länder nicht gibt, sind doch vier allgemein anerkannte kulturpolitische Prinzipien zu erkennen: 1. Liberalität: Das Gebot der Kunstfreiheit verpflichtet dazu, die Eigenverantwortlichkeit von Künstlern und Vermittlern zu stimulieren und die Kunstfreiheit auch in solchen Fällen zu respektieren, wenn Kunst unbequem ist. 2. Pluralität: Die Kunstförderung soll breit angelegt sein und alle Bereiche des künstlerischen Schaffens einbeziehen. 3. Subsidiarität: Auch im Kunstbereich gilt, dass staatliche Institutionen nicht als unmittelbare Förderer auftreten, sondern Aufgaben an andere Institutionen delegieren. 4. Dezentralität: Kunstförderung soll nicht nur auf Zentren begrenzt bleiben, sondern auch regionale und kommunale Aktivitäten einbeziehen. Trotzdem gibt es eine Reihe von regionalen Unterschieden, aber auch Schwerpunktsetzungen, um das kulturelle Profil des jeweiligen Bundeslandes zu schärfen. Im Bereich der Autoren- und Literaturförderung ist auf diese Weise ein facettenreiches Förderprofil entstanden. Einige Bundesländer investieren in erster Linie in Institutionen (Bibliotheken, Literaturarchive und -museen, Literaturbüros) und die Leseförderung, andere bieten differenzierte Stipendienprogramme oder Weiterbildungsangebote zu Themen des Literaturbetriebs für Autoren und Publizisten an, wieder andere konzentrieren sich auf die Übersetzungsförderung und Auslobung von Preisen. Insgesamt geht es jedoch darum, mit unterschiedlichen Instrumenten und Strategien ein ‚günstiges Klima‘ für Literatur zu schaffen, aber auch einer jungen, anspruchsvollen Literatur durch entsprechende Förderung den Weg in die Verlage und damit in die literarische Öffentlichkeit zu ebnen, was ohne Unterstützung wesentlich schwieriger wäre oder sogar misslingen würde.[7]

Kommunale Literaturförderung

Städte, Gemeinden und Kreise haben traditionell eine wichtige Funktion in der Kulturförderung inne und achten daher auf ihre Selbständigkeit in der Kulturarbeit. Insbesondere nach 1945 kam den Kommunen eine wichtige Funktion beim Wiederaufbau von zerstörten Theatern, Konzertsälen, Museen, Bibliotheken und Archiven zu, die mit dem Willen einherging, auch zukünftig die kommunale Kultur politisch zu gestalten. „Kulturpflege" war in den ersten Nachkriegsjahrzehnten der zentrale Begriff kommunaler Kulturförderung. Erst allmählich öffnete sich die kommunale Kulturpolitik und unter dem Stichwort „Soziokultur" wurden nun auch Projekte (z.B. Volkshochschulen, Kulturläden, Kulturtreffs, Literaturhäuser, Kommunikationszentren, Stadtteilkinos usw.) gefördert, die außerhalb der traditionellen kulturellen Institutionen lagen. Aus dem politischen Ansatz „Kultur für alle" entwickelten sich – ausgelöst durch den finanziellen Druck – zusehends neue Konzepte, die unter Marketingperspektiven Kunst und Kultur nun auch als Wirtschafts- und Standortfaktor betrachten. Effizienz und Kulturmanagement sind inzwischen zu Schlagwörtern geworden, die diese Entwicklung nicht nur charakterisieren, sondern auch zu neuen Förderstrategien geführt haben, in denen nicht mehr eine „Kultur für alle" im Mittelpunkt steht, sondern auf Konzentration und Profilierung gesetzt wird. Die Förderung von ‚Events' wie Literaturfestivals oder Poetry Slams sowie die Finanzierung von Preisen, Stadtschreiberstipendien und Literaturhäusern stehen wegen ihrer allgemeinen ‚Sichtbarkeit' und guten publizistischen Positionierung im Kulturbetrieb ganz oben auf den Listen kommunaler Literaturförderung. Aber auch der Dialog mit ausländischen Literaturen oder die Präsentation literarischer Produkte von in Deutschland lebenden Migranten finden vermehrt Aufmerksamkeit durch die Förderinstitutionen. Die Zusammenarbeit zwischen Kommunen und Sponsoren aus der Wirtschaft („Public-Private-Partnership") spielen bei der Förderung inzwischen eine immer wichtigere Rolle, ohne dass ausreichend definiert wäre, wie sich private und öffentliche Ziele der Kulturförderung zueinander verhalten sollen.

Europäische Literaturförderung

Der Vertrag von Maastricht (1991), in dem die Länder der Europäischen Union ihre Beziehungen untereinander und zu den europäischen Institutionen (EU-Parlament, EU-Kommission) regeln, enthält in Artikel 128 eine „Kulturklausel", die durch die

Förderung „künstlerische[n] und literarische[n] Schaffen[s]" einen „Beitrag zur Entfaltung der Kulturen der Mitgliedstaaten unter Wahrung ihrer nationalen und regionalen Vielfalt sowie gleichzeitiger Hervorhebung des gemeinsamen kulturellen Erbes" leisten will. Aus dieser Absichtsbekundung ist jedoch noch kein kulturpolitisches Instrument erwachsen, auch sind die finanziellen Mittel, die zur Verfügung stehen, noch ausgesprochen gering und eine Förderstrategie derzeit noch nicht zu erkennen.[8] Deutlich ist allerdings, dass bei der europäischen Kulturförderung das Prinzip der Subsidiarität greift, d. h., dass den Initiativen der Mitgliedsstaaten Vorrang eingeräumt wird. Grenzüberschreitende Kooperationsprojekte genießen einen hochrangigen Förderstatus. Die größte Aufmerksamkeit der EU-Kulturpolitik weckt regelmäßig die Initiative „Kulturhauptstadt Europas", bei deren Veranstaltungen Literatur stets eine wichtige Rolle spielt. 2010 sind Essen und das ungarische Pècs europäische Kulturhauptstädte.

2. Mäzenatentum

Gaius Cilnius Maecenas

Der wohlhabende römische Diplomat und politische Berater des Kaisers Augustus (63 v. Chr.-14 n. Chr.), Gaius Cilnius Maecenas (70-8 v. Chr.), ist zum Namengeber für eine Person oder Institution geworden, die die Kunst und insbesondere das Entstehen von Kunst fördert.[9]

Maecenas, der selbst dichtete, trat in der augusteischen Zeit als bedeutender Mäzen auf, indem er Dichter wie Vergil (70-19 v. Chr.), Properz (um 50 v. Chr.-nach 16 v. Chr.) und Horaz (65-8 v. Chr.) finanziell unterstützte. Maecenas stellte aber auch Räume bereit, in denen Autoren ihre Texte öffentlich vorlesen konnten. Diese Unterstützung geschah aber nicht selbst- und zwecklos, denn die von Maecenas geförderten Dichter trugen mit ihren Texten nicht unerheblich dazu bei, das von Augustus geschaffene Kaisertum (Prinzipat) zu propagieren. Ein Blick in die Kulturgeschichte zeigt, dass über Jahrhunderte hinweg Bauwerke, Gemälde, Plastiken und Musik- oder Literaturwerke auf einen Auftraggeber, Bauherrn, Patron, Besteller oder Förderer zurückgehen und damit zwangsläufig bestimmten poli-

Abb. 33: Porträtbüste des Maecenas.

tischen und kulturellen Kontexten unterworfen waren. Der Mäzen erwartet zwar keinen geschäftlichen Nutzen aus seiner Tätigkeit, dennoch hat die gezielte Förderung von Kunst und Kultur, später auch von Wissenschaft, Sport und sozialen Einrichtungen, bis auf den heutigen Tag eine wichtige Bedeutung für das öffentliche Leben, wobei das Geben und Nehmen nicht ohne Belang ist. Nicht selten hat das Mäzenatentum eine politische Ausprägung, ist also nicht uneigennützig. Als prominentestes Beispiel gilt das Mäzenatentum der Familie Medici im Florenz der Renaissance, die durch die gezielte Förderung von Kunst, Kultur und Wissenschaft die eigene politische Machtposition über mehrere Jahrhunderte darstellen, stabilisieren und dadurch langfristig erhalten konnte.

Geben und Nehmen

Literatur und Mäzene

Solange es kein Verlagswesen und eine literarische Öffentlichkeit im modernen Sinn gab, waren Dichter auf die Unterstützung von Mäzenen angewiesen, um ihre Werke produzieren und verbreiten zu können. Die Kosten für die Herstellung eines handgeschriebenen Codex konnte sich kein mittelalterlicher Dichter leisten, er war also für die Verbreitung seines Textes auf die Unterstützung der Reichen und Mächtigen angewiesen. Bevor es jedoch dazu kam, existierte das Abhängigkeitsverhältnis von Dichter und Mäzen bereits, denn eine literarische Öffentlichkeit gab es nur dort, wo entsprechende Bildungskompetenz vorhanden war, und das waren die Fürstenhöfe, Bischofssitze, Klöster und im Laufe der Geschichte auch das gut situierte städtische Bürgertum. Der mittelalterliche Dichter – aber auch sein Kollege bis ins frühe 18. Jahrhundert hinein – war durchweg ein Hof- und Berufsdichter, der einem Auftraggeber oder Gönner nicht selten auf Gedeih und Verderben ausgeliefert war: Literatur war eine entlohnbare Dienstleistung. Der Mäzen stellte die Arbeitsmittel zur Verfügung und sicherte das Auskommen des Dichters. Außerdem war er das Scharnier zwischen Dichter und Öffentlichkeit, denn ohne seine ausdrückliche Zustimmung kam es so gut wie nie zu einem Kontakt zwischen Dichter und Publikum. Im Gegenzug für seine Unterstützung erwartete der Mäzen, dass sein Name dankbar in den jeweiligen Texten ‚verewigt' wurde. Mit Dichtung konnte ein Gönner seine Macht, seinen Reichtum und seine Bildung öffentlich repräsentieren und demonstrieren.

Höfische Literatur

Wenn wir heute von Walther von der Vogelweide, Wolfram von Eschenbach oder Gottfried von Straßburg sprechen, dann sprechen wir explizit von Autoren höfischer Literatur, die sich um die Mitte des 12. Jahrhunderts in Deutschland konstituierte und ohne die Förderung durch Auftraggeber kaum entstanden wäre. Dass wir es bei den Werken dieser Dichter jedoch nicht mit bloßer Auftragskunst zu tun haben, machen die kritischen Bilder deutlich, die diese Autoren von der mittelalterlichen Gesellschaft mit ihren Werten und sozialen Abhängigkeiten sowie den daraus resultierenden Konflikten entwarfen. Aber es sollte bis ins 18. Jahrhundert dauern, dass sich Autoren aus den Beziehungen zu Mäzenen und Auftraggebern lösten. Wie schwierig der Ablösungsprozess aus dem mäzenatischen System von Leibrenten, materiellen Gunstbeweisen oder spezifischen beruflichen Positionen wie Prinzenerziehern oder Hofmeistern war, zeigt sich besonders anschaulich in Goethes Drama *Torquato Tasso* (1790), das der Maxime folgt, „daß die Cultur durch Kunst ihren eignen Gang gehen muß, daß sie keiner andern subordinirt seyn kann".[10] Das Drama führt die Konflikte vor, die sich zwischen den Ansprüchen der höfischen Gesellschaft – repräsentiert durch die italienische Stadt Ferrara als ein Zentrum der höfischen Kunstförderung in der Renaissance – an den Dichter und seinen modernen Autonomieanspruch auftun. Zunächst haben wir es mit einer scheinbar optimalen Ausgangssituation für den Künstler zu tun: Tasso darf am Hof von Ferrara nur Dichter sein, ist von allen traditionellen Pflichten eines Hofpoeten entbunden und kann sich voll und ganz der Vollendung seines geplanten Epos *Das befreite Jerusalem* widmen. Dass alle Beteiligten – Dichter wie Vertreter der Hofgesellschaft – diese neuen Rollen erst lernen müssen, wird schnell deutlich und führt im Laufe des Dramas zu einer Vielzahl von Missverständnissen und Kollisionen. Anfangs bejaht Tasso noch seine Abhängigkeit von einem Mäzen und gesteht dem Herzog Alfons sogar ein Eigentumsrecht an der soeben fertig gestellten und ihm gewidmeten Dichtung zu:

Goethe: *Torquato Tasso* und die Autonomie des Künstlers

Zitat

Tasso: Wenn ihr zufrieden seid, so ist's vollkommen;
Denn euch gehört es zu in jedem Sinn.
Betrachtet' ich den Fleiß, den ich verwendet,
Sah ich die Züge meiner Feder an;
So konnt' ich sagen: Dieses Werk ist mein.
Doch seh' ich näher an, was dieser Dichtung
Den innern Werth und ihre Würde gibt;
Erkenn' ich wohl, ich hab' es nur von euch.
Wenn die Natur der Dichtung holde Gabe
Aus reicher Willkür freundlich mir geschenkt,
So hatte mich das eigensinn'ge Glück

Mit grimmiger Gewalt von sich gestoßen;
Und zog die schöne Welt den Blick des Knaben
Mit ihrer ganzen Fülle herrlich an,
So trübte bald den jugendlichen Sinn
Der theuern Eltern unverdiente Noth.
Eröffnete die Lippe sich zu singen,
So floß ein traurig Lied von ihr herab,
Und ich begleitete mit leisen Tönen
Des Vaters Schmerzen und der Mutter Qual.
Du warst allein, der aus dem engen Leben
Zu einer schönen Freiheit mich erhob;
Der jede Sorge mir vom Haupte nahm,
Mir Freiheit gab, daß meine Seele sich
Zu muthigem Gesang entfalten konnte;
Und welchen Preis nun auch mein Werk erhält,
Euch dank' ich ihn, denn euch gehört es zu. (V. 397-423)[11]

Im Laufe des Dramas zieht sich Tasso mehr und mehr in eine ihm wesensgemäßere „Einsamkeit" zurück und weist alle Ansprüche der Hofgesellschaft auf seine Person und seine Dichtung zurück: „Frei will ich sein im Denken und im Dichten; | Im Handeln schränkt die Welt genug uns ein" (V. 2305 f.).[12] Tasso, immer wieder hin- und hergerissen zwischen neuem Künstlerideal und den kanonischen Regeln der Gesellschaft, aber auch von heftigen Zweifeln am Inhalt seiner auf dem Mäzenat aufbauenden Kunst geplagt, erleidet schließlich ‚Schiffbruch' und sucht ausgerechnet bei Antonio, dem Kunst verachtenden Hofmann, mit den Worten Zuflucht: „So klammert sich der Schiffer endlich noch | Am Felsen fest, an dem er scheitern sollte" (V. 3452 f.).[13] Der Künstler ist auf sich selbst zurückgeworfen und muss lernen, sein Leiden an der Gesellschaft künstlerisch produktiv zu machen und es als Bedingung seiner Künstlerexistenz zu akzeptieren. Dies unterstreicht auch Leonore Sanvitales Wort vom „unfruchtbare[n] Zweig" (V. 2032) des Lorbeerkranzes, mit dem Tasso für sein Werk ausgezeichnet wurde: „Ein Zeichen mehr des Leidens als des Glücks" (V. 2039).[14] Was hier in der literarischen Fiktion als Forderung nach einer Neuordnung der Beziehung zwischen Künstler und Mäzen geschildert wurde, entsprach einer breit geführten Debatte, Kunstförderung nicht mehr als Teil höfischer Repräsentation und Unterhaltung zu betrachten. Adressat künstlerischer Tätigkeit war nicht mehr der Mäzen, sondern – im Wortgebrauch der Weimarer Klassik – nun die gesamte Menschheit.

Doch erst mit der gesetzlichen Ausgestaltung des Urheberrechts seit 1870 wird das Verhältnis zwischen Autor und Kulturbetrieb institutionalisiert (s. Modul 2, S. 56 f.). Verwertungsrechte machen es möglich, dass der Autor an den finanziellen Erlösen (Honorare, Tantiemen) beteiligt wird. Dennoch verschwand das Mäzenatentum nicht von der kulturpolitischen Tagesordnung, allerdings entstanden neue Konzepte der Kunstförderung, in denen z. B. Akademien und Stiftungen eine wichtige Rolle übernehmen sollten. Dabei ist auffällig, dass viele Initiativen von Privatleuten ausgingen, die später von staatlichen Institutionen übernommen oder in solche überführt wurden.[15]

Akademien

Während die Gründung der „Académie française“ 1635 aus einem Pariser Literatenzirkel hervorging und noch heute die „Vereinheitlichung und Pflege der französischen Sprache“ der Auftrag dieser weltberühmten und einflussreichen Sozietät ist, besaßen die deutsche Sprache und Literatur lange kein Heimatrecht in den auch in Deutschland seit dem 17. Jahrhundert zahlreich gegründeten Akademien. Akademien sehen in der Philosophenschule Platons (427-347 v. Chr.) in Athen ihr Vorbild und verstehen sich inzwischen als Institutionen zur Förderung der Wissenschaften und Künste. Anders als Universitäten widmen sich Akademien nicht der Lehre, sondern funktionieren als gelehrte und intellektuelle Zirkel, die meistens aus auf Lebenszeit berufenen Mitgliedern bestehen. Obwohl die Sprach- und Literaturförderung traditionell zu den genuinen Aufgaben von Akademien zählen und es im Mittelalter in Italien zu ersten entsprechenden Gründungen kam, fiel der Akademiegedanke im Fall von Sprache und Literatur erst durch das philologische Interesse der Humanisten an den antiken Sprachen und Literaturen in der Renaissance auf fruchtbaren Boden. Doch es gelang nur in – wenn auch berühmten – Ausnahmefällen Sprache und Dichtkunst im traditionellen Kanon von Wissenschaften, bildenden Künsten und Musik innerhalb einer Akademie zu verankern. Im deutschen Sprachraum dauerte es bis zum späten 18. Jahrhundert, bis es zu Ziel führenden Überlegungen kam, der Sprache und Dichtkunst in der bereits 1696 in Berlin gegründeten Akademie der Künste eine eigenständige Vertretung zu gewähren. Die Ziele einer solchen idealen Kunstakademie, die sich auf breiter Basis ihrer ästhetischen Grundlagen versichert, formulierte 1783 der Zeichner und Radierer Daniel Chodowiecki (1726-1801) folgendermaßen:

Zitat

[...] Academie ist ein Wort dass eine Versammlung von Künstlern Bedeutet, die an einem ihnen angewiesenen Ort, zu gewissen Zeiten Zusammen kommen, um sich miteinander über ihre Kunst freundschaftlich zu Besprechen, sich ihre Versuche, Einsichten und Erfahrungen mitzutheilen, und einer von dem andern zu Lernen, sich miteinander der vollkommenheit zu nähern suchen.[16]

Chodowiecki knüpfte mit diesen Vorstellungen zwar an die hoch angesehenen Akademienvorbilder in Rom und Paris an, aber die Akademien beschränkten sich im 19. Jahrhundert auf das nach wie vor gültige Wissenschaftsparadigma; Kunst, Musik und Literatur spielten allenfalls am Rande eine Rolle und ihre Vertreter übten weitgehend nur eine repräsentative und beratende Funktion aus.

Abb. 34: Sitzung der Sektion Dichtung in der Preußischen Akademie der Künste 1929 (v.l.n.r. Alfred Döblin, Thomas Mann, Ricarda Huch, Bernhard Kellermann, Hermann Stehr, Alfred Mombert).

Erst 1926 erhielt die Preußische Akademie der Künste in Berlin eine eigenständige „Sektion für Dichtkunst“, wodurch die Akademie zu einer „Gesamtvertretung der schöpferischen Kräfte und führenden Köpfe *aller* Künste" werden sollte.[17] Aber Akademien folgten nicht nur dem Prinzip des intellektuellen und gelehrten Austauschs oder der Repräsentation. In den Statuten der „Académie française" war bereits festgelegt worden, dass die Pflege des Mäzenatentums zu einer zentralen Aufgabe zählte. Akademien fördern daher traditionell Projekte der Grundlagenforschung (im Bereich von Sprache und Literatur etwa die Erarbeitung von Wörterbüchern, Editionen und Quellendokumentationen), aber sie geben keine Kunstwerke in Auftrag. Dennoch sind sie auch als Förderer von Kunst und Kultur aktiv, indem Akademien Preise (Büchner-Preis der Deutschen Akademie für Sprache und Dichtung) verleihen, Stipendien (Deutsche Akademie Rom Villa Massimo) vergeben und immer wieder durch Vorträge, Ausstellungen, Lesungen, Film- und Theatervorführungen (vgl. das Programm der Akademie der Künste in Berlin) zu grundsätzlichen Fragen der Kunst in der Öffentlichkeit Stellung nehmen und dabei in vielen Fällen auch kontrovers Position beziehen. Welche Bedeutung Akademien für die Sichtbarkeit von Kunst und Kultur durch ihre Aktivitäten in der Öffentlichkeit haben, zeigt das heutige, am historischen Ort wieder errichtete Gebäude der ehemaligen Preußischen Akademie der Künste am Pariser Platz in unmittelbarer Nähe des Brandenburger Tors, also in der Mitte des politischen Berlin. Diese Bedeutung lässt sich aber auch exemplarisch an der Geschichte der Sektion Dichtung in der Preußischen Akademie der Künste vor und während des Nationalsozialismus studieren. Die Geschichte der Akademie der Künste blieb auch nach 1945 ein prägender Aspekt, da sie nach der Teilung Berlins in zwei Akademien – eine in West- die andere in Ost-Berlin – zerfiel und nach der Wiedervereinigung der beiden deutschen Staaten erst nach langwierigen kontroversen Debatten unter den Akademiemitgliedern 1993 – hier ging es im Wesentlichen um die Frage, in welchem Maße Künstler und Kulturschaffende das totalitäre System der DDR unterstützt hatten – in eine gemeinsame Akademie der Künste überführt werden konnte.[18]

Stiftungen

Mäzenatische Aufgaben werden inzwischen verstärkt von gemeinnützigen Stiftungen übernommen. Stiftungen spielen eine wichtige Rolle für die Förderung von Bildung, Wissenschaft, Kultur und sozialen Einrichtungen, eine Rolle, die inzwischen durch flankierende gesetzgeberische Maßnahmen (Stiftungsrecht, Stiftungssteuerrecht) stimuliert wird. Die Bereitstellung von Kapital, aus dessen Zinsen Stiftungen Projekte finanzieren, wird daher stets als Investition in das Gemeinwohl aufgefasst. Die Förderung des Gemeinwohls ist der Kern von Stiftungen und spiegelt sich auch in den jeweiligen Zielsetzungen wider, die wiederum Voraussetzung sind, dass eine Stiftung als ‚gemeinnützig' anerkannt wird und entsprechende juristische und fiskalische Privilegien in Anspruch nehmen kann. Stiftungen können von Einzelpersonen, Unternehmen aber auch von politischen Parteien eingerichtet werden. Das traditionelle bürgerliche Engagement zur Förderung kultureller Einrichtungen und Aktivitäten, das in Ländern wie den USA wesentlich ausgeprägter ist als in Deutschland, soll dadurch für die kulturellen Belange genutzt werden und den Staat auf Dauer nicht nur finanziell entlasten, sondern auch die dezentrale Ausrichtung der Kunstförderung sichtbar machen. In Deutschland gibt es derzeit etwa 80 Stiftungen, deren Stiftungsauftrag die Förderung von Literatur ist.[19] Diese Stiftungen gehen entweder auf private (z.B. Robert Bosch Stiftung, Sparkassen-Kulturstiftungen) oder staatliche (z.B. Kulturstiftung des Bundes, Landeskulturstiftungen) Initiative zurück und unterscheiden sich auch in der Definition ihrer Stiftungsaufträge. Es gibt Stiftungen, die zur Sicherung einer Einrichtung (z.B. Klassik Stiftung Weimar) gegründet wurden, daneben auch Stiftungen, die eigene Projekte fördern und schließlich Stiftungen, die Personen und Projekte unterstützen. Dabei werden meistens Projektbeträge ab 5.000 Euro ausgeschüttet. Stiftungen unterstützen gern die Bewahrung und Pflege des literarischen Erbes, fördern Autoren und Übersetzer, finanzieren literarische Veranstaltungen oder engagieren sich bei der Leseförderung. Die Förderung ist breit gefächert, z. B. werden Preise, Stipendien, Autorentreffen oder Festivals finanziert, doch auch die Gewährung von Druckkostenzuschüssen zählt zu den Fördermaßnahmen.

Stipendien und Poetik-Professuren 3.

Funktion von Stipendien

Literaturförderung ist zu einem großen Teil immer auch konkrete Autorenförderung. Gerade jüngere Autoren oder Autoren, die erst allmählich im Literaturbetrieb Fuß gefasst haben, sind die Zielgruppe bei der Vergabe von Stipendien. Solche Stipendien – von unterschiedlichsten Institutionen, Organisationen und Privatpersonen bereit gestellt – sollen dazu beitragen, das finanzielle Auskommen für eine gewisse Zeit zu garantieren. Sie verfolgen weiterhin die Absicht, einem Autor für eine gewisse Zeit die Möglichkeit zu geben, ein Arbeitsvorhaben konzentriert voranzutreiben bzw. zu beenden, ohne auf die Existenzsicherung Rücksicht nehmen zu müssen. Für Autoren, die ein Stipendium bekommen, bedeutet dies in der Regel einen Imagegewinn, umgekehrt aber auch für die Auslober solcher Stipendien eine Werbung für die Zielsetzungen ihrer Arbeit. Nicht selten war ein Stipendium der Auslöser für eine Schriftstellerkarriere. In Deutschland werden derzeit etwa 50 Stipendien der unterschiedlichsten Art vergeben, deren Vergabe jedoch an diverse Auswahlkriterien (z. B. Sprache, Nationalität, regionale Herkunft, Alter, Geschlecht, literarische Gattung des Projekts) gebunden sind. Häufig wird ein Stipendium auf der Grundlage eines eingereichten Textes vergeben, nicht selten spielen bereits publizierte Texte eine Rolle bei der Zuerkennung eines Stipendiums.[20] Die Stiftung Niedersachsen vergibt z. B. ein Stipendium, mit dem gezielt die Arbeit am ‚zweiten Buch', das bekanntlich zu den schwierigsten Aufgaben eines Autors zählt, unterstützt wird. Von der breiteren Öffentlichkeit werden meistens Aufenthaltsstipendien wahrgenommen, die mit einem bestimmten Ort verbunden sind. Unter diesen Orten hat die Villa Massimo in Rom (Sitz der „Deutschen Akademie Rom") einen besonderen Klang. Das Villa Massimo-Stipendium, ein dreimonatiger Arbeitsaufenthalt in einem der Ateliers bzw. Appartements der Villa plus einem Betrag von monatlich 2.500 Euro, wird an bildende Künstler, Architekten, Komponisten und Schriftsteller vergeben und gilt als eine der wichtigsten Auszeichnungen der Bundesrepublik Deutschland. Der Aufenthalt in der Villa Massimo ist verbunden mit der Präsentation von Arbeitsergebnissen in Ausstellungen, Lesungen und Konzerten, die wiederum der kulturellen Selbstdarstellung Deutschlands in Italien dient. Zu den Schriftstellern, die Stipendien der Villa Massimo erhielten, gehören u. a. Uwe Johnson (1934-1984), Rolf Dieter Brinkmann (1940-1975), Ingeborg Bachmann, Uwe Kolbe (*1957), Angela Krauß (*1950) und Ingo Schulze (*1962). Ebenfalls mit einen bedeutenden Ort ist das Stipendienprogramm der Villa Aurora in Pacifique Palisades bei Los Angeles verbunden. Die Villa Aurora war zwischen 1941 und seinem Tod im Jahr 1958 Wohnsitz des aus Deutschland vertriebenen Schriftstellers Lion Feuchtwanger (1884-1958), wurde mit Hilfe der Bundesrepublik saniert und wird heute von einem Verein geleitet, der vom Auswärtigen Amt unterstützt wird. Die Villa Aurora ist einerseits ein Erinnerungsort für das deutsche Exil an der amerikanischen Westküste, hat sich andererseits im Laufe der Zeit zu einem Ort des deutsch-amerikanischen Kulturaustausches entwickelt, wo sich Literatur, Wissenschaft und Politik treffen. Das Stipendienprogramm ermöglicht vergleichbar den Stipen-

Villa Massimo

Villa Aurora

dien der Villa Massimo einen projektgebundenen Arbeitsaufenthalt. Stipendien mit der Möglichkeit, an einem bestimmten Ort oder einer Stadt in Ruhe arbeiten zu können, und der Erwartung, dass der Stipendiat am öffentlichen Kulturleben der jeweiligen Stadt aktiv (z. B. durch Lesungen) teilnimmt, sind auch in Deutschland selbst sehr populär geworden.

Stadtschreiber

Weithin bekannt sind die Stadtschreiberstellen (auch in der Variante als Insel-, Turm- oder Burgschreiberstellen), unter denen diejenigen in Bergen-Enkheim und Mainz breite öffentliche Wirkung erlangt haben. Diese Stadtschreiberstellen knüpfen an das Amt des Stadtschreibers an, der in den mittelalterlichen und frühneuzeitlichen Städten (besonders in den Reichsstädten) eine herausgehobene Funktion in der städtischen Verwaltung ausübte und zu den mächtigsten städtischen Beamten zählte. Der Stadtschreiber war hervorragend ausgebildet, rechtskundig, sowohl in der deutschen als auch der lateinischen Sprache kompetent und außerdem ein Verwaltungsfachmann. Er gehörte damit zu den wichtigsten Beratern des Bürgermeisters und des Stadtrates und war als oberster städtischer Notar und Prozessbevollmächtigter tätig. Um von diesen Kompetenzen wirklich profitieren zu können, wurde das Amt des Stadtschreibers für einen längeren Zeitraum vergeben. Gottfried Keller (1819-1890) bekleidete beispielsweise von 1861 bis 1876 das hoch dotierte Amt des „Staatsschreibers“ in Zürich. Eine ‚literarische‘ Neuauflage erlebte das Amt des Stadtschreibers 1974, als der Schriftsteller Franz Joseph Schneider, ein Gründungsmitglied der „Gruppe 47“, der (damals noch selbständigen, seit 1977 zu Frankfurt/Main gehörenden) Stadt Bergen-Enkheim vorschlug, jeweils für ein Jahr einen Schriftsteller als „Stadtschreiber“ zu berufen. Die Auszeichnung als Stadtschreiber ähnelt zwar in Manchem (z. B. dem Preisgeld) Literaturpreisen, dennoch sind Unterschiede erkennbar. Man stellte dem Stadtschreiber neben dem Preisgeld von 15.500 Euro (Stand: 2007) auch eine Wohnung für den einjährigen Arbeitsaufenthalt zur Verfügung. Mit der Berufung in das ‚Amt‘ waren keine Verpflichtungen verbunden, außer dem Wunsch, der jeweilige Stadtschreiber möge den Bürgern Bergen-Enkheims bei Lesungen oder dem Literaturfest zur Amtseinführung begegnen.

Stadtschreiber von Bergen-Enkheim

Das Amt des Stadtschreibers von Bergen-Enkheim übten u. a. Wolfgang Koeppen (1906-1996), Karl Krolow (1915-1999), Peter Rühmkorf (*1929), Peter Härtling (*1933), Nicolas Born (1937-1979), Jurek Becker (1937-1997), Günter Kunert (*1929), Peter Bichsel (*1935), Friederike Roth (*1948), Katja Lange-Müller, Uwe Timm (*1940) oder Katharina Hacker (*1967) aus. Das Amt des

Mainzer Stadtschreiber

Abb. 35: Peter Bichsel als Stadtschreiber von Bergen-Enkheim (1997).

„Mainzer Stadtschreibers“ wird ebenfalls seit 1984 zunächst als Literaturpreis vergeben, der von den Fernsehsendern ZDF und 3sat sowie der Stadt Mainz ausgelobt und mit dem das Gesamtwerk eines Autors ausgezeichnet wird. Das Preisgeld beträgt inzwischen 12.500 Euro und der jeweilige Stadtschreiber erhält zudem das Recht, ein Jahr im „Stadtschreiberdomizil“ im Mainzer Gutenberg-Museum wohnen zu dürfen. Die Auszeichnung hat das Ziel das „Zusammenwirken von Literatur und Fernsehen“ zu unterstützen. Der sprachpflegerische Aspekt steht dabei im Vordergrund:

Zitat

In einer Zeit sprachlichen Notstands, ist dem ZDF bewusst, dass auch das Fernsehen mit seiner optischen Kraft Gefahren für die Sprache unserer Gesellschaft birgt. Das ZDF, 3sat und die Stadt Mainz steuern dieser Gefahr aktiv entgegen und wollen mit den Mitteln des Fernsehens zur Bereicherung und lebendigen Weiterentwicklung unserer Sprache beitragen. Heute, da sich Fernsehen auf immer mehr Wegen weiter ausbreitet, ist es wichtig, auf die Einmaligkeit unserer Sprache als einzig unverzichtbares Medium hinzuweisen, um der Sprachverflachung mit der gezielten Pflege unserer Sprache zu begegnen.[21]

Ausgezeichnet wurden u. a. Gabriele Wohmann (*1932), Günter Kunert, Peter Härtling, Urs Widmer (*1938), Sten Nadolny (*1942) und Ilija Trojanow (*1965).

Poetik-Professuren

Einen anderen Weg, doch im weitesten Sinne auch der Förderung von Autoren und Literatur verpflichtet, gehen Poetik-Professuren, die meistens für die Dauer von einem Semester an verschiedenen Universitäten eingerichtet wurden. Zu den bekanntesten Poetik-Professuren zählen die an den Universitäten Frankfurt/Main, Heidelberg, Bamberg, München, Kassel und Paderborn. Diese Poetik-Professuren dienen dem Kontakt zwischen Literatur und Literaturwissenschaft, geben aber auch Studierenden durch verschiedene Seminarformen (Vorlesung, Workshop u. ä.) Einblick in die kreative Werkstatt eines Schriftstellers und dessen poetologische Vorstellungen. Diese Poetik-Professuren sind hervorgegangen aus den Frankfurter Poetik-Vorlesungen, einer im Wintersemester 1959/60 erstmals vom S. Fischer Verlag finanzierten Gastprofessur von Schriftstellern an der Universität Frankfurt/Main. Seit 1979 hat der Suhrkamp Verlag einen Großteil der Finanzierung dieser Professur übernommen. In den Poetik-Vorlesungen wendet sich ein Autor für ein Semester lang Fragen der literarischen Produktion und deren Kontexten zu. Der Poetik-Professor ist bei der Wahl seines Themas frei. Ingeborg Bachmann war im Wintersemester 1959/60 die erste Dozentin der Frankfurter Poetik-Vorlesungen, ihr folgten u. a. Hans Magnus Enzensberger, Christa Wolf, Günter Grass, Ernst Jandl (1925-2000), Robert Menasse (*1954) und Andreas Maier (*1967). Viele der Vorlesungen sind später in Buchform veröffentlicht worden und zählen (z. B. Christa Wolfs Vorlesungen *Kassandra. Voraussetzungen einer Erzählung*) zu wichtigen selbstreflexiven und autopoetischen Texten.

Frankfurter Poetik-Vorlesungen

Übersetzungsförderung 4.

Literarische Übersetzungen haben im deutschsprachigen Raum eine große Tradition und ein Bewusstsein dafür geschaffen, dass die deutsche Literatur ein Bestandteil der „Weltliteratur" ist. Goethe hat davon gesprochen, dass das Übersetzen „eins der wichtigsten und würdigsten Geschäfte in dem allgemeinen Weltwesen" ist.[22] Die Geschichte der Übersetzung – angefangen mit Luthers Bibelübersetzung von 1522, über die berühmten Homer-Übersetzungen von Johann Heinrich Voß (1714-1778) und die Shakespeare-Übersetzungen von August Wilhelm Schlegel (1767-1845) und Ludwig Tieck (1773-1853) bis hin zu heutigen Übersetzern wie Elmar Tophoven (1923-1989) (Beckett) oder Hans Wollschläger (1935-2007) (Joyce) – hat in Deutschland einen hohen Standard

Tradition literarischer Übersetzung in Deutschland

geschaffen, der sich auch in der allgemeinen Wertschätzung der akademischen Übersetzungswissenschaft und in der Übersetzerausbildung spiegelt. Übersetzungen haben stets einen wichtigen Beitrag für die Entstehung von Literatur und deren Lektüre geleistet. Literarische Übersetzer gelten daher zu Recht als *die* eigentlichen Literaturvermittler, weil sie durch ihre Arbeit den grenzüberschreitenden Kontakt zwischen Leser und anderen Literaturen bzw. Kulturen herstellen. Immer wieder wurde in diesem Zusammenhang die Literatur als ‚Königsweg' bezeichnet, um fremde Kulturen und deren Denkweisen in ihrer Vielfalt kennen zu lernen.

Übersetzungen und Buchmarkt

So wichtig die Funktion von Übersetzungen auch ist, es ist weitgehend unbekannt, dass Übersetzungen seit 1945 zu einem wichtigen sozialen und ökonomischen Faktor geworden sind, denn das Übersetzungsvolumen steigt seitdem ständig. Insbesondere literarische Übersetzungen bilden weltweit die stärkste Gruppe unter allen Übersetzungen. In Deutschland ist inzwischen jeder achte Buchtitel eine Übersetzung.[23] Deutschland zählt damit weltweit zu den übersetzungsfreudigsten Ländern. Aber auch umgekehrt gilt, dass immer mehr deutschsprachige Texte in fremde Sprachen übersetzt werden.

Ziele der Übersetzungsförderung

So positiv diese Fakten auf den ersten Blick zu sein scheinen, hinter ihnen verbergen sich Fragen, die mit ‚Literaturpolitik' als Instrument einer Steuerung von Literaturrezeption zu tun haben. Regelmäßig wird davon ausgegangen, dass die Anzahl der Übersetzungen ein sicheres Indiz für die Bedeutung eines Werks oder für den literarischen Rang eines Autors, ja sogar für eine ganze Nationalliteratur ist. Das mag sicherlich in vielen Fällen zutreffend sein, aber man muss sich auch vergegenwärtigen, dass die Bedingungen – die Wahl des Übersetzers, die Qualität der Übersetzung, der Verlag, in dem die Übersetzung erscheint – für Erfolg und Misserfolg verantwortlich sein können.[24] Um diesen Unwägbarkeiten zu begegnen, ist die Förderung von Übersetzungen ein probates Instrument, um zum einen die Qualität von Übersetzungen zu sichern und zum anderen Einfluss auf die Publikationskontexte zu nehmen. Die Förderung von Übersetzungen ist daher eine bedeutsame kulturpolitische Aufgabe, deren Nachhaltigkeit unbestritten ist. Übersetzungen aus dem Deutschen wurde 2005 von der Bundesregierung mit fast 1 Mio. Euro unterstützt.[25] Mehrere bedeutende Literaturpreise werden ausdrücklich an literarische Übersetzer vergeben. Darüber darf jedoch nicht vergessen werden, dass die wirtschaftliche, soziale und rechtliche Absicherung von Übersetzern in vielen Fällen zu wünschen übrig lässt und eine Verbesserung der Rahmenbedingungen (Honorare, Copyright) dringend geboten ist. In Deutschland gibt es mit dem „Literarischen Colloquium Berlin" und dem „Europäischen Übersetzer-Kollegium Nordrhein-Westfalen" zwei Einrichtungen, die sich institutionell der Übersetzungsförderung widmen. Das von Walter Höllerer (1922-2003) 1963 gegründete „Literarische Colloquium Berlin" hat sich von Anfang an für eine konsequente Förderung von literarischen Übersetzungen eingesetzt. Workshops und Seminare für Übersetzer dienen dem Austausch über Probleme und Erfahrungen, stellen aber auch den Kontakt zu Autoren, Literaturkritikern und Verlagslektoren her. Seit 1997 beherbergt das „Literarische Colloquium" auch den „Deutschen Übersetzerfonds" (www.uebersetzerfonds.de), der sich gezielt der Förderung literarischer Übersetzungen widmet (vergeben werden u. a. Reise- und Arbeitsstipendien). Mit finanzieller Unterstützung durch das Auswärtige Amt und die Schweizer Stiftung Pro Helvetia sind spezielle Förderprogramme für die Übersetzung belletristischer Literatur aus den Ländern Mittel- und Osteuropas ins Deutsche entwickelt worden. Dass dieses Programm auch in die umgekehrte Richtung funktioniert, zeigen zahlreiche geförderte Übersetzungen von deutschsprachigen Texten in ost- und mitteleuropäische Sprachen. 1978 wurde im niederrheinischen Straelen das „Europäische Übersetzer-Kollegium Nordrhein-Westfalen" gegründet (www.uebersetzercollegium.com). Die Initiative ging von der Überlegung aus, einen Ort zu schaffen, an dem Übersetzer nicht nur zu Tagungen und Seminaren zusammenkommen, sondern an dem sie über einen längeren Zeitraum hinweg an einer Übersetzung arbeiten können. Entstanden ist eine internationale Arbeitsstätte, die über Appartements, Arbeitsräume und eine Bibliothek verfügt, und sich im Laufe der Zeit zu einem Zentrum für deutsche und ausländische Übersetzung entwickelt hat. Dabei beruft sich das Übersetzer-Kollegium selbstbewusst auf ein berühmtes historisches Vorbild, nämlich auf das spanische Toledo, das im Mittelalter als Beispiel interkultureller Zusammenarbeit gilt, weil sich dort Gruppen von Übersetzern zusammengefunden haben, die wichtige griechische philosophische Werke aus dem Arabischen ins Lateinische übersetzt haben. Über diesen sprachlichen Umweg wurden diese Werke in Westeuropa erst bekannt, noch bevor die großen Philologen der Renaissance die griechischen Originale erschlossen haben.

Literarisches Colloquium / Deutscher Übersetzerfonds

Europäisches Übersetzer-Kollegium

5. Literatur in der auswärtigen Kulturpolitik

Kultur als Säule der Außenpolitik

Die Bundesrepublik Deutschland hat seit 1956 mit über 100 Ländern Kulturabkommen geschlossen. Allein an dieser Zahl wird deutlich, welchen Stellenwert die auswärtige Kultur- und Bildungspolitik hat. Seit 1970, als Ralf Dahrendorf (*1929) im Auftrag des Auswärtigen Amtes *Leitsätze für die auswärtige Kulturpolitik* formulierte, gilt eine dialogische und partnerschaftliche Kulturarbeit neben den politischen und wirtschaftlichen Beziehungen als „dritte Säule" der deutschen Außenpolitik. Innerhalb dieser Politik kommt der Förderung der deutschen Sprache und Literatur im Ausland und damit ihr Einsatz als Instrument des Kulturaustausches eine weitere herausgehobene Funktion zu.[26] Die Vermittlung von deutscher Sprache und Kultur im Ausland soll positiv bei der „Mitgestaltung von Deutschlandbildern" im Ausland wirken, „ein aktuelles Bild vom künstlerischen Leben und Schaffen in Deutschland" vermitteln und „unser Land als kreativen Kulturstaat in Europa" präsentieren, heißt es in einem Grundlagenpapier zur Auswärtigen Kulturpolitik.[27] Die Literaturförderung wird in diesem Zusammenhang als eines der wichtigsten Instrumente betrachtet. Dieser Anspruch wird z. B. deutlich durch den Slogan „Wenn Bücher wandern – mit Literaturförderung Grenzen überwinden", mit dem der Infostand des Auswärtigen Amtes 2007 auf der Leipziger Buchmesse für seine Aktivitäten warb. Auswärtige Literaturförderung ist ein integraler Bestandteil der auswärtigen Kulturpolitik und unterstützt die allgemeinen Ziele und Interessen deutscher Außenpolitik wie „Sicherung des Friedens, Konfliktverhütung, Verwirklichung der Menschenrechte, partnerschaftliche Zusammenarbeit", dient aber auch „der zwischenstaatlichen und zwischenmenschlichen Verständigung, setzt sich für Weltoffenheit und Weltläufigkeit ein und baut Glaubwürdigkeit, Verlässlichkeit und unverzichtbare Netzwerke für die politische und wirtschaftliche Zusammenarbeit auf – und zwar langfristig. Auswärtige Kulturpolitik gewinnt Partner und Freunde für Deutschland und fördert so unmittelbar vitale Interessen unseres Landes."[28] Realisiert werden sollen diese Ziele mit einer einschlägigen Programmarbeit, die folgende Elemente enthält: Veröffentlichung von spezifischen Büchern und Kulturzeitschriften, Versorgung deutscher Bibliotheken und Lesesäle im Ausland, Beteiligung an Buchmessen, Übersetzungshilfen, Einladungen an ausländische Verleger, Lese- und Informationsreisen von Schriftstellern, bibliothekarische Verbindungsarbeit, Konferenzen und Kolloquien für Autoren und Übersetzer.[29]

„Mit Literaturförderung Grenzen überwinden"

Das Auswärtige Amt bedient sich bei der Umsetzung dieser Programme nichtstaatlicher Mittlerorganisationen, die mit der selbständigen Wahrnehmung von kulturpolitischen Aufgaben betraut sind. Während der Deutsche Akademische Austauschdienst (DAAD) oder die Alexander von Humboldt-Stiftung insbesondere für den Wissenschaftleraustausch verantwortlich sind, spielen die Goethe-Institute eine besondere Rolle beim Erwerb der deutschen Sprache und der Vermittlung von Kultur und Literatur. Das Goethe-Institut agiert weltweit mit 108 Zweigstellen in über 70 Ländern und mit 16 inländischen Instituten (www.goethe.de). Gegründet wurde das Goethe-Institut 1951 als Nachfolgeinstitution der „Deutschen Akademie".[30] Der ursprüngliche Auftrag galt der Fortbildung ausländischer Deutschlehrer in Deutschland. Mit der allmählichen Rückgewinnung der staatlichen Souveränität wurde auch die deutsche Repräsentanz im Ausland wieder auf- und ausgebaut. Das Goethe-Institut übernahm alle im Ausland tätigen deutschen Kulturinstitutionen und baute ein flächendeckendes Institutsnetz auf. In den Jahren des Wiederaufbaus konzentrierte sich die Arbeit der Goethe-Intitute auf „Sympathiewerbung, Vertrauensbildung, Prestigegewinn", seit den 1960er Jahren – den Jahren des ‚Kalten Krieges' – galt es das Image eines freien Deutschland zu propagieren und in den Jahren nach 1968 standen die Ziele im Zeichen der Entspannungspolitik.

Goethe-Institute

Gegenwärtig sucht man nach Ansatzpunkten für einen interkulturellen Dialog in einer globalisierten Welt.[31] Das Goethe-Institut unterhält inzwischen auch Lesesäle, Lehrmittelzentren, Sprachlehrzentren und Dialogpunkte. Die Arbeit konzentriert sich nicht mehr nur auf den Deutschunterricht und die Lehrerfortbildung oder die Erarbeitung von Lehrmaterialien sowie Bereitstellung von Büchern und Zeitschriften, sondern enthält nun als elementaren Bestandteil auch die Organisation von Kulturprogrammen. Das Goethe-Institut versteht sich heute als „das weltweit tätige Kulturinstitut der Bundesrepublik Deutschland" und definiert seinen Auftrag folgendermaßen:

Abb. 36: Werbeplakat des Goethe-Instituts in der Londoner U-Bahn-Station Piccadilly Circus.

Zitat

Wir fördern die Kenntnis der deutschen Sprache im Ausland und pflegen die internationale kulturelle Zusammenarbeit. Darüber hinaus vermitteln wir ein umfassendes Deutschlandbild durch Information über das kulturelle, gesellschaftliche und politische Leben.
Mit unserem Netzwerk aus Goethe-Instituten, Goethe-Zentren, Kulturgesellschaften, Lesesälen sowie Prüfungs- und Sprachzentren nehmen wir seit über fünfzig Jahren weltweit zentrale Aufgaben der auswärtigen Kultur- und Bildungspolitik wahr.
Wir schöpfen aus dem Facettenreichtum unserer offenen Gesellschaft und der deutschen Kultur, verbinden Erfahrungen und Vorstellungen unserer Partner mit unserer interkulturellen und fachlichen Kompetenz. Wir arbeiten im partnerschaftlichen Dialog und sind dabei Dienstleister und Partner für alle, die sich aktiv mit Deutschland und der deutschen Sprache und Kultur beschäftigen. Wir arbeiten eigenverantwortlich und politisch ungebunden.
Wir stellen uns den kulturpolitischen Herausforderungen der Globalisierung und entwickeln innovative Konzepte für eine durch Verständigung humanere Welt, in der kulturelle Vielfalt als Reichtum erkannt wird. Wir sind Partner öffentlicher und privater Kulturträger, der Bundesländer, der Kommunen und der Wirtschaft.[32]

Wenn man mit dem Goethe-Institut häufig zunächst Sprachkurse in Verbindung bringt, so macht die kulturelle und insbesondere literarische Vermittlungsarbeit inzwischen einen Großteil der Arbeit aus, der auch in den Gastländern entsprechend positiv zur Kenntnis genommen wird. Wie sehr die Vermittlung von Sprache, Literatur und Kultur zum Abbau Deutschland spezifischer Stereotype und Vorurteile beitragen kann, stellen die Goethe-Institute als ‚Mittlerorganisationen' weltweit erfolgreich unter Beweis. Die Arbeit wirkt außerdem in den nationalen Kultur- und Literaturbetrieb zurück, da das Goethe-Institut sich als „transnationale" Kulturinstitution versteht und seine auswärtigen Erfahrungen in die deutsche Diskussion einbringt: „Internationaler Kulturaustausch bedeutet zukünftig weniger nationale Repräsentanz als die Vermittlung in sich vielstimmiger, oft multikultureller Szenen."[33]

Zusammenfassung

Literaturförderung ist ein wichtiger Bestandteil der Kulturpolitik und wird differenziert in die Förderung von Autoren und in die Förderung von spezifischen Vorhaben, die Literatur in der Öffentlichkeit sichtbar machen. Literaturförderung ist ein komplexes Phänomen von ‚Geben' und ‚Nehmen', weil an ihr nicht nur unterschiedliche Organisationen und Institutionen mit jeweils spezifischen Zielsetzungen beteiligt sind, sondern weil auch Autoren durch die Förderung in ein ‚Abhängigkeitsverhältnis' geraten können, das ihre künstlerische Autonomie tangiert. Trotzdem ist Autoren- und Literaturförderung heutzutage ein wichtiges kulturpolitisches, soziales und wirtschaftliches Instrument, um die Existenz von Autoren zeitweise zu sichern und um aktiv Hilfestellung bei der Produktion, Distribution und Rezeption von Literatur zu geben. Autoren- und Literaturförderung spielt außerdem eine herausragende Rolle in der auswärtigen Kulturpolitik, wobei Literatur als wichtiger Vermittler von nationaler Kultur im Ausland gesehen wird.

Literatur

- Bumke, Joachim: Mäzene im Mittelalter. Die Gönner und Auftraggeber der höfischen Literatur in Deutschland 1150-1300. München: Beck 1979.
- Heinrichs, Werner: Kulturpolitik und Kulturfinanzierung. Strategien und Modelle für eine politische Neuorientierung der Kulturfinanzierung. München: Beck 1997.
- Lammert, Norbert (Hg.): Alles nur Theater? Beiträge zur Debatte über Kulturstaat und Bürgergesellschaft. Köln: DuMont 2004.
- Vandenrath, Sonja: Private Förderung zeitgenössischer Literatur. Eine Bestandsaufnahme. Bielefeld: Transcript 2006.

Fragen

1. Worin unterscheiden sich Autoren- und Literaturförderung?
2. Warum ist die Kulturpolitik der Bundesrepublik Deutschland im Wesentlichen föderalistisch ausgerichtet?
3. Wie kann man das Verhältnis von Künstler und Mäzen aus historischer Perspektive beschreiben?
4. Welche Überlegungen liegen der Einrichtung von Poetik-Professuren zugrunde?

5. Welche Rolle spielen literarische Übersetzer im nationalen und internationalen Literaturbetrieb?

6. Welche Ziele verfolgt die Auswärtige Kulturpolitik der Bundesrepublik Deutschland?

7. Welche Aufgaben übernehmen die Goethe-Institute für die Darstellung der Bundesrepublik Deutschland im Ausland?

Antwortteil

Schlüssel zum Modul 1, S. 23

1. Ralf Schnell sieht im Literaturbetrieb eine Plattform, auf der sich Autoren bewegen und ihre Text veröffentlichen, und auf der Verlage, Literaturkritiker und Leser sowie weitere am Literaturbetrieb Beteiligte agieren. Besonderes Merkmal dieser Plattform ist die Betriebsamkeit, die für die komplizierte Koordination aller Aspekte nötig ist, die zur Herstellung, Verbreitung und Rezeption von Literatur gehören.

2. Unter dem „literarischen Feld“ ist ein von Pierre Bourdieu entwickeltes System zu verstehen, das aus Macht- und Einflussbeziehungen besteht und diese wie in einem Magnetfeld konzentriert. Im „literarischen Feld“ operieren z. B. Autoren, Verlage, Buchhandel, Literaturkritik, Bibliotheken oder Organisationen der Literaturförderung. Sie sind von bestimmten Dispositionen („Habitus“) gekennzeichnet und verfügen über spezifische Mittel („Kapital“), die für ihr jeweiliges Handeln in der Öffentlichkeit verantwortlich sind.

3. Heinz Ludwig Arnold nennt folgende historische Eckpunkte: 1. Erfindung des Buchdrucks und in dessen Folge die größere Verbreitung von Literatur (15. Jahrhundert); 2. Entstehung von Deutsch als Literatursprache (17. Jahrhundert); 3. soziale Emanzipation des Autors, Entstehung einer bürgerlichen Öffentlichkeit und eines strukturierten literarischen Marktes (18. Jahrhundert); 4. Abbau des Analphabetentums und Emanzipation des Lesers (18./19. Jahrhundert).

4. Der Literaturbetrieb der DDR zeichnet sich durch eine zentralistische, autoritäre Struktur aus, in der Staat und Sozialistische Einheitspartei (SED) strukturelle Eingriffe in den Bereich von Presse, Verlagsleben, Kunst und Literatur mit dem Hinweis auf die „antifaschistisch-demokratische Erneuerung“ der Gesellschaft rechtfertigten. Der Literaturbetrieb war an politische, ideologische und ästhetische Vorgaben gebunden, deren Einhaltung von Staat, Partei und Bürokratie mit unterschiedlichen Institutionen und Instrumenten kontrolliert und durchgesetzt wurde.

Schlüssel zum Modul 2, S. 61

1. Das lat. Substantiv *auctor* bezeichnet zunächst den Förderer, Anstifter und Gewährsmann. Später wird das Wort auch in der Bedeutung von Urheber und Schöpfer eines Schriftwerkes gebraucht. Gleichzeitig spielt der Aspekt der

Vorbildlichkeit des Autors eine Rolle. Diese Vorbildlichkeit bezieht sich auf sprachliche, stilistische und rhetorische Ausdrucksqualitäten. Der Zusammenhang zwischen Autor und Werk spielte in der Antike noch nicht die Bedeutung, die wir dieser Beziehung heute beimessen.

---

2. Obwohl im 18. Jahrhundert für die meisten Autoren das Schreiben noch eine Beschäftigung neben dem eigentlichen Brotberuf (Pfarrer, Beamter, Gelehrter, Lehrer) war, versuchten einzelne Autoren, sich auf dem expandierenden Buchmarkt als ‚freie Schriftsteller' zu bewähren. Sie machten sich frei von Mäzenen und anderen Förderern und versuchten mit ihren Produkten die Nachfrage eines neuen Lesepublikums zu befriedigen. Die Veränderungen auf dem Buchmarkt und die neue rechtliche Stellung des Autors (Anerkennung des ‚geistigen Eigentums') führten zu einem neuen Selbstverständnis des Autors, das nun wesentlich von Professionalisierung und Individualisierung geprägt ist.

---

3. Tiefgreifende Veränderungen in der Literaturproduktion im 20. Jahrhundert haben zu Fragen Anlass gegeben, ob der Autor weniger als schreibendes Subjekt und vielmehr als Mittler innerhalb fließender Diskurse zu betrachten sei. Gleichzeitig wurde kritisch geprüft, ob der Autor als Instanz überhaupt noch etwas zum Verstehen von Texten beitragen kann. Roland Barthes hat diese Zweifel in die Formel vom „Tod des Autors" gefasst, wodurch die künstlerische Autonomie des Autors aufgekündigt wurde. Betont wurde nun die Funktion des Autors als Kompilator bzw. Schreiber, und der Leser wurde zum eigentlichen Produzenten des Texts erklärt.

---

4. Autorengruppen sind Zusammenschlüsse von Autoren, die durch ein gemeinsames Auftreten im Literaturbetrieb literarische und/oder kulturelle Ziele programmatisch vertreten, neue Literaturrichtungen propagieren oder zum kritischen Austausch über Texte zusammenkommen. Autorenverbände verfolgen das Ziel, die beruflichen und sozialen Interessen ihrer Mitglieder – vergleichbar einer Gewerkschaft – zu vertreten.

---

5. Literaturfehden haben über ihre persönlichen und inhaltlichen Kontroversen hinaus eine Kontrollfunktion, indem sie Vorgänge öffentlich und damit transparent machen. Sie enthüllen u. a. persönliche Gegnerschaften, markieren poetologische Wendepunkte, versuchen neue gegen alte Auffassungen durchzusetzen oder verfolgen die Absicht, den Einfluss im Literaturbetrieb zu gewinnen, zu verteidigen oder zu vergrößern.

---

6. Das Urheberrecht (Copyright) sichert und schützt die Verfügungsgewalt des Urhebers über sein Werk. Es schützt ausdrücklich das Werk als ‚geistiges Eigentum'. Dieser Schutz hat auch wirtschaftliche Konsequenzen, denn der

Urheber verfügt über Verwertungsrechte, also Rechte, wo und wie er sein Werk veröffentlichen, ausstellen oder aufführen will. Daraus resultieren Nutzungsrechte, die dem Urheber garantieren, dass er einen Anspruch auf Vergütung bei Publikation und sonstiger Nutzung (Aufführung, Kopie etc.) hat.

Schlüssel zum Modul 3, S. 89

1. Obwohl das Buch ein Verkaufsobjekt („Ware") und damit ein wirtschaftlicher Faktor ist, ist es darüber hinaus ein Medium, das Wissen und Stellungnahmen, die unser ganzes geistiges und soziales Leben betreffen („Kultur"), dokumentiert und vervielfältigt. Das Buch hat damit eine herausgehobene gesellschaftliche Funktion. Die wirtschaftliche und kulturelle Sonderstellung des Buches wird häufig mit dem Satz „books are different" markiert.

2. Das Buch kennt seit seiner Entstehung folgende Konventionen der äußeren Gestalt: Titelblatt, Inhaltsverzeichnis, Seitenpaginierung, Kolumnentitel, Gliederungselemente wie Kapitel und Absatz, Wahl und Gestaltung der Drucktype (Schrift) sowie Verzeichnisse und Register.

3. Die Leserevolution im 18. Jahrhundert hat ihren Ausgang in der zunehmenden Alphabetisierung der Bevölkerung genommen. Daraus resultierte eine Nachfrage nach Büchern, insbesondere nach belletristischen Titeln. Auch das Leseverhalten änderte sich deutlich, denn nicht mehr nur ein Buch (z. B. die Bibel) wurde immer wieder gelesen (intensive Lektüre), sondern die Leser verlangten nach Abwechselung und Unterhaltung (extensive Lektüre). Der Buchmarkt reagierte auf diese Entwicklung. Der Anteil belletristischer Titel stieg daher in der zweiten Hälfte des 18. Jahrhunderts rapide an. Das neue Lesebedürfnis wurde auch mit neuen Publikationsformen (Taschenbuch, Almanach, Kalender) befriedigt sowie durch Zeitungen und Zeitschriften. Leihbibliotheken und Lesegesellschaften entstanden und ermöglichten einem größeren Lesepublikum die (öffentliche und preiswerte) Lektüre.

4. Als funktionalen Analphabetismus bezeichnet man das Phänomen, bei dem die erlernten Fähigkeiten Schreiben und Lesen wieder verloren gehen, weil im Alltag diese Kompetenzen nicht genügend nachgefragt sind und somit allmählich ein Prozess des Vergessens einsetzt.

5. Bibliotheken haben ihrem Selbstverständnis entsprechend folgende Kernaufgaben: 1. Auswahl von Büchern für den zu betreuenden Benutzerkreis, 2. Schaffung eines Zugangs zum Bestand über Kataloge oder andere Hilfsmittel, 3. offen zugängliche Aufstellung der Bücher, 4. Hilfestellung bei der Orientierung im Feld elektronischer Daten, 5. Beschaffung von Büchern aus anderen Bibliotheken (Fernleihe).

6. Zensur bezeichnet die Überprüfung einer (meistens gedruckten) Äußerung im Hinblick auf gültige Regeln und Gesetze (formelle Zensur). Diese Überprüfung geschieht vor oder nach der Publikation. Unter Selbstzensur versteht man einen Vorgang, wenn der Verfasser sich schon während der Niederschrift seiner Äußerung einer Kontrolle unterzieht. Diese Kontrolle kann aufgrund sozialer, ökonomischer oder politischer Zwänge und der evtl. zu erwartenden Sanktionen in Gang gesetzt werden. Man spricht in diesem Fall auch von informeller Zensur.

Schlüssel zum Modul 4, S. 115

1. Sechs Funktionen von Literaturkritik werden gewöhnlich unterschieden: 1. Überblick über Neuerscheinungen, 2. Auswahl rezensionswürdiger Titel und Bewertung für potentielle Käufer, 3. Hilfestellung bei der Lektüre, 4. Herausstellen von Stärken und Schwächen mit Blick auf zukünftige Bücher des rezensierten Autors, 5. Förderung der öffentlichen Diskussion über Bücher, 6. Unterhaltung.

2. Mit dem Begriff „gatekeeper" wird die Arbeit von Literaturkritikern bezeichnet, die den Buchmarkt sichten, aus dem Angebot besprechungswürdige Bücher auswählen und durch Rezensionen die Leser über interessante Buchtitel informieren.

3. Bestsellerlisten verzeichnen Bücher nach der Anzahl verkaufter Exemplare, während Bestenlisten auf Kritikerumfragen basieren. Diese Kritiker wählen nach bestimmten Spielregeln unabhängig von Verkaufszahlen aus dem aktuellen Angebot den ihrer Meinung nach ‚besten' Titel aus.

4. Remarques Anti-Kriegsroman *Im Westen nichts Neues* wurde als authentisches Dokument von Erlebnissen aus dem Ersten Weltkrieg beworben, das der Autor innerhalb von wenigen Wochen gewissermaßen als Selbsttherapie niedergeschrieben habe. Richtig war jedoch, dass Remarque auf Drängen des Verlages den Roman umgeschrieben hat, um die autobiographischen Aspekte zurückzunehmen und dafür allgemeine humanistische und pazifistische Elemente zu verstärken. Die Kombination aus Textveränderungen und Werbestrategie machte aus dem Roman einen Bestseller, der auch politisches Tagesgespräch war.

5. Frank Schirrmacher warf Martin Walsers Roman *Tod eines Kritikers* antisemitische Tendenzen vor. Außerdem sah er im Text eine „Exekution" des Starkritikers Marcel Reich-Ranicki, der sich hinter der Romanfigur André Ehrl-König verbirgt. Schirrmacher lehnte es ab, den Roman als eine Parodie auf Literaturbetrieb und Literaturkritik zu lesen.

6. Literaturpreise zeichnen als Ergebnis eines Auswahlverfahrens das Werk eines Autors aus und haben dadurch eine repräsentative Funktion innerhalb des Literaturbetriebs. Literaturpreise gelten gemeinhin als Indikatoren für aktuelle Auffassungen von Literatur. Sie fördern durch ein entsprechendes Preisgeld die Arbeit eines Autors bzw. sichern dessen soziale Situation für einen bestimmten Zeitraum.

Schlüssel zum Modul 5, S. 147

1 Fonty, der Protagonist in Grass' Roman *Ein weites Feld*, setzt sich am Beispiel seines ‚alter ego' Theodor Fontane kritisch mit Dichterdenkmälern auseinander. Er besteigt das Fontane-Denkmal in Neuruppin und charakterisiert Fontane als preußischen Staatsdichter und als Touristenattraktion in der märkischen Provinz. Seine Schlussfolgerung lautet (auch mit Blick auf den Literaturbetrieb in der ehemaligen DDR), man möge von „jeglicher Staatsfürsorge" für die Literatur absehen und solle die Autoren nicht mit „Wohltaten" päppeln. Dagegen empfiehlt Fonty Respekt vor der Literatur und ihren Urhebern; dafür brauche man keine Denkmäler.

2. Die Literaturwissenschaft hat in den zurückliegenden Jahren die disziplinären Grenzen oftmals überschritten und sich in diesem Zusammenhang auch den materiellen Gegenständen gewidmet, die Autoren hinterlassen oder selbst gesammelt haben. Im „Literaturmuseum der Moderne" in Marbach kann man z. B. in einer ständigen Ausstellung neben Handschriften und Erstdrucken auch Objekte aus dem Lebensumfeld eines Autors betrachten, die – verknüpft mit ihrem historischen und literarischen Kontext – ein Archiv der Literatur des 20. Jahrhunderts bilden. Mit der Musealisierung von Dichterhäusern wird ebenfalls ein Angebot gemacht, sich einem Ort anzunähern, wo Autoren gelebt und gearbeitet haben.

3. Literarische Gesellschaften widmen sich meistens einem bestimmten Autor, indem sie sein Werk in der Diskussion halten, sich um Lebensstätten und Nachlass kümmern und durch vielfältige Aktivitäten die Beschäftigung mit Werk und Leben fördern. Literaturhäuser und -büros konzentrieren sich auf die aktuelle Literatur. Ihre Veranstaltungsangebote wollen auf kommunaler und regionaler Ebene die Verbindung zwischen Leser, literarischem Text und

Autor stärken. Häufig unterhalten sie Bibliotheken oder elektronische Literaturpools und veranstalten Schreibwerkstätten, in denen Leser ihr kreatives Talent selbst erproben können.

Der literarische Tourismus geht von der unmittelbaren Begegnung des Lesers mit Literatur aus, wobei der Besuch von Orten, an denen ein Autor gelebt oder die in irgendeiner Beziehung zu einem Werk stehen, im Mittelpunkt des Interesses stehen. Diesem Wunsch nach literarischem Erleben entsprechen z. B. besondere Spaziergänge, auf denen man eine Stadt auf den Spuren eines Autors oder einer literarischen Figur erkunden kann. Literarischer Tourismus hat aber auch eine wirtschaftliche Funktion und kann Besucher mit besonderen Angeboten in strukturschwache Regionen locken. **4.**

Schlüssel zum Modul 6, S. 172

Die Autorenförderung unterstützt mit Stipendien, Preisen oder anderen finanziellen Zuwendungen unmittelbar die Arbeit eines Autors oder sichert sein finanzielles Auskommen. Literaturförderung investiert Mittel in die literarische Infrastruktur, wobei unterschiedliche Schwerpunkte auszumachen sind, je nachdem ob der Förderer der Bund, die Länder oder Kommunen sind. **1.**

In Deutschland ist die Förderung von Kultur nicht wie in anderen Ländern zentral, sondern traditionell dezentral organisiert. Bereits im Mittelalter waren Fürstenhöfe, Bischöfe oder Städte für die Kulturförderung verantwortlich. Aufgrund der Erfahrungen mit der ‚Gleichschaltung' kultureller Institutionen in der Nazi-Zeit sind in der Bundesrepublik Deutschland entsprechend dem föderalen Staatsaufbau die einzelnen Bundesländer für die Kulturpolitik verantwortlich (sog. Kulturhoheit der Länder). Kulturpolitik ist demnach föderalistisch organisiert. **2.**

Mäzene haben sich seit der Antike für die Förderung der Künste eingesetzt. Bauwerke, Gemälde, Plastiken, Musik- und Literaturwerke sind über Jahrhunderte hinweg von Mäzenen in Auftrag gegeben und finanziert worden. Der Mäzen erwartet keinen geschäftlichen Nutzen aus seiner Tätigkeit. Er will dem Gemeinwohl dienen. Dennoch hat die gezielte Förderung von Kunst und Kultur eine wichtige Bedeutung für das öffentliche Leben sie ist ein gegenseitiges Geben und Nehmen. **3.**

Poetik-Professuren dienen dem Kontakt zwischen Literatur und Literaturwissenschaft, wenn Autoren etwa ein Semester lang an einer Universität über ihr Literaturverständnis berichten oder Einblicke in ihre kreative Werkstatt gewäh- **4.**

ren. Mit Poetik-Vorlesungen haben Autoren häufig zu zentralen literarischen und/oder gesellschaftlichen Problemen Stellung genommen.

5. Literarische Übersetzungen ermöglichen es uns, Texte aus einer fremden Sprache rezipieren zu können. Literarische Übersetzer gelten als *die* eigentlichen Literaturvermittler, die einen grenzüberschreitenden Kontakt zwischen Lesern und anderen Literaturen bzw. Kulturen herstellen. Literarische Übersetzungen bilden dabei weltweit die stärkste Gruppe unter allen Übersetzungen. Welche Bedeutung Übersetzungen haben, zeigt sich auch daran, dass in Deutschland jeder achte Buchtitel eine Übersetzung ist. Deutschland gilt als eines der übersetzungsfreudigsten Länder.

6. Die Auswärtige Kulturpolitik gilt neben den politischen und wirtschaftlichen Beziehungen als „dritte Säule" der deutschen Außenpolitik. Die Förderung von deutscher Sprache und Literatur im Ausland soll ein authentisches Deutschlandbild vermitteln, einen Einblick in das künstlerische und literarische Leben geben und Deutschland als Kulturstaat im Herzen Europas vorstellen.

7. Die Goethe-Institute gelten als kulturelle ‚Mittlerorganisationen' zwischen Deutschland und dem Ausland. Gleichzeitig agieren die Goethe-Institute weltweit als *das* deutsche Kulturinstitut im Ausland. Zu den Aufgaben gehören neben der Vermittlung der deutschen Sprache (Sprachkurse, Lehrerfortbildung, Erarbeitung von Lehrmaterialien, Bibliotheken) die Organisation von kulturellen Veranstaltungen (Ausstellungen, Lesungen, Vorträge, Filmvorführungen usw.). Die Vermittlung von Sprache, Literatur und Kultur soll insbesondere zum Abbau von Deutschland spezifischen Stereotypen und Vorurteilen beitragen.

Anmerkungen

Modul 1, S. 9

1 Vgl. die Rubrik „Literarisches Leben" in Eppelsheimer, Hanns W.; Köttelwesch, Clemens u. a. (Hg.): Bibliographie der deutschen Sprach- und Literaturwissenschaft. Frankfurt/Main: Klostermann 1969 ff.; Becker, Eva D.; Dehn, Manfred: Literarisches Leben. Eine Bibliographie. Auswahlverzeichnis von Literatur zum deutschsprachigen literarischen Leben von der Mitte des 18. Jahrhunderts bis zur Gegenwart. Hamburg: Verlag für Buchmarkt-Forschung 1968.

2 So etwa in Duden. Deutsches Universalwörterbuch. 4., neu bearb. u. erw. Aufl. Hg. v. der Dudenredaktion. Mannheim, Leipzig, Wien, Zürich: Dudenverlag 2001. S. 1024.

3 Stuckrad-Barre, Benjamin von: livealbum. Erzählung. Köln: Kiepenheuer & Witsch 1999. S. 12 f.

4 Arnold, Heinz Ludwig: Skizzen aus dem Literaturbetrieb der Bundesrepublik. In: Literaturbetrieb in Deutschland. Hg. v. Heinz Ludwig Arnold. Stuttgart, München, Hannover: Edition Text + Kritik 1971. S. 7-20, hier S. 7.

5 Ebd. S. 7.

6 Ebd. S. 9.

7 Schnell, Ralf: Geschichte der deutschsprachigen Literatur seit 1945. Stuttgart, Weimar: Metzler 1993. S. 2.

8 Lorenz, Otto: Literarisches Leben. In: Reallexikon der deutschen Literaturwissenschaft. Neubearbeitung des Reallexikons der deutschen Literaturgeschichte gemeinsam mit Georg Braungart, Klaus Grubmüller, Jan-Dirk Müller, Friedrich Vollhardt und Klaus Weimar hg. v. Harald Fricke. Bd. 2. Berlin, New York: de Gruyter 2000. S. 438-441, hier S. 438 f.

9 Becker / Dehn 1968 (wie Anm. 1). S. 7.

10 Joch, Markus; Wolf, Norbert Christian: Feldtheorie als Provokation der Literaturwissenschaft. Einleitung. In: Text und Feld. Bourdieu in der literaturwissenschaftlichen Praxis. Hg. v. Markus Joch und Norbert Christian Wolf. Tübingen: Niemeyer 2005 (Studien und Texte zur Sozialgeschichte der Literatur. Bd. 108). S. 1-24, hier S. 2.

11 Bourdieu, Pierre: Zur Soziologie der symbolischen Formen. Aus dem Französischen v. Wolf H. Fietkau. Frankfurt/Main: Suhrkamp 1970. S. 100 f.

12 Das BuchMarktBuch. Der Literaturbetrieb in Grundbegriffen. Hg. v. Erhard Schütz [...]. Reinbek bei Hamburg: Rowohlt 2005. S. 6-8.

13 Vgl. hierzu z. B. die Untersuchungen von Lorenz, Otto: Die Öffentlichkeit der Literatur. Tübingen: Niemeyer 1998, und Plumpe, Gerhard: Ästhetische Kommunikation der Moderne. 2 Bde. Opladen: Westdeutscher Verlag 1993.

14 Arnold, Heinz Ludwig: Schriftsteller in der Gesellschaft. In: Literarisches Leben in der Bundesrepublik Deutschland. Für die Sekundarstufe hg. v. Heinz Ludwig Arnold und Manfred Lauffs. Stuttgart: Reclam 1988. S. 7-30, hier S. 10.

15 Vgl. Rüther, Günther (Hg.): Literatur in der Diktatur. Schreiben im Nationalsozialismus und DDR-Sozialismus. Paderborn, München, Wien, Zürich: Schöningh 1997.

16 Vgl. Bock, Stephan: Literatur Gesellschaft Nation. Materielle und ideelle Rahmenbedingungen der frühen DDR-Literatur (1949-1956). Stuttgart: Metzler 1980.

17 Zitiert nach Emmerich, Wolfgang: Kleine Literaturgeschichte der DDR. Erweiterte Neuausgabe. 2. Aufl. Berlin: Aufbau 2005. S. 40 f.

18 Schmitt, Hans-Jürgen: Literaturbetrieb als Staatsmonopol. In: Die Literatur der DDR. Hg. v. Hans-Jürgen Schmitt. München, Wien: Hanser 1983 (Hansers Sozialgeschichte der deutschen Literatur vom 16. Jahrhundert bis zur Gegenwart. Bd. 11). S. 45-77.

19 Zitiert nach Schubbe, Elimar (Hg.): Dokumente zur Kunst-, Literatur- und Kulturpolitik der SED. Stuttgart: Seewald 1972. S. 208

20 Zitiert nach Schnell 1993 (wie Anm. 7). S. 113 f.

21 Brecht, Bertolt: Werke. Große kommentierte Berliner und Frankfurter Ausgabe. Hg. v. Werner Hecht, Jan Knopf, Werner Mittenzwei, Klaus Detlef Müller. 30 Bde. in 33. Berlin: Aufbau; Frankfurt/Main: Suhrkamp 1988-2000. Bd. 15, S. 267 f.

22 Zitiert nach Emmerich 2005 (wie Anm. 17). S. 247.

23 Vgl. Kunze, Reiner: Deckname „Lyrik". Eine Dokumentation. Frankfurt/Main: S. Fischer 1990.

Modul 2, S. 24

1 Vgl. hierzu Autorinszenierungen. Autorschaft und literarisches Werk im Kontext der Medien. Hg. v. Christine Künzel und Jörg Schönert. Würzburg: Königshausen & Neumann 2007.

2 Vgl. Kleinschmidt, Erich: Autor. In: Reallexikon der deutschen Literaturwissenschaft. Neubearbeitung des Reallexikons der deutschen Literaturgeschichte gemeinsam mit Harald Fricke, Klaus Grubmüller und Jan-Dirk Müller hg. v. Klaus Weimar. Bd. 1. Berlin, New York: de Gruyter 1997. S. 176-180, hier S. 177.

3 Ton 9 V, zitiert nach Bein, Thomas: Germanistische Mediävistik. Eine Einführung. Berlin: Schmidt 1998 (Grundlagen der Germanistik. Bd. 35). S. 41.

4 3. Aufl. Leipzig 1753. Sp. 442.

5 Fohrbeck, Karla; Wiesand, Andreas J.: Der Autorenreport. Mit einem Vorwort von Rudolf Augstein. Reinbek bei Hamburg: Rowohlt 1972 (das neue buch). S. 28.

6 Ebd. S. 31.

7 Vgl. dazu u. a. Schwenger, Hannes: Der Medienautor oder der vergesellschaftete Schriftsteller. In: Zeitschrift für Literaturwissenschaft und Linguistik 11, 1981, H. 42: Der Autor, S. 93-101.

8 Fohrbeck / Wiesand 1972 (wie Anm. 5). S. 19.

9 Schwenger 1981 (wie Anm. 7). S. 98.

10 Barthes, Roland: Der Tod des Autors. In: Texte zur Theorie der Autorschaft. Hg. und kommentiert v. Fotis Jannidis, Gerhard Lauer, Matias Martinez und Simone Winko. Stuttgart: Reclam 2003. S. 185-193, hier S. 192 f.

11 Foucault, Michel: Schriften zur Literatur. Übers. von Karin Hofer und Anneliese Botont. Frankfurt/Main: Fischer Taschenbuch Verlag 1988. S. 7-31, hier S. 31.

12 Vgl. Jannidis, Fotis; Lauer, Gerhard; Martinez, Matias; Winko, Simone: Autor und Interpretation. In: Jannidis / Lauer / Martinez / Winko 2003 (wie Anm. 10). S. 24 f.

13 Vgl. Lorenz, Otto: Autorengruppe. In: Reallexikon der deutschen Literaturwissenschaft (wie Anm. 2). Bd. 1, S. 180-182, hier S. 180.

14 Grass, Günter: Das Treffen in Telgte. Eine Erzählung. Darmstadt, Neuwied: Luchterhand 1979. S. 38 f.

15 Zitiert nach Kahl, Paul: Das Bundesbuch des Göttinger Hains. Edition – Historische Untersuchung – Kommentar. Tübingen: Niemeyer 2006 (Exempla Critica. Historisch-kritische Einzelausgaben zur neueren deutschen Literatur. 2). S. 282.

16 Zitiert nach Neunzig, Hans A. (Hg.): Hans Werner Richter und die Gruppe 47. München: Nymphenburger 1979. S. 79 f.

17 Vgl. Arnold, Heinz Ludwig: Die Gruppe 47. Reinbek bei Hamburg: Rowohlt 2004. S. 130.

18 Hermand, Jost: Die deutschen Dichterbünde. Von den Meistersingern bis zum PEN-Club. Köln, Weimar, Wien: Böhlau 1998. S. 277.

19 Zitiert nach Kröll, Friedhelm: Die Gruppe 47. Stuttgart: Metzler 1979. S. 3.

20 Zitiert nach Schnell, Ralf: Geschichte der deutschsprachigen Literatur seit 1945. Stuttgart, Weimar: Metzler 1993. S. 244.

21 Enzensberger, Hans Magnus: Die Clique. In: Almanach der Gruppe 47. 1947-1962. Hg. v. Hans Werner Richter. In Zusammenarbeit mit Walter Mannzen. Reinbek bei Hamburg: Rowohlt 1962. S. 22-27, hier S. 22, 27.

22 Vgl. hierzu zusammenfassend Tomasek, Tomas: Gottfried von Straßburg. Stuttgart: Reclam 2007. S. 140-152.

23 Lessing, Gotthold Ephraim: Werke. In Zusammenarbeit mit Karl Eibl, Helmut Göbel, Karl S. Guthke, Gerd Hillen, Albert von Schirnding und Jörg Schönert hg. v. Herbert G. Göpfert. 8 Bde. München: Hanser 1974. Bd. 6, S. 407 (Vorrede zu *Wie die Alten den Tod gebildet*, 1769).

24 Goethes Werke. Hg. im Auftrage der Großherzogin Sophie von Sachsen. 133 in 143 Bde. Weimar: Böhlau 1887-1919. Abt. I, Bd. 5,1, S. 212.

25 Goethes Werke (wie Anm. 24). Abt. I, Bd. 35, S. 64.

26 Heine an Karl Leberecht Immermann, 26. 12. 1829. Heine, Heinrich: Säkularausgabe. Werke, Briefwechsel, Lebenszeugnisse. Hg. v. den Nationalen Forschungs- und Gedenkstätten der klassischen deutschen Literatur in Weimar [seit 1993: Stiftung Weimarer Klassik] und dem Centre National de la Recherche Scientifique in Paris. Berlin: Akademie; Paris: Editions du CNRS 1970 ff. Bd. 20, S. 374.

27 Mann, Thomas: Gesammelte Werke in dreizehn Bänden. Zweite, durchges. Aufl. Frankfurt/Main: S. Fischer 1974. Bd. XI, S. 953-962, hier S. 959, 960, 961.

28 Ebd. S. 955.

29 Zitiert nach Thomas Mann im Urteil seiner Zeit. Dokumente 1891-1955. Hg. mit einem Nachwort und Erläuterungen v. Klaus Schröter. 2., unveränderte Aufl. Frankfurt/Main: Klostermann 2000 (Thomas-Mann-Studien. Bd. 22). S. 338.

30 Staiger, Emil: Literatur und Öffentlichkeit. In: Sprache im technischen Zeitalter 22, 1967, S. 90-97, hier S. 93-95.

31 Frisch, Max: Endlich darf man es wieder sagen. In: Sprache im technischen Zeitalter 22, 1967, S. 104-109, hier S. 105.

32 Frisch, Max: „– nicht immer, aber oft“ –. In: Sprache im technischen Zeitalter 22, 1967, S. 121-125, hier S. 124.

33 Deutsche Literatur 1990. Jahresrückblick. Hg. v. Franz Josef Görtz, Volker Hage und Uwe Wittstock unter Mitarbeit von Katharina Frühe. Stuttgart: Reclam 1991. S. 245.

[34] Weninger, Robert: Streitbare Literaten. Kontroversen und Eklats in der deutschen Literatur von Adorno bis Walser. München: Beck 2004. S. 141.

[35] Wolf, Christa: Auf dem Weg nach Tahou. Texte 1990-1994. Köln: Kiepenheuer & Witsch 1994. S. 261.

[36] Böll, Heinrich: Werke. Bd. 8. Essayistische Schriften und Reden II. 1964-1972. Hg. v. Bernd Balzer. Gütersloh u. a.: Bertelsmann [1979]. S. 374-386, hier S. 374-376.

[37] www.pen-deutschland.de/htm/verein/charta.php (Juni 2007).

[38] Vgl. Hermand 1998 (wie Anm. 18). S. 250-253.

[39] Die spannungsreiche Geschichte des bundesdeutschen „P.E.N." stellt Sven Hanuschek an Hand zahlreicher Dokumente dar: Geschichte des bundesdeutschen PEN-Zentrums von 1951 bis 1990. Tübingen: Niemeyer 2004.

[40] Einen ersten, wenn auch knappen Überblick über die Problematik bietet Mann, Andreas: Urheberrecht. In: Das BuchMarktBuch. Der Literaturbetrieb in Grundbegriffen. Hg. v. Erhard Schütz [...]. Reinbek bei Hamburg: Rowohlt 2005. S. 356-360.

[41] Vgl. Hager, Heike: Literaturagentur. In: Das BuchMarktBuch (wie Anm. 40). S. 217-220, hier S. 218 f.

[42] Lange-Müller, Katja: „Inzwischen kenne ich kaum einen, der nicht bei einer Agentur wäre." Im Gespräch mit Ernst Fischer. In: Literarische Agenturen – die heimlichen Herrscher im Literaturbetrieb? Hg. v. Ernst Fischer. Wiesbaden: Harrassowitz 2001 (Mainzer Studien zur Buchwissenschaft. Bd. 11). S. 57-70, hier S. 58-60.

[43] Fischer, Ernst: Einleitung. In: Literarische Agenturen (wie Anm. 42). S. 8.

Modul 3, S. 62

[1] Wittmann, Reinhard: Geschichte des deutschen Buchhandels. Ein Überblick. 2. durchges. und erw. Aufl. München: Beck 1999. S. 7.

[2] Vgl. Rautenberg, Ursula; Wetzel, Dirk: Buch. Tübingen: Niemeyer 2001, S. 63 f.

[3] Baer, Andreas; Banse, Michael; Buhrfeind, Anne; Carl, Rolf-Peter; Göbel, Klaus; Palmen-Schrübbers, Monika: Politische Rahmenbedingungen der Lesekultur. In: Handbuch Lesen. Im Auftrag der Stiftung Lesen und der Deutschen Literaturkonferenz hg. v. Bodo Franzmann, Klaus Hasemann, Dietrich Löffler und Erich Schön [...]. München: Saur 1999. S. 432-470, hier S. 464.

[4] Suhrkamp, Peter: Der Leser. Reden und Aufsätze. Berlin, Frankfurt/Main: Suhrkamp 1960. S. 10.

[5] Schenda, Rolf: Volk ohne Buch. Studien zur Sozialgeschichte der populären Lesestoffe. 1770-1910. Frankfurt/Main: Klostermann 1970. S. 443 f.

[6] Kapp, Friedrich; Goldfriedrich, Johann: Geschichte des Deutschen Buchhandels. Im Auftrag des Börsenvereins der Deutschen Buchhändler hg. v. der Historischen Kommission desselben. 4 Bde. Leipzig: Verlag des Börsenvereins der Deutschen Buchhändler 1886-1913 [Nachdruck: Leipzig: Zentralantiquariat der Deutschen Demokratischen Republik 1970]. Bd. 3, S. 248.

[7] Ungern-Sternberg, Wolfgang von: Schriftsteller und literarischer Markt. In: Hansers Sozialgeschichte der deutschen Literatur von 16. Jahrhundert bis zur Gegenwart. Bd. 3. Hg. v. Rolf Grimminger. München: Hanser 1980. S. 133-185, 849-862, hier S. 134 f.

8 Leseverhalten in Deutschland im neuen Jahrtausend. Eine Studie der Stiftung Lesen, hg. v. der Stiftung Lesen/Spiegel Verlag. Mainz: Stiftung Lesen; Hamburg: Spiegel 2001. S. 5.

9 Buch und Buchhandel in Zahlen 2006. Hg. v. Börsenverein des Deutschen Buchhandels e.V. Frankfurt/Main: Börsenverein des Deutschen Buchhandels 2006. S. 15 f.

10 Vgl. Hubertus, Peter: Alphabetisierung und Analphabetismus. Eine Bibliographie. Bremen: Schreibwerkstatt für Neue Leser und Schreiber 1991. S. 5.

11 Schlink, Bernhard: Der Vorleser. Roman. Zürich: Diogenes 1997. S. 126 f.

12 www.stiftunglesen.de/wir/wir.html (Februar 2007).

13 Vgl. Das Lektorat – eine Bestandsaufnahme. Beiträge zum Lektorat im literarischen Verlag. Hg. v. Ute Schneider. Wiesbaden: Harrassowitz 1997 (Mainzer Studien zur Buchwissenschaft. Bd. 6).

14 Vgl. insgesamt Schneider, Ute: Der unsichtbare Zweite. Die Berufsgeschichte des Lektors im literarischen Verlag. Göttingen: Wallstein 2005.

15 Vgl. Buchhandlung und Neue Medien. Chancen, Visionen und Handlungskonzepte für den stationären Buchhandel aus Sicht strategischer Gruppen. Frankfurt/Main: Börsenverein des Deutschen Buchhandels 2006 (Studienreihe Marktforschung. Börsenverein des Deutschen Buchhandels).

16 Buch und Buchhandel in Zahlen 2006 (wie Anm. 9). S. 23, 26 (auf Grundlage der Umsatzsteuerstatistik 2004 des Statistischen Bundesamtes).

17 Buch und Buchhandel in Zahlen 2006 (wie Anm. 9). S. 55 (gezählt sind hier Erst- und Neuauflagen).

18 www.boersenverein.de/de/64626?template=content_print (Februar 2007).

19 Buch und Buchhandel in Zahlen 2006 (wie Anm. 9). S. 55, 59.

20 Angaben auf Grundlage der deutschen Bibliotheksstatistik des Jahres 1996 nach Ruppelt, Georg: Bibliotheken. In: Handbuch Lesen (wie Anm. 3). S. 394-431, hier S. 406 f.

21 Ebd. S. 405.

22 Aulich, Reinhard: Elemente einer funktionalen Differenzierung der literarischen Zensur. Überlegungen zu Form und Wirksamkeit von Zensur als einer intentional adäquaten Reaktion gegenüber literarischer Kommunikation. In: „Unmoralisch an sich ...“. Zensur im 18. und 19. Jahrhundert. Hg. v. Herbert G. Göpfert und Erdmann Weyrauch. Wiesbaden: Harrassowitz 1988. S. 177-230, hier S. 215-217.

Modul 4, S. 90

1 Kant, Immanuel: Werke in zehn Bänden. Hg. v. Wilhelm Weischedel. 3. Aufl. Darmstadt: Wissenschaftliche Buchgesellschaft 1957. Bd. 3, S. 13.

2 Anz, Thomas; Baasner, Rainer (Hg.): Literaturkritik. Geschichte – Theorie – Praxis. Mit Beiträgen von Thomas Anz, Rainer Baasner, Ralf Georg Bogner, Oliver Pfohlmann und Maria Zens. München: Beck 2004. S. 7.

3 Seibt, Gustav: Das Gift kommt am Ende. Man möchte mehr davon: Sigrid Löfflers „Literaturen“. In: Die Zeit 39, 2000, S. 62.

4 Hage, Volker: Ganz schön abgedreht. In: Der Spiegel 12, 22. 3. 1999, S. 244-247.

5 Vgl. Müller, Heideline: Das „literarische Fräuleinwunder“. Inspektion eines Phänomens der deutschen Gegenwartsliteratur in Einzelfallstudien. Frankfurt/Main, Berlin, Bern, Bruxelles, New York, Oxford, Wien: Lang 2004 (Inter-Lit. Bd. 7).

6 Anz, Thomas: Theorien und Analysen zur Literaturkritik und zur Wertung. In: Baasner / Anz 2004 (wie Anm. 2). S. 194-219, hier S. 194.

7 Vgl. Wellek, René: Geschichte der Literaturkritik. 1750-1950. 4 Bde. Darmstadt: Wissenschaftliche Buchgesellschaft 1977/78. Bd. 1, S. 8.

8 Vgl. Jaumann, Herbert: Literaturkritik. In: Reallexikon der deutschen Literaturwissenschaft. Neubearbeitung des Reallexikons der deutschen Literaturgeschichte gemeinsam mit Georg Braungart, Klaus Grubmüller, Jan-Dirk Müller, Friedrich Vollhardt und Klaus Weimar hg. v. Harald Fricke. Bd. 2. Berlin, New York: de Gruyter 2000. S. 463-468, hier S. 463 f.

9 Goethes Werke. Hg. im Auftrage der Großherzogin Sophie von Sachsen. 133 in 143 Bde. Weimar: Böhlau 1887-1919. Abt. I, Bd. 2, S. 204.

10 Goethes Werke (wie Anm. 9). Abt. I, Bd. 41,1, S. 345 f., mit Bezug auf die Auseinandersetzung um Alessandro Manzonis Tragödie *Il Conte di Carmagnola*.

11 Vgl. Anz 2004 (wie Anm. 6). S. 195 f.; Albrecht, Wolfgang: Literaturkritik. Stuttgart, Weimar: Metzler 2004. S. 27-41; Neuhaus, Stefan: Literaturkritik. Eine Einführung. Göttingen: Vandenhoeck & Ruprecht 2004. S. 167 f.

12 Lichtenberg, Georg Christoph: Schriften und Briefe. Hg. v. Wolfgang Promies. 4 Bde. 3. Aufl. München: Hanser 1994, Bd. 1, S. 771 (Sudelbücher, Heft J, Nr. 854).

13 Vgl. hierzu zusammenfassend Neuhaus 2004 (wie Anm. 11). S. 14-29.

14 Walser, Martin: Tod eines Kritikers. Roman. Frankfurt/Main: Suhrkamp 2002. S. 9-11.

15 Schirrmacher, Frank: Tod eines Kritikers. Der neue Roman von Martin Walser: Kein Vorabdruck in der F.A.Z. In: Frankfurter Allgemeine Zeitung Nr. 122, 29. 5. 2002, S. 49.

16 Aufgearbeitet ist diese Debatte in Borchmeyer, Dieter; Kiesel, Helmuth (Hg.): Der Ernstfall. Martin Walsers *Tod eines Kritikers*. Hamburg: Hoffmann und Campe 2003.

17 Neuhaus 2004 (wie Anm. 11). S. 124.

18 Albrecht 2004 (wie Anm. 11). S. 23.

19 Vgl. ebd. S. 21.

20 Vgl. ebd. S. 61.

21 Moritz, Rainer: Literaturkritik. In: Brunner, Horst; Moritz, Rainer (Hg.): Literaturwissenschaftliches Lexikon. Grundbegriffe der Germanistik. 2., überarb. und erw. Aufl. Berlin: Schmidt 2006. S. 233-235, hier S. 234.

22 Vgl. Faulstich, Werner: Bestseller. In: Reallexikon der deutschen Literaturwissenschaft (wie Anm. 8). Bd. 1, S. 217-219.

23 Vgl. hierzu Oels, David: Bestseller. In: Das BuchMarktBuch. Der Literaturbetrieb in Grundbegriffen. Hg. von Erhard Schütz [...]. Reinbek bei Hamburg: Rowohlt 2005. S. 47-53, hier S. 50.

24 Vgl. Schneider, Thomas F.: Erich Maria Remarques Roman ‚Im Westen nichts Neues'. Text, Edition, Entstehung, Distribution und Rezeption (1928-1930). Tübingen: Niemeyer 2004 (Exempla Critica. Historisch-kritische Einzelausgaben zur neueren deutschen Literatur. 1).

25 www.swr.de/bestenliste/ueberuns/index.html (März 2007).

26 Lodemann, Jürgen: Im Kopf nichts als Bücher? Warum und wie die Südwestfunk-Bestenliste gemacht wird. In: Schmidt-Dengler, Wendelin (Hg.): Literaturkritik. Theorie und Praxis. Innsbruck, Wien: Studien-Verlag 1999 (Schriftenreihe Literatur des Instituts für Österreichkunde. 7). S. 127-144, hier, S. 139.

27 www.swr.de/bestenliste/ueberuns/konzept.html (März 2007).

28 Bourdieu, Pierre: Zur Soziologie der symbolischen Formen. Aus dem Französischen v. Wolf H. Fietkau. Frankfurt/Main: Suhrkamp 1970. S. 51.

29 Kortländer, Bernd: Zur Geschichte der Literaturpreise in Nordrhein-Westfalen. Ein Ausstellungsprojekt des Heinrich-Heine-Instituts Düsseldorf. In: Literaturpreise. Literaturpolitik und Literatur am Beispiel der Region Rheinland/Westfalen. Hg. v. Bernd Kortländer. Stuttgart, Weimar: Metzler 1998 (Heinrich-Heine-Institut Düsseldorf. Archiv, Bibliothek, Museum. Bd. 7). S. 7-21, hier S. 9.

30 Zitiert nach Espmark, Kjell: Der Nobelpreis für Literatur. Prinzipien und Bewertungen hinter den Entscheidungen. Aus dem Schwedischen v. Ruprecht Volz und Fritz Paul. Mit einem Nachwort v. Fritz Paul. Göttingen: Vandenhoeck & Ruprecht 1988. S. 10.

31 Folgende deutschsprachige Autoren haben bislang den Literatur-Nobelpreis erhalten: Theodor Mommsen (1902), Rudolf Eucken (1908), Paul Heyse (1910), Gerhart Hauptmann (1912), Carl Spitteler (1920 für 1919), Thomas Mann (1929), Hermann Hesse (1946), Nelly Sachs (1966), Heinrich Böll (1972), Elias Canetti (1981), Günter Grass (1999) und Elfriede Jelinek (2004). Vgl. Die Literatur-Nobelpreisträger. Ein Panorama der Weltliteratur im 20. Jahrhundert. Hg. v. Getraude Wilhelm. Düsseldorf: Econ 1983.

32 Mann, Thomas: Gesammelte Werke in dreizehn Bänden. Zweite, durchges. Aufl. Frankfurt/Main: S. Fischer 1974. Bd. XI, S. 409.

33 Böll, Heinrich: Werke. Kölner Ausgabe. Hg. v. Árpád Bernáth, Hans Joachim Bernhard, Robert C. Conrad, Frank Finlay, J.H. Reid, Ralf Schnell, Jochen Schubert. Bd. 18: 1971-1974. Hg. v. Victor Böll und Ralf Schnell in Zusammenarbeit mit Klaus-Peter Bernhard. Köln: Kiepenheuer & Witsch 2003. S. 178.

34 Vgl. Forbeck, Karla (Hg.): Handbuch der Kulturpreise und individuellen Kunstförderung in der BRD. Köln: DuMont 1985; Preis und Stipendien. Handbuch für Autoren. Deutschland. Österreich. Schweiz. Hg. v. Christina Bode und Ulrich Janetzki unter Mitarbeit von Bettina Fischer und Stephanie Mock. München: Quadriga 2000; Handbuch der Kulturpreise 4. Neufassung des Standardwerkes zur individuellen Künstlerförderung 1995-2000. Bonn: ARCult Media 2001; Tieger, Gerhild: Literaturpreise und Autorenförderung. Berlin: Autorenhaus-Verlag 2002.

35 www.boersenverein.de/de/100005?template_id=2102 (März 2007).

36 www.deutscheakademie.de/preise_buechner_satzung.html (März 2007).

37 Zitiert nach Moser, Doris: Der Ingeborg-Bachmann-Preis. Börse, Show, Event. Wien, Köln, Weimar: Böhlau 2004 (Literaturgeschichte in Studien und Quellen. Bd. 9). S. 21.

Modul 5, S. 116

1 Vgl. Assmann, Jan: Das kulturelle Gedächtnis. Schrift, Erinnerung und politische Identität in frühen Hochkulturen. München: Beck 1999.

2 Halbwachs, Maurice: Das Gedächtnis und seine sozialen Bedingungen. Aus dem Französischen von Lutz Geldsetzer. Frankfurt/Main: Suhrkamp 1985. S. 200.

3 Goethes Werke. Hg. im Auftrage der Großherzogin Sophie von Sachsen. 133 Bde. in 143. Weimar: Böhlau 1887-1919. Abt. I, Bd. 14, S. 28.

4 Goethe, Johann Wolfgang von: Denkmale. In: Goethes Werke (wie Anm. 3). Abt. I, Bd. 48, S. 141.

5 Zitiert nach Selbmann, Rolf: Dichterdenkmäler in Deutschland. Literaturgeschichte in Erz und Stein. Stuttgart: Metzler 1988. S. 68.

6 Zitiert nach Selbmann 1988 (wie Anm. 5). S. 89.

7 Grass, Günter: Ein weites Feld. Roman. Göttingen: Steidl 1995. S. 588-601 (Kapitel 29: „Vom Denkmal herab").

8 Fontane, Theodor: Aufsätze und Aufzeichnungen. Aufsätze zur Literatur. Hg. v. Jürgen Kolbe. Frankfurt/Main, Berlin, Wien: Ullstein 1979. S. 375.

9 Ebd.

10 Wißkirchen, Hans: Einleitung. In: Dichter und ihre Häuser. Die Zukunft der Vergangenheit. Hg. v. Hans Wißkirchen. Lübeck: Schmidt-Römhild 2002. S. 5.

11 Eckermann, Johann Peter: Gespräche mit Goethe in den letzten Jahren seines Lebens. 22. Originalaufl. Nach dem ersten Druck, dem Originalmanuskript des dritten Theils und Eckermanns handschriftlichem Nachlaß neu hg. v. H[einrich] H[ubert] Houben. Leipzig: Brockhaus 1939. S. 29 f.

12 Nutz, Maximilian: Das Beispiel Goethe. Zur Konstitution eines nationalen Klassikers. In: Wissenschaftsgeschichte der Germanistik im 19. Jahrhundert. Hg. v. Jürgen Fohrmann und Wilhelm Voßkamp. Stuttgart, Weimar: Metzler 1994. S. 605-637, hier S. 604.

13 Kanzler von Müller: Unterhaltungen mit Goethe. Kritische Ausgabe, besorgt von Ernst Grumach. Weimar: Böhlau 1956. S. 177 f.

14 Brecht, Bertolt: Werke. Große kommentierte Berliner und Frankfurter Ausgabe. Hg. v. Werner Hecht, Jan Knopf, Werner Mittenzwei, Klaus Detlef Müller. 30 Bde. in 33. Berlin: Aufbau; Frankfurt/Main: Suhrkamp 1988-2000. Bd. 30, S. 231 f.

15 Zitiert nach: Brechts Lai-Tu. Erinnerungen und Notate von Ruth Berlau. Hg. und mit einem Nachwort v. Hans Bunge. Darmstadt, Neuwied: Luchterhand 1985. S. 289 f.

16 Goethes Werke (wie Anm. 3). Abt. IV, Bd. 22, S. 225.

17 Ebd. Abt. IV, Bd. 23, S. 6.

18 Zweig, Stefan: Meine Autographen-Sammlung. In: Philobiblon 1930, H. 7, S. 279-289, hier S. 279.

19 Jean Paul: Sämtliche Werke. Hg. v. Norbert Miller. 6 Bde. München: Hanser 1996. Bd. 3, S. 115.

20 Dilthey, Wilhelm: Gesammelte Schriften. Bd. 15. Hg. v. Ulrich Hermann. Göttingen: Vandenhoeck & Ruprecht 1970. S. 1-16, hier S. 7.

21 Ebd. S. 9.

22 Zitiert nach Golz, Jochen (Hg.): Das Goethe- und Schiller-Archiv 1896-1996. Beiträge aus dem ältesten deutschen Literaturarchiv. Weimar, Köln, Wien: Böhlau 1996. S. 9 (Vorwort von Bernd Kauffmann).

23 Dann, Otto (Hg.): Lesegesellschaften und bürgerliche Emanzipation. Ein europäischer Vergleich. München: Beck 1981. S. 7.

24 www.literaturhaus-muenchen.de/haus/ (März 2007).

25 www.literaturhaeuser.net/netzwerk/index.htm (März 2007).

26 Goethes Werke (wie Anm. 3). Abt. I, Bd. 7, S. 211.

Modul 6, S. 148

1 Preise und Stipendien. Handbuch für Autoren. Deutschland. Österreich. Schweiz. Hg. v. Christina Böde und Ulrich Janetzki unter Mitarbeit von Bettina Fischer und Stephanie Mock. München: Quadriga 2000. S. 9.

2 Meyer-Gosau, Frauke: Literaturförderung. In: Das BuchMarktBuch. Der Literaturbetrieb in Grundbegriffen. Hg. v. Erhard Schütz [...]. Reinbek bei Hamburg: Rowohlt 2005. S. 226-228, hier S. 226.

3 Entscheidungen des Bundesverfassungsgerichts. Hg. v. den Mitgliedern des Bundesverfassungsgerichts. Bd. 36. Tübingen: Mohr 1974, S. 331; Urteil vom 5. 3. 1974.

4 Vgl. Vogel, Hartmut: Literatur- und Autorenförderung des Bundes – Autorenförderung in der Bundesrepublik Deutschland. In: Sprache im technischen Zeitalter 28, 1990, S. 286-293, hier S. 288.

5 www.bundesregierung.de/Content/DE/StatischeSeiten/Breg/BKM/kulturpolitik (März 2007). Vgl. auch Weiss, Christina: Literaturförderung des Bundes. In: Kulturpolitische Mitteilungen Nr. 109, 2005, II, S. 36 f.

6 Vgl. Zacher, Joachim; Zacher, Michael: Soziale Sicherheit für Künstler und Publizisten. Das Handbuch zur Künstlersozialversicherung. Starnberg: Schulz 2000.

7 Vgl. hierzu beispielsweise Prömper, Christoph: Literaturförderung in Nordrhein-Westfalen. In: Literatur in Westfalen. Beiträge zur Forschung 6, 2002, S. 391-412.

8 Vgl. das Kulturportal der EU: www.ec.europa.eu/culture/eac/index_en.html (März 2007); www.ccp-deutschland.de; www.europa-foerdert-kultur.info (März 2007).

9 Vgl. Giebel, Marion: Maecenas. Freund und Förderer der Talente in Rom, Patron der Stifter. Fürstenfeldbruck: Kester-Haeusler-Stiftung 2000.

10 Brief Goethes an Schiller, 12. 8. 1797, in: Goethes Werke. Hg. im Auftrage der Großherzogin Sophie von Sachsen. 133 in 143 Bde. Weimar: Böhlau 1887-1919. Abt. IV, Bd. 12, S. 230.

11 Goethes Werke (wie Anm. 10). Abt. I, Bd. 10, S. 121 f.

12 Ebd. S. 198.

13 Ebd. S. 244.

14 Ebd. S. 187.

15 Vgl. Heinrich, Werner: Kulturpolitik und Kulturfinanzierung. Strategien und Modelle für eine politische Neuorientierung der Kulturfinanzierung. München: Beck 1997. S. 21.

16 Zitiert nach Geismeier, Willi: Daniel Chodowiecki. Leipzig: Seemann 1993. S. 191.

17 Der Geheime Regierungsrat Wilhelm Waetzold am 15. April 1926 in der *Vossischen Zeitung*, zitiert nach Jens, Inge: Dichter zwischen rechts und links. Die Geschichte der Sektion für Dichtkunst an der Preußischen Akademie der Künste, dargestellt nach den Dokumenten. Zweite, unter Mitarbeit von Norbert Kampe erw. und verb. Aufl. Leipzig: Kiepenheuer 1994. S. 9.

18 Vgl. „... und die Vergangenheit sitzt immer mit am Tisch". Dokumente zur Geschichte der Akademie der Künste (West) 1945/1954-1993. Hg. v. der Stiftung Archiv der Akademie der Künste. Ausgewählt und kommentiert von Christine Fischer-Defoy. Mit einem Vorwort v. Walter Jens. Berlin: Stiftung Archiv der Akademie der Künste, Henschel 1997.

19 Vgl. Kulturstiftungen. Ein Handbuch für die Praxis. Hg. v. der Beauftragten der Bundesregierung für Angelegenheit der Kultur und Medien. Berlin 2004; www.stiftungen.org; www.maecenata.de (März 2007).

20 Vgl. im Einzelnen: Preise und Stipendien (wie Anm. 1); Handbuch der Kulturpreise. Preise, Ehrungen, Stipendien und individuelle Projektförderung für Künstler, Publizisten und Kulturvermittler in Deutschland und Europa 1995-

2000. Hg. v. Andreas J. Wiesand. Bonn: ARCult Media 2001; Handbuch für Autorinnen und Autoren. Informationen und Adressen aus dem deutschen Literaturbetrieb und der Medienbranche. Hg. v. Sandra Uschtrin. 6. Aufl. München: Uschtrin 2005.

21 www.unternehmen.zdf.de/index.php?id=192&type=98&artid=165&backpid=22... (März 2007).

22 Goethe an Thomas Carlyle, 20. 7. 1827. Goethes Werke (wie Anm. 10). Abt. IV, Bd. 42, S. 270.

23 Vgl. Apel, Friedmar; Kopetzki, Annette: Literarische Übersetzung. 2., vollständig neue bearb. Aufl. Stuttgart, Weimar: Metzler 2003. S. 125-129.

24 Vgl. Albrecht, Jörn: Literarische Übersetzung. Geschichte – Theorie – Kulturelle Wirkung. Darmstadt: Wissenschaftliche Buchgesellschaft 1998. S. 15-19.

25 Bericht der Bundesregierung zur Auswärtigen Kulturpolitik 2005/2006. Berlin: Auswärtiges Amt [2006]. S. 27.

26 Vgl. ebd. S. 5.

27 Auswärtige Kulturpolitik – Konzeption 2000. S. 7 f. (www.auswaertiges-amt.de/diplo/de/Aussenpolitik/Kulturpolitik/ZieleUndPartner/Konzeption2000.pdf; März 2007).

28 Ebd. S. 1 f.

29 Vgl. ebd. S. 7.

30 www.goethe.de/uun/ges/deindex.htm (März 2007); vgl. auch Murnau, Manila, Minsk. 50 Jahre Goethe-Institut. Hg. v. Goethe-Institut/Inter Nationes. München: Beck 2001.

31 Lau, Jörg: Bildungsroman Bundesrepublik: Das Goethe-Institut und die Entwicklung der BRD. In: Murnau, Manila, Minsk (wie Anm. 30). S. 39-47, insbes. S. 41 f.

32 www.goethe.de/uun/deindex.htm (März 2007).

33 www.goethe.de/uun/auz/ths/deindex.htm (März 2007).

Namenregister

Sachregister